# EDUCAÇÃO DE JOVENS E ADULTOS
## O que revelam as pesquisas

Coleção Estudos em EJA

Organização
Leôncio Soares

# EDUCAÇÃO DE JOVENS E ADULTOS
## O que revelam as pesquisas

autêntica

Copyright © 2011 O organizador
Copyright © 2011 Autêntica Editora

Todos os direitos reservados pela Autêntica Editora. Nenhuma parte desta publicação poderá ser reproduzida, seja por meios mecânicos, eletrônicos, seja via cópia xerográfica, sem a autorização prévia da Editora.

EDITORA RESPONSÁVEL
*Rejane Dias*

COORDENADOR DA COLEÇÃO ESTUDOS EM EJA
*Leôncio Soares*

CAPA
*Alberto Bittencourt*

REVISÃO
*Vera Di Simone Castro*

EDITORAÇÃO ELETRÔNICA
*Conrado Esteves*

---

**Dados Internacionais de Catalogação na Publicação (CIP)**
**(Câmara Brasileira do Livro, SP, Brasil)**

Educação de Jovens e Adultos : o que revelam as pesquisas / organização Leôncio Soares. -- Belo Horizonte : Autêntica Editora, 2011. -- (Coleção Estudos em EJA, 11)

Bibliografia
ISBN 978-85-7526-539-0

1. Alfabetização 2. Educação de jovens e adultos 3. Educação de Jovens e Adultos - Brasil 4. Pesquisa educacional I. Soares, Leôncio. II. Série.

11-06426                                                           CDD-374

Índices para catálogo sistemático:
1. Educação de jovens e adultos 374

---

**Belo Horizonte**
Rua Carlos Turner, 420
Silveira . 31140-520
Belo Horizonte . MG
Tel.: (55 31) 3465 4500
www.grupoautentica.com.br

**São Paulo**
Av. Paulista, 2.073, Conjunto Nacional, Horsa I
23º andar . Conj. 2310-2312 Cerqueira César
01311-940 São Paulo . SP
Tel.: (55 11) 3034 4468

# Sumário

7 **Prefácio**
*Sérgio Haddad*

15 **Analisando pesquisas de Educação de Jovens e Adultos**
*Leôncio Soares*

23 **A pesquisa em Educação de Jovens e Adultos: um olhar retrospectivo sobre a produção do período de 1998 a 2008**
*Leôncio Soares*
*Fernanda Rodrigues Silva*
*Luiz Olavo Fonseca Ferreira*

49 **Sujeitos de mudanças e mudanças de sujeitos: as especificidades do público da Educação de Jovens e Adultos**
*Fernanda Vasconcelos Dias*
*Helen Cristina do Carmo*
*Heli Sabino de Oliveira*
*Jerry Adriani da Silva*
*Neilton Castro da Cruz*
*Yone Maria Gonzaga*

83 **Educação de Jovens e Adultos: uma análise das políticas públicas (1998 a 2008)**
*Arlete Ramos dos Santos*
*Dimir Viana*

115 **Alfabetização, letramento e Educação de Jovens Adultos**
*Cristiane Dias Martins da Costa*
*Paula Cristina Silva de Oliveira*

149  **Escolarização**
*Julio Cezar Matos Pereira*
*Ludimila Corrêa Bastos*
*Luiz Olavo Fonseca Ferreira*

183  **Currículos e práticas pedagógicas: fios e desafios**
*Ana Paula Ferreira Pedroso*
*Juliana Gouthier Macedo*
*Marcelo Reinoso Faúndez*

211  **Educação de Jovens e Adultos no contexto do mundo do trabalho**
*Ana Paula B. de Oliveira*
*Flávio de Ligório Silva*

237  **Revisitando estudos sobre a formação do educador de EJA: as contribuições do campo**
*Fernanda Rodrigues Silva*
*Rosa Cristina Porcaro*
*Sandra Meira Santos*

273  **Os autores**

# Prefácio

Sérgio Haddad

O campo de estudos sobre a Educação de Jovens e Adultos (EJA) no Brasil é recente. Poucas são as pesquisas e poucos são os pesquisadores. Essa é a realidade de um país que, em pleno século XXI, mantém uma dívida social com 30 milhões de jovens e adultos com mais de 14 anos de idade que não sabem ler e escrever ou que apenas deram os primeiros passos nesse processo, não adquirindo ainda habilidades suficientes para enfrentar os desafios cotidianos de uma sociedade como a nossa.

Seria um elitismo do universo acadêmico? É possível, se considerarmos a tradicional distância que a elite brasileira mantém da base da sociedade, inclusive a acadêmica. Para o caso dos educadores, isso condicionaria suas investigações para aquilo que lhe é de imediato ou explicativo dos seus interesses de classe, em que, certamente, a questão da Educação de Jovens e Adultos passaria muito distante.

Injusta pode ser esta conclusão, se não consideramos uma minoria, que, rompendo com essa naturalizada tendência, se volta para interesses outros, externos à sua condição de vida, e que correspondem à realidade da maioria da sociedade brasileira. Em estudo publicado em 2002,[1] pude verificar que, após a promulgação da nova Lei de Diretrizes e Bases em 1986, que reafirmou a Educação de Jovens e Adultos como um direito de cidadania e um dever do Estado, até 1998, portanto, doze anos depois, menos de 3% das dissertações e teses da área de educação estiveram voltados ao estudo da Educação de Jovens e Adultos. É muito pouco se considerarmos o tamanho do desafio.

Como entender que os pesquisadores da área da educação, mesmo depois do reconhecimento da EJA como um direito, mantenham-se apartados de um campo de investigação sobre uma realidade que afeta tamanho contingente populacional? Trata-se, evidentemente, da reprodução de uma lógica social, que não está presente apenas nos campi universitários, mas que recorta todos os setores de uma sociedade que é marcada por sua injustiça social, causada pela forte concentração de renda e propriedade, uma das maiores do mundo. Todos nós sabemos que aqueles que demandam as vagas na EJA são os mais pobres, os estratos mais baixos da hierarquia social, os afrodescendentes, aqueles que vivem nas zonas rurais e nas periferias dos grandes centros urbanos, nas pequenas cidades do Norte e do Nordeste brasileiro, aqueles excluídos dos direitos sociais básicos, aqueles que têm mais dificuldade em fazer valer seus interesses.

A mesma desatenção para com esses setores pode ser encontrada nas políticas públicas de educação, dedicadas que estão, majoritariamente, ao atendimento das crianças e dos jovens do ensino regular. Não que os setores populares não estejam também nessa modalidade de ensino; afinal, o ensino público atende quase 90% do total de matrículas do ensino fundamental e médio regulares. Muito menos que a EJA não seja uma fonte de preocupação de alguns gestores públicos. O que é fato, no

---

[1] HADDAD, Sérgio (Coord.). *Educação de Jovens e Adultos no Brasil (1986-1998)*. Brasília: MEV/Inep/Comped, 2002, p. 144.

entanto, é que à EJA têm-se dedicado insignificantes olhares e recursos públicos, deixando desatendida grande parte da população que não conseguiu realizar sua escolaridade nos níveis mais elementares. Movem-se os governantes pensando apenas em construir o futuro, esquecendo-se do passado. Ao pensar o presente, apostam apenas no ensino regular, esquecendo-se das suas dívidas sociais para com aqueles que são deixados para trás por não terem conseguido acessar seus direitos.

Apesar dessa lógica hegemônica, é possível notar um despertar de preocupação com esse universo constituído pelos alunos da EJA, aqui e acolá. O rompimento da lógica veio sendo construído por meio de experiências no plano municipal de gestões de partidos progressistas nos anos 90 que desafiaram as orientações federais no apoio exclusivo ao ensino fundamental regular e trouxeram para o debate político o tema do direito à reparação, colocando a EJA entre as políticas de educação básica.

Foi preciso que Paulo Freire regressasse do exílio e assumisse o cargo de Secretário de Educação do município de São Paulo para que a temática voltasse a ter visibilidade, ao implantar um programa de alfabetização que fazia a ponte entre a tradição da educação popular e os novos direitos educacionais produzidos pela luta social: o MOVA – Movimento de Alfabetização. Vários outros municípios seguiram o mesmo caminho e alguns governos estaduais. No plano federal, foi necessário esperar a primeira década deste século para que o tema voltasse a ter condição de prioridade e retornasse ao seu lugar no Ministério da Educação, de onde nunca deveria ter saído para navegar no campo do assistencialismo.

Parte desse movimento ocorreu também pelo fato de vários ativistas do campo da educação, comprometidos com as causas populares, terem se transportado para os espaços de governos, como foi o caso de Freire. Ali, passaram a trabalhar para realizar os compromissos assumidos em suas campanhas e por seus partidos, e, desta forma, levar o tema da EJA como um deles.

Outra parte foi consequência da pressão popular dos próprios interessados ou mediados por entidades da sociedade civil, como movimentos sociais, ONGs e sindicados. Muitos dos trabalhos realizados no âmbito da sociedade civil, denominados por "educação popular", não tomavam em consideração a demanda por escolarização. No entanto, o processo de mobilização pela nova Constituição de 1988 e, posteriormente, os debates para a elaboração da Lei de Diretrizes e Bases de 1996 puseram o tema da EJA em pauta, demandado fortemente pela sociedade civil, produzindo o direito e forçando o poder público a gerar oferta adequada para esse setor da população.

O mesmo ocorreu na área acadêmica. Instadas a olhar para dentro de si, as universidades se deram conta do elevado número de jovens e adultos que não havia complementado sua escolaridade básica entre os trabalhadores dos campi. Ao mesmo tempo, perceberam que em suas unidades de educação o número de professores e pesquisadores voltados a essa temática era muito pequeno. Posteriormente, quando as universidades foram chamadas a avaliar e a assumir a formação e supervisão do programa federal Alfabetização Solitária, a mesma situação veio à tona. Tais fatos concorreram para aumentar a atenção das universidades para essa área, não só convocando novos pesquisadores e professores, como também valorizando seus profissionais que tinham a temática como centro das suas preocupações.

Por dentro da Associação Nacional de Pós-Graduação e Pesquisa em Educação (ANPEd), o mesmo movimento pode ser verificado. Entre 1995 e 1996, os pesquisadores de EJA, inseridos em diversos grupos de trabalho da associação, em particular nos de Educação Popular e Movimentos Sociais, mostram-se insatisfeitos por não haver um espaço próprio para discutir as suas especificidades. Propuseram, então, à assembleia da associação, a conformação de um grupo de estudos para tal fim. O grupo foi aprovado em 1997, após a avaliação da produção teórica na temática. O Grupo de Estudos permaneceu funcionando por dois anos e, em 1999, após balanço avaliativo das suas atividades, foi aprovado como Grupo de Trabalho (GT).

Na própria ANPEd, a discussão que ocorreu em suas assembleias e nos corredores sobre o sentido da constituição de um campo específico de preocupação foi motivo de polêmicas e resistência, por não ser considerada EJA uma prioridade ou de relevância. Foi o trabalho de convencimento de pesquisadores da temática o fator fundamental para a implantação do Grupo de Trabalho. Os argumentos para a sua não implantação invariavelmente se focavam sobre a prioridade com o ensino regular e/ou na baixa densidade teórica e pouca produção acadêmica.

O funcionamento do Grupo de Estudos e posteriormente do Grupo de Trabalho sobre Educação de Jovens e Adultos demonstrou que a decisão dos sócios da ANPEd em abrir esse espaço foi acertada. Ali, crescentemente, e ao longo dos primeiros 13 anos de atividades, muito se fez e se ouviu sobre a EJA. Foi por meio do GT que essa confluência de resistências e preocupações – no campo acadêmico, de políticas públicas e de movimentos sociais – mostrou-se, através das pesquisas e do debate sobre elas. Ali também se conformou um grupo de pessoas que, para além do interesse acadêmico e científico, eram ativistas na defesa e na implantação da EJA como um direito humano.

Essas várias faces de uma mesma dinâmica política veio à cena ao mesmo tempo em que a sociedade brasileira ia construindo seu caminhar de democratização, após anos de ditadura militar, que carregou e impôs o Mobral e o Ensino Supletivo como uma solução autoritária e conservadora de atendimento.

Sob o ponto de vista das pesquisas e dos debates desenvolvidos no GT, matéria-prima desta publicação, não podemos deixar de reconhecer que as informações indicam uma presença equilibrada entre pesquisadores de maior trajetória acadêmica e estudantes de mestrado e doutorado em início de carreira. Antes de se revelar um problema, um desequilíbrio técnico que pudesse desmotivar e desmobilizar o GT, tal forma de trabalho se mostrou um campo fértil de aprendizagem mútua.

O GT permitiu a apresentação de trabalhos de fôlego e com maior densidade teórica, ao mesmo tempo em que foi espaço de apresentação de resultados de dissertações, com escopo empírico e preocupações localizadas, exercícios de investigações iniciais e que acabam por aportar contribuições significativas, desde que realizados com seriedade e de forma correta sob o ponto de vista teórico e metodológico.

Os textos apresentados neste livro foram produzidos por alunos e alunas do mestrado e do doutorado em Educação da Universidade Federal de Minas Gerais, em sua larga maioria. Neles, procurou-se fazer um balanço dos trabalhos apresentados no GT Educação de Jovens e Adultos da Associação Nacional de Pós-Graduação e Pesquisa em Educação (ANPEd). Os trabalhos foram agrupados em sete categorias, que cobrem a maioria das abordagens do GT: políticas públicas; sujeitos da EJA; alfabetização e letramento; EJA e o mundo do trabalho; formação de educadores, currículos e práticas pedagógicas e o tema da escolarização.

O esforço realizado é de relevância. Sua leitura nos ajuda a compreender como pesquisadores e pesquisadoras em Educação de Jovens e Adultos vêm produzindo conhecimento na área, quais as principais abordagens, os temas mais relevantes, as metodologias utilizadas, as análises produzidas. Também nos ajuda a identificar os principais polos de produção de conhecimentos e como a EJA, em sua nova concepção, vem se constituindo como campo de preocupação de pesquisadores nos anos recentes.

Trabalhos como estes nos ajudam a compreender melhor o campo de estudo. Servem como importante leitura inicial para quem está interessado em pesquisar determinada temática em EJA, aqui resenhada como um balanço do conhecimento das pesquisas já realizadas. É instrumento importante para orientadores, pois podem ser identificados os aspectos recorrentes e aqueles que ainda devem ser aprofundados ou iniciados por não terem sido contemplados até o momento.

A leitura dos textos aqui apresentados, bem como a apresentação do Prof. Leôncio José Gomes Soares, organizador deste volume, permite-nos realizar que, finalmente, o campo da investigação em Educação de Jovens e Adultos vem ganhando relevância, apesar da sua juventude. A constituição do GT de EJA na ANPEd e o espaço criado, no qual pesquisas foram apresentadas e debatidas, serviram para realizar o desejo de pesquisadores e pesquisadoras interessados em fazer avançar um campo de conhecimentos através da pesquisa, e, por que não dizer, fortalecer a luta social pela realização de um direito humano.

# Analisando pesquisas de Educação de Jovens e Adultos

Leôncio Soares

*Quero que as pessoas se inspirem a produzir conhecimento científico mais lentamente, menos apressadamente.*

Nilton Fischer

É com esse espírito que apresentamos o resultado de um trabalho realizado ao longo de dois anos, o qual resultou na publicação deste livro e no acolhimento da recomendação desse mestre que, em vida, procurou nos transmitir com a afirmação: *a gente meio que esquece e dilui o presente e não busca esse presente de forma mais espichada, mais horizontalizada.*

A Educação de Jovens e Adultos (EJA) é uma área que vem se afirmando no Brasil a partir das práticas, das pesquisas, da formulação das políticas e da legislação. Nos últimos 25 anos, desde o período marcado pela redemocratização do país, muitas foram as iniciativas que influenciaram a inserção dos jovens e dos adultos nas agendas das instituições formadoras como as universidades e nas definições de políticas governamentais. Em âmbito internacional, a Educação de Adultos apresenta um acúmulo que tem se expressado nas publicações e na realização das edições das CONFINTEAs desde 1949. Na América Latina, e no Brasil em especial, as práticas de educação popular dos anos 1950/1960 sedimentaram o campo em que jovens e adultos "oprimidos" se encontravam para viver experiências emancipatórias.

De um período de "efervescência social" (PAIVA), passando pela "desobrigação" do estado para com a EJA (BEISIEGEL), pelo tempo das "promessas" (FÁVERO), é chegado o momento de avaliarmos o até aqui conquistado (HADDAD) e de esboçar o caminho a ser percorrido (DI PIERRO).

Os anos 1980/1990 foram marcados pela entrada em cena de novos atores (SADER) e pela retomada de espaços. A Constituição de 1988 abriu os horizontes para a afirmação de direitos sociais, sendo nomeada de Constituição Cidadã (GUIMARÃES). O direito à educação para jovens e adultos se inscreve entre a reparação social que a sociedade brasileira foi levada a reconhecer. Iniciativas de alfabetização se multiplicaram em variados espaços da sociedade civil como associações, igrejas, sindicatos, ONGs e tantos mais. Projetos de extensão surgiram nas universidades, inicialmente voltados para um "acerto de contas" com os próprios funcionários públicos e se estendendo, posteriormente, à comunidade.

O presente livro teve seu início na Reunião Anual da ANPEd de 2007. No momento de o GT planejar o ano seguinte de 2008, quando se completaria dez anos do Grupo de Trabalho, foi sugerido que se realizasse um Trabalho Encomendado sobre a produção desde o início do GT. Na ocasião, consultando os pesquisadores presentes, um grupo significativo de pós-graduandos da FaE/UFMG sugeriu assumir a tarefa e que a ANPEd contasse com a contribuição desse. Desta maneira foi dado o pontapé inicial desta publicação, que teve como base a análise dos trabalhos apresentados no GT Educação de Jovens e Adultos. Para Fischer[1]

---

[1] Transcrição da fala "Por uma Pedagogia dos Tempos" proferida por Nilton Bueno Fischer, na 31ª Reunião Anual da ANPEd, em 20 de outubro de 2008.

"o GT é um veículo, um dos espaços da pesquisa se mostrar". Tanto que, logo no início das atividades do GT, Sérgio Haddad foi convidado a apresentar na Sessão Trabalho Encomendado o Estado da Arte em EJA, coordenado por ele, o qual analisou as pesquisas no período 1986-1998. Em 2003, ao completar cinco anos de criação do GT, foi a vez de Timothy Ireland e Leôncio Soares apresentarem um balanço dos trabalhos de até então no GT. Portanto, o acúmulo de pesquisas gerado pelo GT havia sido objeto de estudos nessas duas ocasiões, o que motivou este produto.

O passo seguinte foi nos organizarmos em torno de uma disciplina da pós-graduação denominada "Estudos e Pesquisas em EJA" no decorrer do primeiro semestre de 2008. Um grupo formado por 21 inscritos, e eu como professor, iniciou um levantamento do histórico do GT e de sua produção ao longo dos primeiros dez anos 1998-2008. Utilizamos das seguintes fontes para identificar essa produção: página do GT no site da ANPEd; anais impressos que continham programação e resumos dos trabalhos; disquetes e CDs das reuniões anuais, bem como cadernos de registro pessoal.

O resultado desse levantamento apontou para cerca de 120 trabalhos apresentados que já haviam sido agrupados em sete categorias a seguir: Alfabetização, Políticas Públicas de EJA, Escolarização, Currículos e Práticas Pedagógicas, Mundo do Trabalho, Formação de Professores e Sujeitos da EJA. A turma, dividida em sete grupos, procedeu à leitura e discussão inicial do conjunto dos trabalhos. Uma visão panorâmica da história do GT, bem como dos aspectos mais gerais do universo dos trabalhos, foi apresentada na Reunião Anual da ANPEd em 2008.

Na ocasião, o professor Nilton Fischer, da UFRGS, teceu comentários e fomentou o debate sobre a apresentação. Em seguida, outros pesquisadores do GT acrescentaram contribuições à fala do Fischer sobre a necessidade de "que esses 10 anos representassem um momento de reflexão sobre o papel da pesquisa na sociedade". Daquela sessão do GT, ficou um desafio a ser alcançado: aprofundar a análise dos dados apresentados de forma panorâmica.

No início de 2009, esse desafio foi assumido em uma nova edição da disciplina denominada "Estudos e Pesquisas em EJA II", com alguns estudantes presentes da turma anterior e outros novatos abraçando a nova empreitada. Desta vez o desafio lançado foi mais radical: aprofundar a análise dos trabalhos apresentados no GT e que o produto dessa tarefa resultasse em uma publicação em livro. Com isso, o livro que ora apresentamos é o resultado de um processo de dois anos de trabalho realizado coletivamente no interior do Programa de Pós-Graduação em Educação da Universidade Federal de Minas Gerais.

O objeto de pesquisa, de mestrandos e de doutorandos, direcionou os estudantes na escolha de uma das sete categorias em questão. O envolvimento e o interesse do grupo por determinada área permitiram aprofundar as temáticas com elementos dos diferentes campos de estudos. Buscou-se nos textos apresentados do presente livro indicar a relação existente entre os temas desenvolvidos, levando em conta que o chão comum é a Educação de Jovens e Adultos. Vale notar que os autores buscaram apoiar suas análises nas definições de cada categoria, de modo a propiciar diálogos com a construção teórica dessas palavras-chave.

O texto "Sujeitos de mudanças e mudanças de sujeitos: as especificidades do público da Educação de Jovens e Adultos", elaborado por Fernanda Vasconcelos Dias, Helen Cristina do Carmo, Heli Sabino de Oliveira, Jerry Adriani da Silva, Neilton Castro da Cruz e Yone Maria Gonzaga, apresenta como tem sido entendido o sujeito da EJA. Demarcam que os trabalhos de base dão mais ênfase a três fases da constituição desses sujeitos, a saber: jovens, adultos e idosos. Apoiados na compreensão de se tratar de sujeitos de direito, os autores sublinham a necessidade de se apurar o olhar sobre as questões próprias dessas etapas da vida, das relações com o processo de escolarização, das marcas de exclusão e de se ampliar as especificidades desses sujeitos para além da ligação com o trabalho. Para Fischer, é nesta categoria que emerge a complexidade:

> Quando começo a descobrir que classes sociais, a partir da periferia, esse cidadão complexo que está em EJA, que está em movimentos sociais e que está em projetos de educação popular, o conceito de classe vai se re-formulando, vai se re-arranjando, vai diminuindo aquele espaço da determinação, a idéia da causa-ação. É esta complexidade que emerge pra mim.

Arlete Ramos dos Santos e Dimir Viana, em "Educação de Jovens e Adultos: uma análise das políticas públicas (1998 a 2008)", buscaram entender o percurso histórico da constituição da EJA como política pública e os contornos atuais após a Constituição Federal de 1988 ter proclamado o direito de todos à educação. Os autores reconhecem que na historiografia da educação o tópico da oferta destinada aos públicos jovens e adultos tem custado a vencer a desresponsabilização do Estado (BEISIEGEL, 2004) e o desenho dos projetos e programas de alfabetização para integrar-se ao quadro das modalidades educativas da educação básica. As pesquisas apontam a importância da mobilização da sociedade civil e das iniciativas de poder local na busca de se escrever uma história diferente de EJA.

Se antes dos anos 1960 podia-se pensar alfabetização pelo viés da decodificação de letras e sons, a partir daí não é mais possível. O campo da alfabetização recebeu contribuições decisivas que redefiniram a noção do que é ser alfabetizado e de como se dá o processo de alfabetização desde o legado de Paulo Freire, de Emilia Ferreiro e de outros estudiosos. Apesar da vasta experiência acumulada, persiste a preocupação com a efetividade da alfabetização de jovens e adultos, o que vem rendendo considerável número de estudos e pesquisas, conforme apontam Cristiane Dias Martins da Costa e Paula Cristina Silva de Oliveira em "Alfabetização, letramento e educação de jovens Adultos".

Situar a alfabetização no contexto nacional implicou vinculá-la às políticas, aos planos e às campanhas governamentais, dos quais é possível perceber os conceitos e os princípios que os orientam. Conceitos esses que, para as autoras, foram largamente refletidos, fundamentados e ampliados nos estudos e nas pesquisas, na medida em que o processo alfabetizador entende o uso do sistema da lecto-escrita nas práticas sociais – o letramento.

O texto "Escolarização", de Júlio Cezar Matos Pereira, Ludimila Corrêa Bastos e Luiz Olavo Fonseca Ferreira, versa sobre um espaço singular, tanto do ponto de vista social quanto humano, no qual, sob determinada intencionalidade, se configura uma das possibilidades de jovens e adultos terem acesso à educação: a instituição escola. A escolarização, um direito básico de todas as pessoas, na modalidade EJA constituiu-se como um campo estratégico para se opor à exclusão e à desigualdade social, afirmam os autores. Tal afirmativa pode ser encontrada nos trabalhos, quando estudantes da EJA expressam o valor social da escolarização, para si e para o mercado de trabalho. Dada a especificidade do estudante da EJA, os autores procuram compreender como a escola tem desenvolvido seu processo formativo.

O texto "Currículos e práticas pedagógicas: fios e desafios", de Ana Paula Ferreira Pedroso, Juliana Gouthier Macedo e Marcelo Reinoso Faúndez, discute o *que-fazer* no espaço escolar com base em dois campos próprios de discussão, com matrizes referenciais teóricas pertinentes, com acúmulos consideráveis, os quais, ao se entrelaçarem, tomam proporções diferenciadas quando pensados para a EJA. *O que eles e elas vão se tornar* e a maneira como isso será realizado diz respeito aos princípios norteadores de cada ação de EJA. O universo amplo dos trabalhos permitiu aos autores perceberem algumas tendências de análises nesta temática sobre a elaboração do currículo e das práticas pedagógicas, reforçando as contribuições para o campo referentes ao lugar dos estudantes nas propostas.

Ana Paula B. de Oliveira e Flávio de Ligório Silva discutem as relações que se estabelecem entre a EJA e o mundo do trabalho. A categoria histórica trabalho é *intrínseca à condição humana* e, assim sendo, figurou como importante objeto de teorização sociopolítica. Uma das especificidades do estudante da EJA diz respeito ao fato de ser trabalhador/trabalhadora. A condição de trabalhador impõe certos quesitos a serem postulados nas propostas de EJA. Mas, afinal, quem se responsabiliza pela formação do trabalhador? O texto intitulado pelos autores de "Educação de Jovens e Adultos no contexto do mundo do trabalho" busca responder a essa questão transitando por caminhos que levam à educação formal e à não formal.

"Revisitando estudos sobre a formação do educador de EJA: as contribuições do campo", escrito por Fernanda Rodrigues Silva, Rosa Cristina Porcaro e Sandra Meira Santos, apresenta o debate em torno da formação do/a educador/a da EJA. *O processo constitutivo do educador de EJA, dos procedimentos, tipos ou etapas que dão forma a esse profissional* vem ganhando atenção quando associado à qualidade da educação. As autoras entendem a necessidade de se compreender a formação do/a educador/a da EJA dentro do campo maior que é o de formação do educador em geral, de modo a avançar os conceitos. O campo da formação em geral distingue dois momentos para a formação do educador: a inicial e a continuada. Os contextos de ações de EJA extrapolam as terminologias e motivam o debate em torno dos momentos em que os educadores têm constituído sua formação.

Prestes a iniciar a leitura dos textos que se seguem, dividimos mais uma vez com Nilton Fischer, que assim se expressou em nosso saudoso encontro: "estão todos convidados a se manifestarem a respeito de uma produção mais reflexiva".

> Espichar o presente é trazer as categorias desse passado clássico: classe social, estrutura social, formação histórica social do país, quer dizer, esses elementos que não estão descartados sejam vertebrados por esse espichamento do

cotidiano, que então todas essas questões que nós podemos ainda, trazer para uma *análise mais reflexiva, menos prescritiva, mais indagativa, mais relacional*. E aí eu vejo que daria pra ver daqui a 10 anos como essas pendências nossas caminharam, *fortalecimento da ciência, fortalecimento do conhecimento científico, fortalecimento de cidadania* e acima de tudo, *esse processo gostoso de fazer pesquisa* que é não prescrever sobre o outro e sim ser afetado pelo outro e a gente se superar nesse processo (FISCHER, 2008).

# A pesquisa em Educação de Jovens e Adultos: um olhar retrospectivo sobre a produção do período de 1998 a 2008[1]

Leôncio Soares
Fernanda Rodrigues Silva
Luiz Olavo Fonseca Ferreira

Pesquisadores e estudiosos em educação encontram na Associação Nacional de Pós-Graduação e Pesquisa em Educação (ANPEd) um *locus* privilegiado para a apresentação, discussão e difusão de seus trabalhos. Fundada em 1976, a associação estrutura-se atualmente em torno de 23 Grupos de Trabalho (GTs) que foram se constituindo ao longo desses trinta anos de reuniões anuais. Reuniões essas fomentadas pela apresentação de trabalhos e por sessões de pôsteres, além de sessões especiais, trabalhos encomendados e minicursos. Vale ressaltar que encontramos na trajetória de estruturação da ANPEd o caso de GT que decretou sua extinção no momento em que se constatou

---

[1] A parte que compõe os dados analíticos deste trabalho foi realizada durante o primeiro semestre de 2008 pelos participantes da disciplina Estado da Arte em EJA da Pós-Graduação em Educação da UFMG: Luiz Felipe Souza Cunha, Fernanda Simões, Adriana Drummond, Érico Freitas, Geraldo Loyola, Sandra Meira, Cristiane Xavier, Rosa Porcaro, Deolinda Martins, Emmeline Mati, Ângela Silva, Ana Paula Pedroso, Heli Sabino, Analise Silva, Helena Araújo, Alexandre Aguiar, Jerry Adriani Silva, Dorothy Neiva e Mariana Cavaca. E as bolsistas de IC: Clarice Wilken, Vera Pereira, Marina Lemos, Isabela Cristina, Nayara Heidenreich.

o baixo número de pesquisas em torno de seu eixo de estudos, bem como aqueles que se desmembraram, como é o caso do GT de Educação de Jovens e Adultos.

Os trabalhos da área da Educação de Jovens e Adultos inscreviam-se nos GTs Movimentos Sociais e Educação, Educação Popular ou para outro GT afim à temática do estudo. Ao mesmo tempo em que a diversidade de enfoques favorecia os debates sobre a EJA, ficava evidente aos pesquisadores a necessidade de se debruçarem sobre as questões inerentes a esse campo com maior profundidade e interlocução. Já nos anos de 1996 e 1997 avolumavam-se trabalhos e interessados pela área. Daí, o Grupo de Estudos Educação de Jovens e Adultos[2] emerge quando se reconhece que a produção existente tornara-se substantiva, e que ela seria suficiente para manter as discussões, o aprofundamento e os apontamentos desse campo em um espaço próprio. A partir de 1998, o Grupo de Estudos de EJA passou a integrar a associação, fato ocorrido durante a 21ª Reunião Anual realizada em Caxambu/MG.

Desde então, a área da Educação de Jovens e Adultos vem aglutinando uma gama variada e crescente de estudos e pesquisas crivados pela seleção e pelo debate, propiciando o intercâmbio entre pesquisadores de diferentes áreas de conhecimento, tal como se propõe a ANPEd em um de seus objetivos, que é "discutir o saber produzido na área da educação e promover o intercâmbio de pesquisadores".

Ao completar uma década de atividades, o GT de EJA avaliou que seria oportuno encomendar um estudo sobre a produção acadêmica do período, pois a incursão anterior empreendida por Sérgio Haddad [2000][3] tinha por objetivo construir o estado da arte em Educação de Jovens e Adultos no Brasil, no período

---

[2] O GE/GT de Educação de Jovens e Adultos também é chamado de GE/GT de Educação de Pessoas Jovens e Adultas.

[3] As referências que aparecem entre colchetes assinalam o ano no qual o trabalho foi apresentado na reunião da ANPEd. Ressalta-se ainda que essas indicações não se encontram referenciadas neste estudo.

1986-1998, ou seja, em época anterior à criação do GT. Houve também o trabalho encomendado a Timothy D. Ireland e Leôncio Soares [2002], o qual se centrou no período inicial do GT.

Portanto, um estudo nos trabalhos apresentados no GT de EJA não só contribui para a sistematização da história do campo, como também pode levantar algumas características sobre a produção do conhecimento que vem sendo construída na área. Nesse sentido, este artigo visa lançar um olhar sobre a produção dos primeiros dez anos do GT (1998 a 2008), em que foram apresentados 116 trabalhos e 41 pôsteres, a fim de perceber se a categorização definida pela gestão 2007/2008 contempla o conjunto de obras aqui tratado; quais são as temáticas mais evidenciadas; se há um *corpus* de referência teórica próprio de cada uma das categorizações; qual a origem dos trabalhos e, dentro dos limites desse estudo, apontar algumas tendências na produção acadêmica do período. Vale ressaltar que, dada a riqueza do material, outros enfoques, leituras e análises podem ser realizadas; porém, fizemos a opção de nos aproximarmos dos parâmetros dos estudos de Haddad [2000], o que permitiu um diálogo com as análises desse autor.

Inicialmente, contextualizamos os fatos e acontecimentos que levaram ao surgimento do GT de EJA e seus dois primeiros anos como Grupo de Estudos. Em seguida, enfocamos seu processo de consolidação como Grupo de Trabalho por meio da produção acadêmica apresentada no período em questão. Na terceira parte, damos acento à análise dos trabalhos distribuídos nas sete categorizações, levando em conta a temática, o embasamento teórico e a origem dos estudos. Por fim, tecemos nossas considerações comentando também sobre os temas ausentes e as tendências da produção, a fim de subsidiar trabalhos futuros.

### Contexto da criação do Grupo de Trabalho – GT 18 e os dois primeiros anos como Grupo de Estudos (1998/1999)

O surgimento do GT 18 aconteceu em meio a um período de movimentação no campo da Educação de Jovens e Adultos no âmbito nacional e no internacional. Em nosso país, em 1988, foi promulgada a Constituição Federal, consagrando direitos sociais e entre eles a educação para todos. No início da década seguinte, 1990, o Brasil participou da Conferência Mundial sobre Educação para Todos em Jomtien, na Tailândia, e subscreveu a Declaração, produto final desse encontro, a qual proclama educação para todos, gratuita e de boa qualidade. Durante os anos 1990, esse evento exerceu forte influência sobre outras conferências, bem como reforçou na pauta das agendas nacionais e subnacionais o direito de todos à educação.

Outro evento de âmbito internacional, dessa vez realizado no Brasil, foi o Encontro Latino-Americano Sobre Educação de Jovens e Adultos Trabalhadores ocorrido em 1993, na cidade de Olinda, Pernambuco. Esse encontro teve por escopo: (a) fazer um balanço dos movimentos recentes ocorridos nesta área e (b) iluminar os novos horizontes que se abriam para seu desenvolvimento. Na ocasião, avaliou-se que as pesquisas no campo da Educação de Jovens e Adultos trabalhadores, no Brasil, enfrentavam ainda muitas limitações "por serem pouco numerosas, abordavam aspectos particulares do tema, tinham abrangência reduzida, caráter predominantemente diagnóstico e pouco analítico, dialogando muito eventualmente com outros campos do conhecimento científico". Constatava-se, então, que as universidades e os centros de pesquisa tinham sido "tímidos – quando não negligentes" – no enfrentamento dos desafios colocados pela educação básica de jovens e adultos (INEP, 1994, p. 82).

No ano seguinte, e também no Nordeste brasileiro, outro evento internacional pavimentou o caminho do fortalecimento do campo da EJA. O IV Seminário Internacional Universidade e Educação Popular, realizado em 1994, na cidade de João Pessoa, Paraíba, situa-se entre os acontecimentos que impulsionaram a reflexão e o debate em torno do papel das Instituições de Ensino Superior (IESs), no sentido "de colocar tudo que há de melhor na universidade à disposição da grande maioria da população latino-americana frequentemente excluída dos benefícios sociais básicos da sociedade" (IV SEMINÁRIO INTERNACIONAL, 1995, p. 12).

Em 1996, foi a vez de São Paulo sediar, no Memorial da América Latina, um evento de grande impacto para a EJA nos anos seguintes. A realização do seminário Internacional Educação e Escolarização de Jovens e Adultos, organizado pelo Instituto Brasileiro de Estudos e Apoio Comunitário (IBEAC), com apoio do Ministério da Educação (MEC), representou um marco nacional cujos desdobramentos dariam os contornos da mobilização em torno do campo da EJA no Brasil. Destacamos três pontos, entre tantos outros significativos, do seminário. O primeiro diz respeito ao fato de conseguir reunir em um só evento um número expressivo de professores, pesquisadores, estudantes, militantes da EJA de diversas regiões do país, o que significou rara oportunidade de encontro e de conhecimento das atuações profissionais e acadêmicas desenvolvidas em diferentes pontos do Brasil. O segundo foi a divulgação de que se realizaria na Alemanha, no ano seguinte, 1997, a V Conferência Internacional de Educação de Adultos (CONFINTEA).[4] Esse informe provocou o espanto nos participantes do seminário, já que eles desconheciam tanto o evento e sua importância no âmbito da UNESCO quanto a existência de relatos do governo brasileiro das edições anteriores. O terceiro ponto importante diz respeito à presença marcante de Paulo Freire, que proferiu a palestra[5] de encerramento do seminário. Os fatos destacados, somados aos demais aspectos do evento, por exemplo, a presença de expoentes internacionais da EJA, contribuíram para potencializar as iniciativas de expansão do campo.

Uma vez divulgada a realização da V CONFINTEA, desencadeou-se no Brasil uma mobilização em torno da organização para

---

[4] Para saber mais sobre as CONFINTEAs, ver IRELAND (2008), PAIVA (2005), SOARES e SILVA (2008).

[5] "Desafios da educação ante a nova reestruturação tecnológica" (FREIRE, 2000. p. 87-102).

a participação brasileira nessa Conferência, a qual teve início com os Encontros Preparatórios Estaduais e Regionais, durante 1996, culminando com a realização do Encontro Nacional em Natal. A articulação decorrente desses encontros levou ao surgimento do Fórum de EJA no Rio de Janeiro, dando início, assim, à criação de fóruns estaduais em todos os estados brasileiros (SOARES, 2004; DI PIERRO, 2005).

A V CONFINTEA traz para a Educação de Jovens e Adultos, no Brasil, inúmeros avanços nos campos conceitual, metodológico e político, respaldados na "Agenda para o Futuro", documento final da Conferência. Em relação às universidades, a Agenda estabelece no art. 19 a necessidade de se

> Abrir aos adultos as escolas e as universidades e outros estabelecimentos de ensino superior [...] estabelecendo parcerias entre universidades e comunidades para a realização conjunta de atividades de pesquisa e formação, e tornando acessíveis os serviços (MEC/UNESCO 2004, p. 58-59).

O documento recomenda ainda a realização de pesquisas interdisciplinares sobre todos os aspectos da educação de adultos, com a participação dos próprios aprendizes adultos.

Em meio a esse cenário, havia sido aprovada a nova Lei de Diretrizes e Bases da educação nacional, de nº 9394/96, imbuída dos avanços sociais apregoados pela Constituição de 1988, apontando, portanto, boas perspectivas para a EJA em relação à legislação anterior, conforme Haddad (1997) e Paiva (1997). Naquele mesmo ano, a área da Educação de jovens e Adultos seria atingida por um duro golpe, pois, quando foi aprovado o Fundo de Manutenção e Desenvolvimento do Ensino Fundamental e de Valorização do Magistério (FUNDEF), a Presidência da República vetou o cômputo das matrículas da EJA para fins de utilização dos recursos desse fundo (DI PIERRO, 2001).

Então, após a V CONFINTEA, o Brasil tinha às mãos uma legislação que alçava a EJA para o campo do Direito, uma agenda de trabalho, o interesse de algumas esferas de governo na implementação da EJA, o espaço dos Fóruns Estaduais de EJA aberto, mas não possuía o financiamento para efetivá-la. A conjuntura indicava que as discussões em torno da EJA deveriam continuar, uma vez que seria importante impulsionar a criação de Fóruns em todo o território brasileiro e que dessa mobilização resultasse, na área da Educação de Jovens e Adultos, um encontro anual para "articular, socializar e intervir" (SOARES, 2004). Assim, desde 1998, passamos a ter uma série histórica de Encontros Nacionais de Educação de Jovens e Adultos (ENEJAs), organizados pelos Fóruns Estaduais de EJA, contando nesse início com o apoio da UNESCO e da Rede de Apoio à Ação Alfabetizadora do Brasil (RAAAB).

Percebeu-se que essa movimentação forneceu elementos para trabalhos de cunho acadêmico e, em alguma medida, abriu novos temas de estudos e pesquisas. Parte da produção sobre a Educação de Jovens e Adultos foi sendo, dessa forma, apresentada nos GTs da ANPEd com temáticas afins à área, tais como: Educação Popular, Movimentos Sociais e Educação, Estado e Política Educacional, Trabalho e Educação, Alfabetização, Leitura e Escrita, entre outros.

O incremento e o crescente aumento das orientações de pesquisas abordando a temática da EJA nos cursos de Pós-Graduação no país impulsionaram também a criação de um espaço que reunisse as discussões específicas do campo. Foi assim que a "Sessão Debate" realizada na noite do dia 22 de setembro, durante a 20ª Reunião Anual da ANPEd, em 1997, marcou o momento histórico da criação do GE de EJA. Estavam ali reunidos para debater o tema *Educação de Jovens e Adultos: desafios e perspectivas* a professora Roseli Caldart (ITERRA) e o professor Sérgio Haddad (PUC/SP) sob a coordenação do professor Celso de Rui Beisiegel (USP). As falas enfatizaram, sobremaneira, a desobrigação do Estado para com a EJA: "A União progressivamente abandonou as atividades dedicadas à educação de jovens e adultos analfabetos" (BEISIEGEL, 1997, p. 239).

Essa "Sessão Debate" consolidou o interesse de pesquisadores, professores, pós-graduandos e interessados no tema em constituir o Grupo de Estudos de EJA. Tal aspiração foi apresentada por meio de um abaixo-assinado à Assembleia Ordinária da ANPEd desse mesmo ano, sendo, então, aprovada a criação do GE de número 18.

## Os dois primeiros anos do GE de EJA: os trabalhos em 1998 e 1999

Em seu primeiro ano de atividades, o GE recebeu a inscrição de 14 trabalhos e de cinco pôsteres. O Comitê Científico[6] selecionou dez trabalhos e aprovou todos os pôsteres para exposição. As pesquisas apresentadas foram de instituições de Minas Gerais, Goiás, São Paulo, Rio de Janeiro, Rio Grande do Sul e Pernambuco. Além dos trabalhos apresentados, foram encomendados dois trabalhos: um a Nilda Alves (UERJ), sobre currículo e EJA, e outro a Sérgio Haddad (PUC/SP e Ação Educativa), sobre pesquisas em EJA.

No ano seguinte, em 1999, o número de trabalhos encaminhados ao GE subiu para 25, e o de pôsteres saltou para nove. Foram selecionados pelo Comitê dez trabalhos e cinco pôsteres. As pesquisas apresentadas foram de São Paulo, Rio de Janeiro, Rio Grande do Sul, Minas Gerais, Goiás e Espírito Santo. Um dos Trabalhos Encomendados ficou a cargo de Marta Kohl de Oliveira (USP), intitulado *Jovens e Adultos como sujeitos de conhecimento e aprendizagem*. O outro foi de Marília Spósito (USP), com o tema *Algumas hipóteses sobre as relações entre movimentos sociais, juventude e educação,* apresentado em Sessão Conjunta com o GT Movimentos Sociais e Educação e o GE Educação de Jovens e Adultos.

---

[6] Instância que tem por competência julgar o mérito acadêmico dos trabalhos inscritos para a apresentação nas reuniões científicas promovidas pela ANPEd.

Tabela 1 – Trabalhos apresentados e estados
presentes nos dois primeiros anos do GE

|  | 1998 | 1999 |  | 1998 | 1999 |
|---|---|---|---|---|---|
| Trabalhos inscritos | 14 | 25 | MG | x | x |
| Trabalhos Apresentados | 10 | 10 | GO | x | x |
| Pôsteres inscritos | 5 | 9 | SP | x | x |
| Pôsteres Apresentados | 5 | 5 | RJ | x | x |
| Trabalhos Encomendados | 2 | 1 | RS | x | x |
| Sessão Conjunta | 0 | 1 | PE | x | -- |
|  |  |  | ES | -- | x |

Nesse mesmo ano, o GE de EJA foi convidado a participar da organização de uma Sessão Especial com o tema "Brasil 500 anos: educação, diversidade e desigualdade", juntamente com os GTs História da Educação, Movimentos Sociais e Educação e Alfabetização, Leitura e Escrita.

Ao analisar os dois primeiros anos do GE, constatou-se a existência de um número expressivo de trabalhos que justificava a transformação do GE em GT, dando sequência à produção do conhecimento, às reflexões dos novos estudos e às discussões sobre as questões teórico-metodológicas das pesquisas na área. No Relatório das Atividades do GE, encaminhado a ANPEd por seu coordenador, consta que "na Assembléia Ordinária, o GE foi transformado em GT, por unanimidade dos votos" (RELATÓRIO GE 18, 1999).

## A consolidação do Grupo de Trabalho

A partir da 23ª Reunião, em 2000, o GT de EJA passou a se organizar de forma plena, ou seja, participando do Comitê Científico e contribuindo com os demais GTs na formatação da Reunião Anual, propondo Trabalhos Encomendados, Sessões

Especiais, Minicursos, etc. Uma das ações imediatas do GT foi a realização de um mapeamento dos núcleos de EJA existentes nas universidades, visando estimular o envio de pesquisas em andamento ou concluídas à Reunião Anual. Desde então, o GT firmou-se e, ao aproximar os dez anos de atividades, avaliou ser oportuna a construção de um olhar retrospectivo na produção acumulada sob a forma de Trabalho Encomendado.

Reunir o levantamento da produção do GT foi uma tarefa complexa. O *site* do GT 18, reestruturado por sua coordenação no biênio 2007-2008, contribuiu significativamente para esse trabalho, visto que lá encontramos, de forma organizada, grande parte dos dados disponíveis. O exercício da equipe que se dedicou à construção do *corpus* para o Trabalho Encomendado foi ampliar as fontes de pesquisa da produção acadêmica e realizar o cruzamento dos dados coletados, de modo a definir as categorias de análise deste estudo. Para tanto, além do *site* do GT 18, foram pesquisados o *site* da ANPEd, os Anais impressos que continham a programação e os resumos das Reuniões Anuais, os CDs dessas reuniões e, por fim, os cadernos de anotações pessoais disponibilizados por alguns dos participantes desses encontros.

O processo de identificação da produção do GT 18 por reunião anual balizou-se no levantamento dos trabalhos aprovados, na elaboração da listagem daqueles que foram apresentados em cada ano e no cruzamento das informações contidas em cada uma das fontes citadas, o que demandou tempo e acuidade na verificação de cada dado e sua origem. Isso porque, nesses dez anos, o Comitê Científico considerou, num primeiro momento, como trabalho aceito o número que correspondia à quantidade limitada para cada GT, o equivalente a dez. Em outro, levou-se em conta que o conjunto dos trabalhos aceitos corresponderia aos trabalhos aprovados, além daqueles que excediam ao número da apresentação, os quais são denominados excedentes. Por exemplo, encontramos em 2005 um número de textos aceitos superior aos que constam na programação do GT 18 como trabalhos a serem apresentados. No momento da pesquisa, a

ANPEd utilizava as seguintes classificações para os trabalhos que são submetidos anualmente: trabalhos aceitos para análise (seleção quanto à forma); trabalhos aprovados (inclui os textos excedentes) e trabalhos apresentados.

Outro fator a ser considerado quando se busca reunir a produção do GT 18 é o fato de que, só a partir do ano 2000, a ANPEd passou a divulgar em CD-ROM o conteúdo da Reunião Anual e, recentemente, a disponibilizá-lo também em seu *site*. Portanto, nos anos anteriores somente havia a compilação sistematizada dos trabalhos aprovados nos Anais da Reunião.

Um primeiro comentário a ser feito diz respeito à constatação do volume crescente de atividades em que o GT 18 esteve envolvido nesses dez anos: ele solicitou estudos específicos, na forma de Trabalho Encomendado, a pesquisadores da área ou afins em todos os anos; propôs temáticas de aprofundamento para Sessões Especiais; trabalhou em conjunto com outros GTs apoiando iniciativas de interface com a EJA; além de induzir e acolher propostas de minicursos todos esses anos.

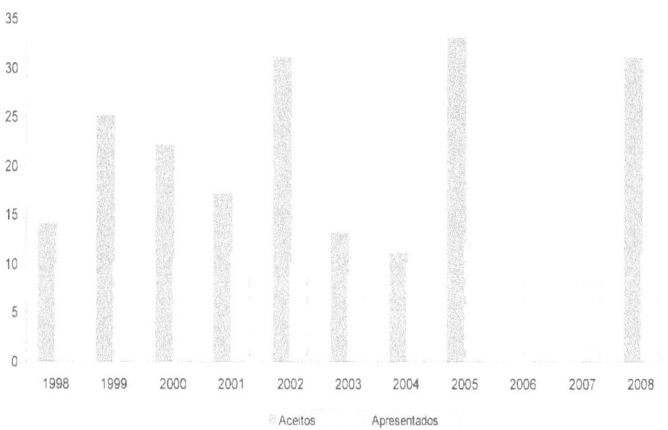

**Gráfico 1**– Evolução dos trabalhos nos 10 anos do GT 18
Obs.: Sem informações sobre os trabalhos inscritos em 2006 e 2007.

## Descrição do estudo realizado: a pesquisa sobre EJA em foco

Por produção do GT 18 entendemos todas as atividades nas quais ele esteve presente: trabalhos apresentados, pôsteres, trabalhos encomendados, os minicursos e as sessões especiais. A primeira etapa do levantamento realizado para a construção desse estudo foi desenvolvida durante as aulas da disciplina "Estado da Arte em EJA", no Programa de Pós-Graduação em Educação da FaE/UFMG, sob a coordenação do Prof. Dr. Leôncio Soares. Ela constou da leitura de todos os textos disponíveis no *site* do GT 18, do preenchimento de uma ficha elaborada pela equipe para levantamento e posterior sistematização dos dados de referência desse estudo, complementada com a apresentação em sala de aula das informações levantadas.

Ao realizarmos o levantamento dos textos, percebemos que as fontes disponibilizavam diferentes números de trabalhos e, por outro lado, trabalhos apresentados não constavam dos Anais ou do *site*. O cruzamento de dados das fontes foi importante porque delineou o conjunto dos trabalhos. Como exemplo, lembramos que alguns autores e títulos aparecem no *site*, porém o texto não está disponível. O trabalho de sistematização do GT 18 avançou ao buscar reunir a produção e categorizá-la. O conjunto pesquisado inicialmente reunia 132 trabalhos aprovados, divididos conforme a categorização do *site*. Esse conjunto foi distribuído à equipe para leitura. Uma vez realizada a leitura e finalizada a apresentação dos dados, pensamos no recorte da análise. Tal recorte se deteve nos 116 textos apresentados levando em conta que essa amostra daria conta de percorrer a problematização no campo da EJA, as tendências na construção do conhecimento da área e fornecer subsídios para estudos futuros. O recorte estabelecido corresponde à totalidade dos trabalhos que foram apresentados no GT no período 1998-2008. Os excedentes não entraram na análise porque faltaram fontes mais precisas para a certificação do número de trabalhos nessa categoria.[7]

Na segunda etapa do estudo, realizamos a comparação dos dados recolhidos na etapa anterior e a análise preliminar dos textos. A descrição que passamos a apresentar é resultado da leitura dos trabalhos apresentados nesses dez anos do GT 18 respeitando as categorias de referência do *site*. A sequência das categorias aqui descritas decorre do maior ao menor volume de trabalhos.

### Currículo e Práticas Pedagógicas

O conjunto dos 23 trabalhos da categoria expressa o interesse e a preocupação com a temática. Ainda que o número de estudos e pesquisas seja o mais elevado, é possível delimitar três eixos temáticos. O eixo da prática pedagógica tende a investigar as interlocuções de sala de aula nos estudos de Loureiro (1998), Carvalho (1999), Porto & Carvalho (2000), Vóvio (2000), Toledo (2001), Giovanetti (2003), Fonseca (2001, 2002, 2003), Araújo (2002) Fantinato (2003), Silva (2005), Souza (2006), Moura & Freitas (2007), Caldeira & Paranzini (2008) amparados por C. R. Beisiegel, P. Freire, M. Arroyo, J. S. Martins, S. Haddad, V. Paiva, O. Romanelli, D. Saviani, M. Bakhtin, M. K. Oliveira, M. C. F. R. Fonseca. Os discursos no currículo pela interculturalidade estão presentes em Gatto & Veit (1999), Nóblega (2001), Wanderer (2001), Mota (2003), Carvalho (2004) e Nürich (2005), dialogando com H. Bhabha, N. Canclini, M. Foucault, B. S. Santos, M. Apple, B. Bernstein, P. Freire, H. Giroux, S. Haddad, A. F. B. Moreira, P. Maclaren, T. T. Silva. Há momentos na formação dos educadores de EJA que a experiência é a base do aprender, ou seja, prática e currículo são percebidos de forma imbricada como nos estudos de Paiva (2002) e Viegas (2007) embasados por P. Freire, I. B. Oliveira, L. Vygotsky.

---

[7] Ao final do levantamento dos dados, ressaltou-se que poderíamos ter utilizado os relatórios dos coordenadores como mais uma fonte para confirmar os trabalhos apresentados.

## EJA COMO POLÍTICAS PÚBLICAS

A categoria reúne parte significativa do montante de trabalhos apresentados durante o período com um total de 22 estudos. A projeção da temática pode se justificar, em alguma medida, pelo fato de o período ser palco de embates à conquista do direito a educação para todos e da busca de ampliação das responsabilidades do Estado para com a EJA. Nesse sentido, os impactos das políticas gestadas pelo estado para a EJA ganham relevância nos estudos de Leão (1998), Soares (1998), Llosa et al. (2000), Vieira (2000), Moll (2002), Ribeiro & Soares (2004), Rodrigues (2005), Deluiz et al. (2005), Alvarenga (2005), Di Pierro (2006), Carvalho (2007), Di Pierro et al. (2008) respaldando-se em L. Arelaro, S. Draibe, D. A. Oliveira, N. Bobbio, T. Marshall, L. Avritzer, C. Ferretti, J. Habermas, S. Haddad & Oliveira, S. Rummert, M. Andrade & M. C. Di Pierro, M. Arroyo & Fernandes, A. Ferraro, R. Caldart, Damasceno & Beserra, E. D. Furtado, E. Dagnino. Outro bloco de estudos enfatiza as iniciativas de erradicação do analfabetismo, sendo composto de Machado (1998), Ancassuerd (2005), Rocha (2006), Traversini (2005), Barreyro (2006), Carlos (2006), Fávero & Brenner (2006) dialogando com S. Draibe, G. Frigotto, S. Schmelkes, E. Sader, N. Davies, H. Graff, A. V. Frago, A. Veiga-Neto, M. I. Barreto, J. Cohen & A. Arato, M. Foucault, A. M. A. Freire, O. Fávero, M. Henriques. Enfocando os gastos públicos com a EJA nas três esferas de governo, encontramos Di Pierro (2000), Volpi (2004). As concepções e os sentidos da educação como direito de jovens e adultos foi tema de Paiva (2004), apoiada por N. Bobbio, N. Alves, B. Nicolescu, entre outros. Além da bibliografia de referência para temas específicos, encontramos autores comuns aos estudos como Celso de R. Beisiegel, Vanilda Paiva, Sérgio Haddad, Maria Clara Di Pierro, Paulo Freire e Miguel Arroyo, demonstrando que estudos em EJA dão suporte teórico à categoria.

## ALFABETIZAÇÃO

Uma análise no conjunto dos 22 trabalhos que abordam as práticas de leitura e escrita na Educação de Jovens e Adultos aponta que os pesquisadores do GT 18 coincidem com estudos nacionais e estrangeiros ao compreenderem o fenômeno do alfabetismo de maneira complexa, multifacetada e heterogênea. Isso porque esse envolve uma gama de componentes/processos cognitivos, históricos, culturais, tecnológicos, subjetivos e políticos. Por esse motivo, os estudos e as pesquisas abarcam uma variedade de enfoques. O leque de questões examinadas foi organizado em quatro descritores: o primeiro trata de habilidades de leitura e escrita e competências sociais presentes nos estudos de Ribeiro (1998, 1999, 2001), Mugrabi (1999), Furtado (2001), Ribeiro *et al.* (2002), Macedo & Campelo (2004), Moura *et al.* (2004), Souza (2004), Brasileiro (2005), Freitas (2005, 2006), Cavazotti *et al.* (2007); o segundo constitui-se de estudos sobre políticas de alfabetização de jovens e adultos realizados por Balem (2002), Alvarenga (2003) e Fernandes (2007); um terceiro envolve a escrita, a cultura e a identidade e foi desenvolvido por Alves (2001), Moura (2004) e Pimentel (2007) e, por fim, o quarto com os estudos sobre os significados do processo alfabetizador, empreendidos por Souza (2005), Barreto & Dias (2006) e Píton (2008).

A composição do suporte teórico tem como base os seguintes autores: M. Soares, A. Kleiman, L. Tfouni, M. Kato, M. Khol de Oliveira, J. Cook-Gumperz, B. Street, L. A. Marcuschi, V. M. Masagão Ribeiro, R. Caldart, E. Ferreiro, A. Ferraro, P. Freire, T. M. M. Moura, M. Bakhtin, L. Fávero, A. Viñao Frago, M. B. Abaurre, M. Axt, C. Maraschin, C. L. Vóvio, A. M. Galvão.

### Formação de Professores

O tema da formação dos professores de EJA tem chamado a atenção de pesquisadores ora pela inexistência de uma política pública nacional de formação de docentes para a educação básica de jovens e adultos, ora pela "precariedade das condições de profissionalização e de remuneração desses docentes" (HADDAD; DI PIERRO, 1994, p. 16), ou ainda, pela timidez das produções enfocando a área. Os 16 estudos e pesquisas apresentados no período buscam jogar luz em algumas temáticas que envolvem a formação de professores de EJA, tais como: a formação contínua, abordada por Nobre (1998), Campos (1999), Fávero *et al.* (1999), Bandeira *et al.* (2007) apoiados em P. Freire, P. Nosella, C. R. Beisiegel, R. Fontana, R. Hara, E. Orlandi, M. G. Pinho, V. M. Masagão Ribeiro *et al.*, S. Haddad & M. C. Di Pierro, S. Campos, L. C. Freitas, G. Frigotto, M. C. Geraldi, O. Jóia, P. Pontual, A. L. S. Souza, M. B. Soares, C. L. Vóvio, H. Freitas; a formação contínua pelo viés da complexidade da autoformação é tema de Oliveira (1999), Leitão (2003), Brasileiro (2005) e Pinheiro (2008), embasadas em P. Freire, D. Desmarais, B. Charlot, J. Pilon, M. Fabre, M. A. Zabalza, N. Alves, A. Bezerra, A. Nóvoa, I. B. Oliveira; o significado da formação para educadores de jovens e adultos é tratado por Fonseca *et al.* (2000), Zasso *et al.* (2001), Lenzi (2005), Lopes (2006), Laffin (2007), buscando subsídios em P. Freire, A. V. Frago, M. Khol de Oliveira, M. C. Di Pierro, S. Haddad, M. I. Infante, J. Rivero, R. Caldart, L. Soares, M. Arroyo, V. M. Masagão Ribeiro, T. Moura; a formação inicial em cursos de habilitação em Educação de Jovens e Adultos e a inserção do educador no campo de trabalho foi investigada por Soares (2006), tendo como apoio teórico P. Freire, S. Haddad, M. Arroyo, C. R. Beisiegel, M. C. Di Pierro, C. L. Vóvio & M. Biccas, Vera M. Masagão Ribeiro, M. M. Machado; a constituição da história docência na EJA a partir da contribuição da educação popular foi tema de Vieira (2007). A autora dialogou com P. Freire, M. Arroyo, C. R. Beisiegel, O. Fávero, S. Haddad, V. Paiva. Acrescenta-se o trabalho de Machado (2000) como contribuição ao estado da arte sobre a formação dos educadores da EJA.

### Escolarização

O tema escolarização congrega um leque amplo de estudos e pesquisas que se debruçam sobre o papel da educação escolar para jovens e adultos na sociedade contemporânea. O conjunto soma 13 trabalhos, dos quais é possível identificar pelo menos quatro tendências: uma primeira diz respeito aos impactos, sentidos e significados da passagem de jovens e adultos pela instituição escolar com trabalhos de Silva (2001), Santos (2002), Gomes (2003), Castro Gomes (2007). O referencial de análise apoia-se em P. Freire, C. R. Beisiegel, V. Paiva, M. C. Di Pierro, S. Haddad. A segunda congrega estudos sobre as especificidades do processo de escolarização de sujeitos jovens e adultos como Giovinazzo Jr. (1999), Parreiras (2001), Ferreira (2008), com o suporte teórico de M. Kohl de Oliveira, L. Soares, S. Beauvoir, G. L. Louro, J. Scott, P. Silva. Na terceira tendência, englobam-se os estudos sobre os sujeitos e as demandas educacionais apontados por Brasileiro (2002), Camarosano (2008), apoiando-se em P. Freire, M Castells, M. Knobel, A. Schaff, M. V. Gómez, M. Gadotti, F. A. Salla, M. Foucault. A quarta agrega discussões sobre procedimentos pedagógicos e a apropriação de conhecimento pelos alunos jovens e adultos, mediado pela interatividade de sala de aula com base em Moura (2000), Cavalcanti (2006) e Leitão da Silva (2006), orientando-se por P. Freire, T. Carraher *et al.*, M. Bagno, M. Bakhtin, M. Khol de Oliveira, M. T. A. Freitas, M. C. F. R. Fonseca, G. Knijnik, L. Vygotsky, A. A. Batista, J. W. Geraldi, L. A. Marcushi.

## Mundo do Trabalho

Na categoria Mundo do Trabalho, estão presentes dez pesquisas direcionadas à compreensão do sujeito concreto "trabalhador" e as experiências singulares vivenciadas nos processos de escolarização por ele. Sobre o pronunciamento do aluno trabalhador com relação a sua escolarização, encontramos Gustavo (1998) e Parenti (1999, 2000), dialogando com E. Orlandi, M. Pêcheux, H. Brandão, S. Haddad & M. C. Di Pierro, V. Paiva, Vera M. Masagão Ribeiro, R. Barone, M. Brandão, R. Flecha, M. C. Franco, L. Machado, J. Rivero, J. Osório. Sobre as políticas públicas de aperfeiçoamento profissional, encontramos Fischer (2000) e Deluiz (2002), apoiadas em M. Arroyo, O. Jara, S. Manfredi, S. Miranda, C. R. Beisiegel, M. C. Di Pierro, S. Draibe, P. Gentili, S. Haddad & M. C. Di Pierro, P. Singer,

C. S. Moraes. Outra temática de investigação diz respeito ao impacto da escolarização na qualidade de vida e nos processos de trabalho de jovens e adultos e é representada por Prestes (2005), Paixão (2004, 2005), Laranjeira et al. (2006), Vitorette & Castro (2008), com apoio de E. Prestes, V. Paiva, A. Sen, P. R. Haddad, L. V. Tiriba, E. Almeida, H. S. Becker, P. Freire, A. Kuenzer, M. Pochaman & R. Amorim, M. Spósito, A. Zaluar.

## Sujeitos da EJA

Pensar os sujeitos alunos da EJA significa adentrar o campo da identidade, das representações e das imagens sociais sobre aqueles que em nossa sociedade não sabem ler nem escrever ou são pouco escolarizados. São sujeitos específicos – jovens e adultos – com marcas específicas de insegurança sobre o presente e o futuro (Arroyo, 2008). Essa conotação de sujeito aluno emerge mais recentemente nas pesquisas, o que explica, em alguma medida, o número enxuto de estudos. Os nove trabalhos trazem à tona a questão das representações sociais que emergem da condição de analfabeto, tendo como base o estudo de Maranhão (1998), Pimentel (2007) e Paiva & Raggi (2008). Subsidiam a temática S. N. Eisenstadt, M. M. Forachi, O. Ianni, K. Mannheim, M. Spósito. Outro eixo segue para a constituição da identidade de sujeitos jovens e adultos em processo de escolarização com Queiroz & Canezin (2002), Prestes (2004), Correa et al. (2003), Araújo (2007), Coura (2008), Canezin & Duarte (2008), embasados em P. Freire, J. Dayrell, M. C. F. R. Fonseca, M. Khol de Oliveira, V. M. Masagão Ribeiro, N. Zago, L. J. G. Soares, J. S. Martins.

### O que podemos apontar desse balanço sobre a produção? – *Natureza, instituições e pesquisadores*

Se há duas décadas ouvia-se com muita frequência alusão à pouca bibliografia enfocando a EJA, atualmente, não é possível sustentar essa afirmativa. Podemos inferir, com base na análise da produção que chega ao GT de EJA da ANPEd, que vem ganhando expressão um vasto material produzido nos cursos de pós-graduação em educação, o qual se encontra disponível para consulta dos educandos, dos professores, dos graduandos, dos pós-graduandos, dos pesquisadores e de demais interessados na área. Haddad (2000) apontava que a produção estava centrada no eixo Sudeste do país. Ao rever a questão em 2008, Fischer sustenta a afirmativa e acrescenta a importância de se investigar três pontos: a natureza das pesquisas, ou seja, se aparecem mais aquelas de cunho livre ou se a produção maior continua sendo de dissertações e teses; quais instituições apresentam maior acúmulo na área e, por fim, quais os pesquisadores que vão se firmando na produção teórico-metodológica das categorias.

## A categorização

Analisando a categorização atual dos trabalhos, disponível no *site*, percebe-se que ela atende parcialmente à pluralidade de enfoques que perpassam os estudos e as pesquisas, principalmente, quando se trata dos temas "Sujeitos da EJA", "Escolarização" e "Currículo e Práticas Pedagógicas", uma vez que há elementos comuns apontando que esses dividem o mesmo horizonte. Que abordagens as distinguem? Se pensarmos a "Escolarização" pelo viés da chegada à sala de aula, do desejo de estudar, dos significados, dos sentidos e dos impactos do processo de ensino-aprendizagem; as "Práticas Pedagógicas" tendo como referência o fazer cotidiano em sala de aula, o que se passa na ação pedagógica dos sujeitos; e o "Currículo" sobre as relações que se estabelecem entre os conhecimentos escolares e os não escolares, aí encontramos elementos que podem demarcar os eixos temáticos.

Percebe-se a aproximação entre as duas categorias sob pelo menos três pontos: nas referências bibliográficas, nas expressões ou conceitos comuns e na análise dos conteúdos da pesquisa. Aprofundar a compreensão sobre cada categorização é uma tarefa que pode contribuir na construção do corpo teórico de cada eixo, na revisão bibliográfica de trabalhos futuros e consequentemente no acúmulo teórico-metodológico sobre a Educação de Jovens e Adultos.

O mesmo acontece com as categorias "Sujeitos da EJA" e "Escolarização". Em alguns trabalhos, a distinção é bastante tênue exigindo uma revisão criteriosa para definição de cada uma delas.

Isso nos leva à inferência de que a categorização dos estudos não recebeu um ponto final merecendo revisão para aprofundamento. A implicação direta nessas categorias é o número enxuto de trabalhos e a dificuldade em apontar a consistência do referencial teórico sobre temas basilares da EJA. Vale ressaltar que, na categoria "Sujeitos da EJA", por "sujeitos" definiram-se os alunos da EJA. Os "sujeitos" educadores aparecem nos trabalhos sobre a formação.

É recomendável solicitar a alguns estudiosos das áreas temáticas em questão um breve comentário sobre as categorias, seguido de algumas palavras-chave, de modo que se possa favorecer a sistematização dos trabalhos existentes, o acúmulo teórico-metodológico e os estudos futuros.

## A expressividade de trabalhos nas categorias

Esta análise nos permite destacar que, entre as sete categorias, destacam-se quantitativamente estudos e pesquisas sobre "Currículo e Práticas Pedagógicas", "EJA como Políticas Públicas" e "Alfabetização". Pensar os motivos que levam ao acúmulo nessas três categorias significa rever o contexto de sua produção, ou seja, o fato de não se evidenciarem ao acaso. A concretude político- -social citada anteriormente já aponta alguns indícios de fomento da produção. Acrescentamos ainda, com relação ao incremento das investigações na área da "Alfabetização", nos anos 2004 e 2005, que coincidimos com pensamento de Machado (2000). A autora anunciava que a continuidade do Programa Nacional de Educação na Reforma Agrária (PRONERA) e do Programa Alfabetização Solidária (PAS), criados no final da década de 1990, forneceu as bases de vários estudos e pesquisas. Desde 2003 também, o Programa Brasil Alfabetizado (PBA), lançado pelo governo federal, vem subsidiando com novos elementos a área. Percebe-se, então, que a elaboração de políticas públicas para a modalidade abre horizontes de estudos, seja avaliando os impactos, as iniciativas que se desdobram, seja avaliando os canais de expressão. Quanto aos canais de expressão da EJA nas universidades, acrescenta-se à produção dos Cursos de Pós-Graduação aquelas oriundas dos projetos extensionistas.

## O referencial teórico

O estado da arte elaborado por Haddad (2000) apontava a "grande dispersão do referencial teórico, com alguma unidade no referencial histórico da EJA". Concordamos com o autor, visto que há ainda trabalhos com uma constelação ampla de autores, com referencial teórico exclusivo da temática sem diálogo com a EJA. Acrescentamos a evidência de que alguns teóricos do campo da EJA começam a se firmar em determinadas categorias, constituindo um *corpus* de referência. Entendemos que, quando os estudos ou a pesquisa se pautam pouco, ou quase nada, nos estudos já existentes da área, isso acaba fragilizando e retardando a consistência de referenciais teórico-metodológicos em Educação de Jovens e Adultos. A questão pode requerer da coordenação do GT e do Comitê Científico a elaboração de estratégias para atenuar esse desafio.

## Tendências da produção

A tendência da produção pode ser lida em sintonia com a conjuntura. Se observarmos, as políticas públicas se firmam em âmbito nacional, a partir de 2003 e, com isso, emergem o pensar sobre os sujeitos, os processos de escolarização, a elaboração dos currículos, os sentidos da alfabetização e outros temas que vêm merecendo atenção, tais como: as Tecnologias da Informação e Comunicação e a Educação de Jovens e Adultos; Educação a Distância na EJA; EJA e Cultura; Educação nos Sistemas Prisionais; Espaços e Processos Formativos e Educação Popular; Terceira Idade e a Escolarização; Ensino Médio, Profissionalização e EJA.

Alguns trabalhos possuem interface com outras áreas de conhecimento e cabe ao seu autor a escolher para apresentar no GT 18 ou em outro afim, como é o caso da juventude, educação no campo, trabalho e educação, tecnologia, educação a distância, educação prisional, educação inclusiva, movimentos sociais. Notamos, com certa estranheza, a ausência de trabalhos que abordem a relação educação e cultura.

Ressalta-se ainda que, em comparação a outros GTs, o GT de EJA mantém uma regularidade, apresentando até um número considerável de trabalhos em relação àqueles GTs mais antigos.

## Pôsteres

Os pôsteres não foram objeto de análise deste estudo, mas, ao percebermos que há tendência de a pesquisa ser apresentada no GT quando estiver finalizada, acreditamos que seria importante refletir sobre o potencial desse tipo de produção.

A modalidade pôster, comumente reservada para a apresentação de pesquisas em fase de desenvolvimento, representa a fase de pré-apresentação, de divulgação e de incentivo aos pesquisadores a mostrarem os caminhos que estão trilhando em seus estudos. Os pôsteres também passam pelo processo de seleção, visando atender ao limite máximo e à qualidade da exposição. Durante todos os anos que compreendem o intervalo estudado, foram exibidos pôsteres, o que pode demonstrar a importância dessa modalidade de apresentação, bem como o interesse em conhecer e seguir os contornos que vão tomando a pesquisa ou o estudo ainda em momento inicial. Estimular esse tipo de mostra, oferecer o espaço, buscar maneiras de incorporá-los ao conjunto de apresentações de trabalhos e neles interferir, parece ser o desafio do GT 18. Uma questão a ser colocada é que, por se tratar da apresentação de um trabalho em andamento, a pesquisa ou o estudo pode ser mais bem explorado. Isso significa dizer que, neste estágio, é possível apontar aos pesquisadores outras leituras, relacioná-las aos trabalhos realizados com a temática em foco ou até apontar questões pendentes e lacunas sobre o objeto, dependendo do tempo que o GT dispensar à análise do pôster. Este procedimento, a nosso ver, engrossaria as categorias no que concerne ao referencial teórico, à revisão bibliográfica, aos avanços sobre a questão, enfim, ajudaria substantivamente a construção do campo da EJA.

Reiteramos que seria basilar despender mais tempo e melhor espaço para o acompanhamento dos pôsteres pelos pontos mencionados acima, acrescidos do fato de que, nessa fase, o trabalho ainda pode receber contribuições. Inferimos que maior atenção aos estudos em andamento pode demonstrar maiores chances de construção do campo de conhecimentos sobre a EJA. Por outro lado, o número de seis Pôsteres nos parece pouco significativo para captar pesquisas em andamento.

Por fim, esperamos que os apontamentos trazidos neste trabalho possam provocar reflexões e debates para os participantes do GT 18 e para todos os interessados na Educação de Jovens e Adultos. O objetivo não foi o de passar uma página na história da pesquisa acadêmica e científica nessa área, mas, com base na análise da produção realizada nos últimos dez anos, qualificar cada vez mais nossas pesquisas, de modo que possam contribuir para a ampliação e a consolidação da EJA no cenário da produção acadêmica em educação no Brasil.

## Referências

BEISIEGEL, Celso de Rui. A política de educação de jovens e adultos analfabetos no Brasil. In: OLIVEIRA, Dalila (Org.).*Gestão democrática da educação: desafios contemporâneos*. Petrópolis: Vozes, 1997.

CATANI, Denise; FARIA FILHO, Luciano. Um lugar de produção e a produção de um lugar: a história e a historiografia divulgadas no GT História da Educação da ANPEd (1985-2000). *Revista Brasileira de Educação*, n. 19, jan./fev./mar./abr. 2002.

FREIRE, Paulo. *Pedagogia da Indignação – cartas pedagógicas e outros escritos*. São Paulo: UNESP, 2000.

HADDAD, Sérgio. *O estado da arte das pesquisas em Educação de Jovens e Adultos – A produção discente da pós-graduação em educação no período 1986-1998*. São Paulo: Ação Educativa, 2000.

HADDAD, Sérgio. A educação de pessoas jovens e adultas e a nova LDB. In: BRZEZINSKI, Iria (Org.). *LDB interpretada: diversos olhares se entrecruzam*. São Paulo: Cortez, 1997.

HADDAD, Sérgio. *Relatório das atividades da 22ª Reunião da ANPEd*. GT Educação de Jovens e Adultos. (mimeo)

IRELAND, Timothy. O atual Estado da Arte da Educação de Jovens e Adultos no Brasil: uma leitura a partir da CONFINTEA V e do processo de globalização. In: MELO NETO, José Francisco de; SCOCUGLIA, Afonso Celso (Orgs.). *Educação popular – outros caminhos*. João Pessoa: Editora Universitária/UFPB, 1999. p. 169-184.

MACHADO, M. Margarida. *A prática e a formação de professores na EJA: uma análise de dissertações e teses produzidas no período de 1986 a 1998*. 23ª Reunião Anual da ANPEd.

MEC/UNESCO. PAIVA, Jane; MACHADO, Maria Margarida; IRELAND, Timothy (Org.). *Educação de Jovens e Adultos: uma memória contemporânea, 1996-2004*. Brasília: UNESCO, MEC, 2004.

MEC/UNESCO. *Construção coletiva: contribuições à Educação de Jovens e Adultos*. Brasília: UNESCO, MEC, RAAAB, 2005.

PAIVA, Jane. Desafios à LDB: Educação de Jovens e Adultos para um novo século? In: ALVES, Nilda; VILLARDI, Raquel (Orgs.). *Múltiplas leituras da nova LDB: Lei de Diretrizes e Bases da Educação Nacional*. Rio de Janeiro: Qualitymark/Dunya, 1997.

SOARES, Leôncio. O surgimento dos Fóruns de EJA no Brasil: articular, socializar e intervir. *Revista de Educação de Jovens e Adultos – Alfabetização e Cidadania*, RAAAB, 2004.

ANAIS

Encontro Latino-Americano sobre Educação de Jovens e Adultos trabalhadores. Olinda, 1993. MEC/INEP. Brasília, 1994.

IV SEMINÁRIO INTERNACIONAL: Universidade e Educação Popular, João Pessoa, 26 a 30 de julho – João Pessoa: Ed. Universitária/UFPB, 1995.

Seminário Internacional Educação e Escolarização de Jovens e Adultos. IBEAC. São Paulo, 1996. Brasília. MEC, 1997.

ANPEd 21ª Reunião Anual – Programas e Resumos. Caxambu, 1998.

ANPEd 22ª Reunião Anual – Programas e Resumos. Caxambu, 1999.

ANPEd 23ª Reunião Anual – Programas e Resumos. Caxambu, 2000.

ANPEd 24ª Reunião Anual – Programas e Resumos. Caxambu, 2001.

ANPEd 25ª Reunião Anual – Programas e Resumos. Caxambu, 2002.

ANPEd 26ª Reunião Anual – Programas e Resumos. Poços de Caldas, 2003.

ANPEd 27ª Reunião Anual – Programas e Resumos. Caxambu, 2004.

ANPEd 28ª Reunião Anual – Programas e Resumos. Caxambu, 2005.

ANPEd 29 Reunião Anual – Programação. Caxambu, 2006.

ANPEd 30ª Reunião Anual – Programação. Caxambu, 2007.

ANPEd 31ª Reunião Anual – Programas e Resumos. Caxambu, 2008.

Seminário Nacional de Formação de Educadores de Jovens e Adultos. Belo Horizonte, 2006.

II Seminário Nacional de Formação de Educadores de Jovens e Adultos. Goiânia, 2007.

# Sujeitos de mudanças e mudanças de sujeitos: as especificidades do público da Educação de Jovens e Adultos

Fernanda Vasconcelos Dias
Helen Cristina do Carmo
Heli Sabino de Oliveira
Jerry Adriani da Silva
Neilton Castro da Cruz
Yone Maria Gonzaga

Este capítulo tem por objetivo analisar parte da produção de artigos apresentados na Associação Nacional dos Pesquisadores em Educação, entre 1998 e 2008, que foram classificados como Sujeitos da EJA.

Dos 14 trabalhos aqui investigados, 11 foram selecionados a partir da categorização do GT-18. Como foi destacado na apresentação da presente obra, o remanejamento de textos se configurou como imperativo de trabalho, na medida em que os artigos nem sempre se encaixavam nas categorias a eles atribuídas. Assim, recebemos três trabalhos que, na avaliação dos outros grupos, tinham como foco o nosso objeto de análise.[1]

Cabe sublinhar aqui que esse procedimento metodológico não foi suficiente para agrupar o material de estudo em um único campo teórico-conceitual, já que a concepção de sujeito que informa a perspectiva analítica dos 14 autores não é, de modo

---

[1] Os três trabalhos que recebemos foram: GIOVANETTI (2003), RIBEIRO e SOARES (2004) e CORDEIRO (2005).

algum, convergente. De um lado, estão os estudos empíricos que, dando voz aos educandos, nos permitem conhecer os sujeitos, aos quais se destina o fazer pedagógico dessa modalidade educativa, bem como as formas pelas quais esses interpretam e dão inteligibilidade às ações. De outro, estão os trabalhos que caracterizam, de forma ampla, os sujeitos da Educação de Jovens e Adultos, sem apresentar, contudo, os pontos de vista dos educandos.

É válido ressaltar que os sujeitos da Educação de Jovens e Adultos não são tomados como intérpretes de suas ações sociais em todas as abordagens. Boa parte da produção teórica no campo da Educação de Jovens e Adultos reduz as especificidades dos sujeitos em apenas três aspectos unificadores: a) exclusão do processo de escolarização na infância e na adolescência; b) recorte etário-geracional – condição de não criança; c) inserção subordinada no mercado de trabalho – aluno-trabalhador. Com efeito, esses estudos deixam de conhecer o sujeito empírico, aquele que, de fato, frequenta os cursos de EJA. Cabe destacar que os sujeitos aos quais se destinam o fazer pedagógico da EJA têm outras especificidades que ultrapassam a condição de não criança, baixa escolaridade e integrante das camadas populares.

A despeito disso, os trabalhos aqui analisados foram agrupados em três blocos distintos. Os dois primeiros agrupamentos, apesar de possuírem a mesma perspectiva analítica e a mesma quantidade de trabalhos (cinco artigos cada um), diferenciam-se pelo aspecto geracional. Enquanto o primeiro focaliza os sujeitos jovens e adultos, o segundo tem como foco os adultos e os idosos da Educação de Jovens e Adultos. Compreendendo os educandos como sujeitos de direitos, os autores aqui sublinham a necessidade de se apurar o olhar sobre as questões próprias dessa fase da vida. Enfatizando outras dimensões da vida que transcendem o espaço escolar, como família, trabalho e lazer, eles colocam em xeque a reprodução da matriz curricular do ensino fundamental destinados a crianças e a adolescentes nos cursos de EJA. Assim, questionam a concepção da educação compensatória que está fortemente presente na Educação de Jovens e Adultos.

As pesquisas que se debruçaram sobre a condição do sujeito adulto analfabeto e suas implicações no mundo contemporâneo buscaram compreender as razões e motivações que levam pessoas da terceira idade a retornarem à escola. O terceiro agrupamento, composto de quatro trabalhos que não focalizaram os sujeitos empíricos da EJA, destacou a condição de não criança, a exclusão do processo de escolarização na infância e na adolescência e a inserção subordinada no mundo do trabalho do público da EJA. Essas enfatizam, principalmente, a dimensão educativa, metodológica e emancipatória da Educação de Jovens e Adultos. Nesses trabalhos, os sujeitos da Educação de Jovens e Adultos aparecem, quase sempre, de forma abstrata. Isso pode ser visto sobretudo nos trabalhos que vinculam a "EJA" ao paradigma da educação ao longo da vida, numa perspectiva que ultrapassa a visão da EJA ligada ao paradigma da educação compensatória.

Todavia, existe um ponto convergente nos trabalhos aqui investigados. Trata-se, em sua totalidade, de pesquisas de cunho qualitativo. Adotando procedimentos metodológicos como entrevistas, registros em áudio e vídeo, análise bibliográfica e documental, aplicação de questionário e observação participante, os pesquisadores se distanciam dos enfoques macroestruturais, concentrando-se em estudos localizados.

Embora os autores não anunciem em seus textos o interesse de se trabalhar o conceito de sujeito, nem se proponham a desenvolver discussões teóricas sobre tal objeto, podemos dizer que as produções pertencentes a esse eixo demonstraram uma atenção especial aos educandos, chamados de diferentes formas – jovens, adultos, idosos, analfabetos, pessoas analfabetas, pessoas idosas, trabalhadores marginalizados, entre outras. Tal fato justifica a manutenção nesse agrupamento analítico.

Foram duas as questões que orientaram a análise dos trabalhos. A primeira diz respeito à concepção de sujeito, desenvolvida no campo acadêmico, e a segunda à concepção de sujeito, encontrada nos trabalhos aqui analisados. Desta maneira, iniciaremos a discussão traçando um breve histórico sobre a construção teórica do sujeito, com o intuito de apontarmos algumas questões sobre a teorização dessa categoria.

## Um breve histórico sobre a construção teórica do sujeito

A definição do que venha a ser sujeito no campo teórico não é consensual. Para alguns, trata-se de uma categoria que se refere à capacidade de o indivíduo se tornar centro da ação social. Nesse caso, a pessoa humana, por ser dotada de razão, é livre e autônoma para agir socialmente. Para outros, trata-se de um conceito que se aplica em situações em que existe o desejo de alguém ser um indivíduo e de se criar uma história pessoal. Nessa perspectiva, o sujeito aparece quando o indivíduo se insurge contra a comunidade e o mercado. Para os pós-estruturalistas, essa categoria é uma invenção do Ocidente, pois não há sujeito fora da história e da linguagem, fora da cultura e das relações de poder. Outra forma de se pensar o sujeito social é situá-lo no campo da diversidade e diferença, bem como no contexto das relações sociais de poder. Dessa forma, o sujeito não é visto de forma abstrata, idealizada pelo pesquisador, mas imerso em um contexto sociocultural. Há ainda abordagens teóricas que destacam o descentramento dos sujeitos na pós-modernidade. Em vez de possuir uma identidade única orientadora de suas condutas, os sujeitos assumem várias identidades ao longo da vida, levando em consideração uma multiplicidade de dimensão como classe, gênero, raça, geração, região, religiosidade, entre outras.

Hall (1997), adotando a perspectiva dos Estudos Culturais, aborda a genealogia da categoria "sujeito". A origem desse termo remonta ao período renascentista, momento em que foram elaborados os pressupostos científicos cartesianos, bem como sistematizados os pressupostos teológicos dos reformadores religiosos. Tanto em um caso quanto no outro, destacava o surgimento de um novo tipo de ser humano, não subordinado às determinações da comunidade local, nem subjugados às determinações religiosas. Em linhas gerais, o sujeito cartesiano foi concebido, do ponto de vista ontológico, como alguém centrado (sua ação social coincidia com sua consciência); além disso, suas ações eram guiadas pelo senso crítico e pela prática reflexiva. Com efeito, ele exibia sua liberdade e autonomia diante das instituições modernas; por sua vez, o sujeito idealizado pelos reformadores do século XVI não era muito diferente. Praticante do livre-exame – ou seja, ato de ler e interpretar textos sagrados sem a mediação do clero –, o sujeito reformado reunia as condições intelectuais necessárias para acessar o mundo espiritual sem o controle da instituição religiosa.

Cabe destacar aqui que a formação dos dois tipos de sujeitos descritos anteriormente dependia diretamente da expansão da instituição escolar.[2] Os estabelecimentos educativos eram apresentados, nas duas concepções, como locais onde se cultiva a razão, instrumento fundamentalmente importante no desenvolvimento de pessoas conscientes, reflexivas, cidadãs e livres da manipulação das instituições modernas. O pensamento reformista também destacava a relevância do sistema escolar.[3] Para

---

[2] O projeto iluminista atribuiu ao processo de escolarização a nobre função de formar sujeitos autônomos, críticos e participativos. No entanto, em meados do século XX, a teoria crítica colocou em xeque os princípios do pensamento iluminista, desnudando suas articulações com as relações de poder. Contudo, a teoria crítica conservou a ambição de formar sujeitos livres e emancipados. Sobre a relação entre teoria crítica e o projeto iluminista, Silva (1996, p. 252), faz as seguintes considerações: "A educação liberal e capitalista era condenada não por seus ideais, mas pela falta de sua realização. [...] No fundo estava a possibilidade de uma educação e de uma escola não contaminada pelas distorções de uma sociedade capitalista e mercantil e de um estado interessado, mas na qual as idéias de um sujeito autônomo e racional, de emancipação, progresso e triunfo da razão poderiam, finalmente, ser cumpridos".

[3] O pensamento de Lutero não estava descolado do movimento renascentista e humanista europeu que marcou o século XVI. Como destacou Jardilino (2009), esse reformador alemão defendia a expansão da escola pública, sob o argumento de que a escolarização, além de assegurar aos seres humanos acesso direto aos textos sagrados, garantia a formação de cidadãos ajuizados, honestos e bem educados. Eis um trecho de uma carta do reformador, destinada aos governadores de sua época: [...] "o progresso de uma cidade não depende apenas do acúmulo de grandes tesouros, da construção de

se aproximar de Deus, os seres humanos precisavam conhecer e praticar seus mandamentos, os quais se encontravam na Bíblia, única fonte de verdade do cristão. Para tanto, era necessário dominar a leitura. Por isso, Lutero chegou a sugerir aos governantes que gastassem menos com guerra e mais com escolas públicas. Em suma, a emergência do pensamento cartesiano e reformista demarca um período da História em que o ser humano aparece como figura central – antropocentrismo – em contraste com o período anterior em que Deus aparecia como o centro do universo – teocentrismo.

Uma das marcas do período anterior havia sido a crença de que o indivíduo não era capaz de conduzir a própria vida. A história de Ulisses, personagem grego criado supostamente por Homero, ilustra as limitações da pessoa humana na Antiguidade clássica. Em uma dada passagem do texto, o herói decidiu não ir para os campos de batalha para ficar em Ítaca. Tal decisão não está associada à covardia, mas a um ato de amor à esposa. Fingindo-se de louco, fora dispensado da Guerra de Troia. No entanto, seu plano fracassou. Para salvar seu filho que fora lançado em frente das rodas de uma charrua, ele foi obrigado a revelar a plenitude de suas faculdades mentais. Essa passagem destaca a força da comunidade sobre o indivíduo. "No mundo mítico-religioso e social grego, nada somos sem os deuses e sem a integração na vida da cidade" (VERÍSSIMO, 2008, p. 137). Na Idade Média, a situação não se alterou. Pelo contrário, aí o ser humano estava sob o constante olhar dos que moravam na vila ou na corte. Além disso, a Igreja Católica buscava monitorar a relação dos indivíduos com o sagrado. Nesse período, a possibilidade de um ser humano firmar sua individualidade era bastante reduzida.

As grandes transformações por que passaram a Europa no século XV possibilitaram pensar o indivíduo de um modo

---

muros de fortificação, de casas bonitas, de muitos canhões e da fabricação de muitas armaduras [...]. O melhor e mais rico progresso para cidade é quando possuem muitos homens bem instruídos, muitos cidadãos ajuizados, honestos e bem educados" (LUTERO apud JARDILINO, 2009, p. 45).

totalmente diferente. A formação dos Estados Nacionais, as grandes navegações e a "descoberta" do Novo Mundo, a Reforma Protestante e o Humanismo Renascentista criaram condições para se viver e se relacionar com a sociedade nunca vistas até então.

Nesse contexto, o pensamento de René Descartes (1596-1650) ganha força nos meios acadêmicos. Para esse filósofo, o homem ocupa um lugar central no universo. Ele pensa, reflete e age sobre a natureza e sobre a sociedade, produzindo conhecimentos e técnicas que asseguram o progresso e o desenvolvimento humano contínuo. Deus aparece na obra de Descartes de forma diferente do período medieval. Ele é o Primeiro Movimentador de toda a criação; isso ocorre de modo análogo ao relojoeiro. O funcionamento do relógio ocorre mecanicamente, sem a interferência de seu criador. Assim, é o universo. Criado por Deus, a natureza possui leis próprias, que podem ser conhecidas, por meio de estudo e pesquisa. Para se ter acesso à compreensão da natureza e da sociedade, Descartes sugere, como procedimento metodológico, a dúvida metódica, fundamento da Ciência Moderna.

> Descartes postulou duas substâncias distintas – a substância espacial (matéria) e a substância pensante (mente). Ele refocalizou, assim, aquele grande *dualismo* entre "mente" e a "matéria" que tem afligido a Filosofia desde então. As coisas devem ser explicadas, ele acreditava, por uma redução aos seus elementos essenciais – à quantidade mínima de elementos e, em última análise, aos seus elementos irredutíveis. No centro da "mente", ele colocou o sujeito individual, constituído por sua capacidade para raciocinar e pensar. "Cogito, ergo sum" era a palavra de ordem de Descartes: *Penso* (ênfase do autor), logo existo. Desde então, esta concepção do sujeito racional, pensante e consciente, situado no centro do conhecimento, tem sido conhecido como o "sujeito cartesiano" (HALL, 1997, p. 29).

O autor destaca que, no movimento geral contra o feudalismo, houve nova ênfase na existência pessoal do ser humano com a sociedade e na relação direta e individual com Deus. Com efeito, no quadro epistemológico traçado pelo pensamento moderno, o sujeito aparece, de forma soberana, no controle de suas ações. Como destaca Silva (2001, p. 113), ele é guiado unicamente pelas próprias ações. O sujeito moderno é um agente livre e autônomo.

Em duas canções brasileiras, pode-se verificar o peso da concepção de sujeito defendido por Descartes: a primeira diz respeito à letra de uma das músicas de Raul Seixas que celebra a força incomensurável do indivíduo ante a sociedade. Na letra da música "Tente outra vez", há um trecho que diz "basta ser sincero e desejar profundo, você será capaz de sacudir o mundo", denotando o caráter otimista do pensamento moderno a respeito do indivíduo. Aqui não se levam em conta as circunstâncias em que se desenrola a história da humanidade. As mudanças sociais estão subordinadas ao desejo da pessoa. Outra música que ilustra bem o caráter idealista que marca o sujeito cartesiano é a canção de Geraldo Vandré "Pra não dizer que eu não falei das flores". O refrão diz "Vem, vamos embora que esperar não é saber, quem sabe faz a hora, não espera acontecer". Trata-se de um poema que aposta na subjetividade dos indivíduos, desprezando as condições objetivas que interferem no processo histórico.

Do ponto de vista teórico, as abordagens estruturalistas questionam a suposta liberdade e autonomia dos sujeitos. Marx (2006, publicado originalmente em 1869) indaga o peso da concepção de que o indivíduo é sujeito da história.

> Os homens fazem sua própria história, mas não a fazem segundo a sua livre vontade; não a fazem sob circunstâncias de sua escolha e sim sob aquelas com que se defrontam diretamente, legadas e transmitidas pelo passado. A tradição de todas as gerações mortas oprime o cérebro dos vivos como pesadelo. E justamente quando parecem empenhados em revolucionar-se a si e às coisas, em criar algo que jamais existiu, precisamente nesses períodos de crise revolucionária, os homens conjuram ansiosamente em seu auxílio os espíritos do passado, tomando-lhes emprestados os nomes,

os gritos de guerra e as roupagens, a fim de apresentar, nessa linguagem emprestada, a nova cena da história universal (MARX, 2006, p. 15).

Nesse trecho, Marx aborda a força da tradição nos momentos de crise. As ações dos seres humanos não são vistas como autônomas e livres como destacava Descartes. Pelo contrário, certas decisões humanas em momentos revolucionários estão apoiadas no passado, na luta de outras pessoas contra a opressão. No Manifesto Comunista, ele já havia colocado em questão a soberania do proletariado em relação ao modo de produção capitalista. "O proletariado é um trabalhador livre para vender sua força de trabalho, mas não livre em relação aos proprietários dos meios de produção" (MARX, 2005, publicado originalmente em 1848). Aqui o autor coloca em relevo o fato de existir estruturas sociais que limitam as ações dos indivíduos.

O sujeito cartesiano foi também colocado em xeque pela Psicanálise. Nessa perspectiva teórica, não existe espaço para uma concepção analítica que concebe o sujeito como um ser centrado, unificado, consciente, unificado, homogêneo, racional e reflexivo.

> A Psicanálise, com Freud e, depois com Lacan, vai atacar a soberania do sujeito cartesiano ao afirmar que ele não é quem pensa que é, que ele não faz o que pensa que faz. Com a Psicanálise, o sujeito cartesiano sofre um primeiro descentramento; ele é deslocado do consciente para o inconsciente, de um núcleo essencial para um processo formativo, do pré-lingüístico e do pré-social para o lingüístico e o social (SILVA, 2000, p. 15).

O ataque ao sujeito moderno, concebido pelo pensamento cartesiano, não encerra aí. Teóricos como Castells e Touraine não concebem a noção de indivíduo e sujeito como sinônimo. Um indivíduo se torna sujeito quando assume uma identidade de projeto. Isso implica que o indivíduo atribua significados às suas experiências, bem como busque construir uma história pessoal e que não esteja subordinado à comunidade e ao mercado.

> Sujeitos não são indivíduos, mesmo considerando que são construídos a partir de indivíduos. São o ator social coletivo pelo qual indivíduos atingem o significado holístico em sua experiência. Nesse caso, a construção da identidade consiste em um projeto de uma vida diferente, talvez com base em uma identidade oprimida, porém expandindo-se no sentido da transformação da sociedade como prolongamento desse projeto de identidade, como na sociedade pós-patriarcal, que resulta da liberação das mulheres, dos homens e das crianças por meio da realização da identidade das mulheres. Ou, ainda, de uma perspectiva bastante distinta, a reconciliação de todos os seres humanos como fiéis, irmãos, irmãs, de acordo com as leis de Deus, seja Alá ou Jesus, como conseqüências da conversão das sociedades de infiéis, materialistas e contrárias aos valores da família, antes incapazes de satisfazer as necessidades humanas e os desígnios de Deus (CASTELLS, 2008, p. 26).

Aqui os sujeitos são constituições de indivíduos que se engajaram, como ator social coletivo, em identidade de projeto. Essa visão é distinta do pensamento cartesiano, que, além de conceber os termos indivíduos e sujeitos como sinônimos, atribui às ações humanas um caráter consciente e reflexivo. Os sujeitos são sempre livres para agir conforme suas convicções.

O sujeito cartesiano é duramente questionado pelo pensamento pós-estruturalista. A crítica se apoia no seguinte pressuposto: o sujeito ao qual se refere Descartes retrata um grupo particular de indivíduos: homem branco, de ascendência europeia cristã. Seu caráter centrado, racional e reflexivo é colocado sob suspeita quando se estuda o processo de colonização. Aí o mesmo se vê envolvido de forma diferente das descrições do pensamento cartesiano que separa a mente e o corpo. A colonização envolveu complexas tramas entre desejo, poder, raça, gênero e sexualidade. O sistema de distinção, elaborado pela filosofia cartesiana, ocultava essa multidimensionalidade dos indivíduos. A existência humana estava atrelada ao caráter reflexivo da ação humana (penso, logo existo).

Assim, o pensamento ocidental criou o sujeito moderno. Ele não passa de uma invenção intimamente relacionada entre a vontade de saber e a vontade de poder. Não há sujeito ou subjetividade fora da história e da linguagem, fora da cultura e das relações de poder.

> Para os pós-estruturalistas, esse sujeito não passa de uma invenção cultural, social e histórica, não possuindo nenhuma propriedade essencial e originária. O pós-estruturalista radicaliza o caráter inventado do sujeito. No estruturalismo marxista, o sujeito era produto da ideologia, mas se podia, de alguma forma, vislumbrar a emergência de um outro sujeito, uma vez removidos os obstáculos, sobretudo a estrutura capitalista, que estavam na origem espúria desse sujeito. Em troca, para o pós-estruturalista – podemos tomar Foucault como exemplo – não existe sujeito a não ser como simples e puro resultado de um processo cultural e social (SILVA, 2001, p. 120).

Em outras palavras, o sujeito moderno é uma abstração dos grupos que ocupam posição privilegiada nas instituições modernas. Na perspectiva pós-estruturalista, a identidade dos sujeitos foi, na pós-modernidade, descentrada: em vez de possuir um único núcleo orientador de suas ações, os sujeitos possuem orientações plurais, múltiplas: identidades que se transformam, que não são fixas ou permanentes, que podem, até mesmo, ser contraditórias. Os sujeitos se encontram envolvidos, concretamente, numa pluralidade de pertencimentos: posições sociais, redes associativas e grupos de referências. O que faz com que o eu se faça múltiplo: no "eu" coexistem diferentes partes. Assim, não é só difícil identificar-se no tempo e dizer que somos agora o que éramos, mas também é difícil decidir que parte do "eu", entre tantos, podemos ser agora.

Vale destacar que uma das consequências do pensamento cartesiano no campo educacional é a supressão da voz do educando. Isso pode ser notado em pesquisas e em reformas educacionais em que não aparecem os desejos, os significados, as expectativas e os projetos dos educandos. No entanto, há trabalhos recentes que apontam em outra direção, uma vez que focalizam o sujeito em sua diversidade e diferença cultural.

Para Dayrell (1998), falar de sujeitos socioculturais implica resgatar o papel dos indivíduos na trama social. Essa perspectiva contrapõe as abordagens que reduzem o educando à condição de aluno, visto ora na ótica da cognição (bom, esforçado, preguiçoso), ora na ótica comportamental (disciplinado, rebelde). Tal postura homogeneizante impede que se conheça, de fato, o aprendiz em sua concretude, forjado em contextos sociais, econômicos e culturais peculiares.

> A escola, como espaço sócio-cultural, é entendida [...] como um espaço social próprio, ordenado em dupla dimensão. Institucionalmente, por um conjunto de normas e regras, que buscam unificar e delimitar a ação dos seus sujeitos. Cotidianamente, por uma complexa trama de relações sociais entre os sujeitos envolvidos, que incluem alianças e conflitos, imposição de normas e estratégias individuais, ou coletivas, de transgressão e de acordos. Um processo de apropriação constante dos espaços, das normas, das práticas e dos saberes que dão forma à vida escolar. Fruto da ação recíproca entre sujeito e a instituição, esse processo, como tal é heterogêneo. Nessa perspectiva, a realidade escolar aparece mediada, no cotidiano pela apropriação, elaboração, reelaboração ou repulsas expressas pelos sujeitos sociais (DAYRELL, 1998, p. 137).

Essa abordagem é resultado, no dizer de Santos (1991, p. 43), de uma nova compreensão científica: "O sujeito, que a ciência moderna lançara na diáspora do conhecimento irracional, regressa investido da tarefa de fazer erguer sobre si uma nova ordem científica". No campo educacional, ela aparece quando se amplia o processo de escolarização aos segmentos que foram dela excluídos havia pouco tempo. De certa forma, a chamada "democratização do ensino" colocou em questão a relação entre diversidade e diferença cultural.

A diversidade é um componente ao desenvolvimento biológico e cultural da humanidade. Ela se faz presente na produção de práticas, saberes, linguagens, técnicas artísticas, científicas, representações do mundo, experiências de sociabilidade e de aprendizagem. Todavia, há uma tensão nesse processo. Por mais que a diversidade seja elemento constitutivo do processo de humanização, há uma tendência nas culturas, de modo geral, de ressaltar como positivos e melhores os valores que lhe são próprios, gerando certo estranhamento e, até mesmo, uma rejeição em relação ao diferente (GOMES, 2007, p. 18).

A diferença cultural emerge quando os estabelecimentos escolares passam a receber estudantes com perfil distinto dos seres humanos ocidentais – classe média, branco, do sexo masculino. Tal fato induziu novas formas de se produzir conhecimento sobre a vida social "em que os sujeitos emergem na condição de intérpretes de suas realidades. Tributários de paradigmas das Ciências Sociais em que as ações humanas são tomadas em sua historicidade e inserção na cultura", essa perspectiva analítica procura dar voz aos sujeitos pesquisados (SILVA; SOARES, 2009, p. 7).

Após analisar as principais correntes sociológicas da atualidade, Giddens destaca:

> Não obstante a balbúrdia criada por vozes teóricas rivais é possível discernir em meio a ela certos temas comuns. Um deles liga-se ao fato de a maioria das escolas – com notáveis exceções, como o estruturalismo e o pós-estruturalismo – enfatizar o caráter ativo e reflexivo, da conduta humana. Quer dizer, elas estão unidas em sua rejeição da tendência do consenso ortodoxo de ver o comportamento humano como resultado de forças que os atores não controlam nem compreendem. Ademais (e isso inclui o estruturalismo e o pós-estruturalismo), elas atribuem um papel fundamental à linguagem e às faculdades cognitivas na explicação da vida social (2003, p. 17).

Como ilustração, podemos citar o trabalho de Silva (2009). Ele nos mostra a tensão entre a proposta pedagógica de um estabelecimento educativo e o processo de escolarização de estudantes transexuais. Questões como uso do banheiro, uso do nome e formas de interação interpessoal não podem ser deduzidas pelas chamadas "marcas distintivas" do público da EJA. Aqui é preciso pensar sobre a diversidade que compõe o público, dar voz aos sujeitos aos quais se destinam o fazer pedagógico da Educação de Jovens e Adultos.

No entanto, nem sempre é isso o que se percebe quando se estuda os trabalhos do GT-18, alocados no eixo temático "Sujeitos da EJA". No intuito de ampliar a discussão sobre essas produções, procuramos desenvolver uma análise mais aprofundada sobre o diálogo estabelecido entre os artigos apresentados no referido GT e o campo da EJA, no que diz respeito ao foco dedicado aos sujeitos.

## Os sujeitos para os autores em suas diversas abordagens

Os artigos que compõem este eixo temático demonstram uma tendência em lidar com os sujeitos a partir de sua faixa geracional, de modo que percebemos que os autores aludem às suas especificidades chamando-os de jovens, adultos, idosos ou se dedicando aos jovens e aos adultos, simultaneamente. Tal constatação figurou-se como um dado importante, pois, ao verificarmos que a especificidade mais marcante dos sujeitos abordados nos artigos referia-se à fase da vida na qual estes se encontravam, optamos por organizar nossa análise com base nessa característica.

Desta maneira, dividimos os artigos em três conjuntos analíticos, possibilitando a visualização das abordagens dos sujeitos pelos autores. Assim, compõem o primeiro conjunto, para o qual o foco está nos "Jovens e Jovens/Adultos", os artigos de Duarte e Guimarães (2008), Canesin e Queiroz (2002), Fantinato (2003), Correa (2003) e Raggi e Paiva (2008). O segundo conjunto é composto dos trabalhos de Araujo (2007), Barbosa (2005)

Maranhão (1998) Cordeiro (2005) e Coura (2008), que têm como foco os "adultos e idosos". O último conjunto é composto dos trabalhos "Não Empíricos", de modo que os autores Pierro (1998), Giovanetti (2003), Ribeiro e Soares (2004) e Pimentel (2007) desenvolveram discussões de cunho teórico sobre os sujeitos da EJA.

Faremos uma reflexão mais detalhada sobre os artigos que compõem o eixo "Sujeitos da EJA", considerando o agrupamento descrito acima. Nesse esforço analítico, buscamos compreender quem são os sujeitos dos artigos estudados, percebendo a abordagem da diversidade, as mudanças, as permanências e o diálogo desses artigos com as discussões desenvolvidas sobre "os sujeitos" no campo teórico da EJA.

### "Jovens e Jovens/Adultos"

O primeiro bloco é composto de cinco artigos, dos quais dois deles apresentam o foco no sujeito jovem e outros três trabalhos possuem o foco misto, ou seja, sujeitos jovens e sujeitos adultos. Para os trabalhos concentrados nos jovens, podemos dizer que os autores os percebem como sujeitos de direitos, que apresentam especificidades e que, portanto, merecem um olhar mais atento para as questões próprias dessa fase da vida. "Perguntar o que é ser jovem implica considerar o tempo e o espaço em que os jovens estão inseridos na sociedade" (Duarte; Guimarães, 2008). Desta maneira, os autores buscaram enxergar tais jovens para além da condição monolítica de aluno, dando ênfase a outras dimensões da vida que não só a escola, mas também a família, o trabalho e o lazer. Esse se configura como um dos grandes desafios estabelecidos para a modalidade da Educação de Jovens e Adultos, de acordo com o exposto por tais autores.

Nos trabalhos em que são evidenciados os sujeitos jovens juntamente com os adultos, as especificidades acima citadas desaparecem, e o termo "jovem" vem sempre ligado ao termo "adulto", como um bloco homogêneo. Nesta perspectiva, os sujeitos são vistos mais pelo ponto de vista da condição de trabalhador, ligado também à tentativa de superação de uma condição de baixa escolarização. Assim, a visão com relação aos sujeitos jovens/adultos se foca na educação proporcionada pela EJA e pela consequente instrumentalização, resultado da permanência/volta aos estudos nos seus vários sentidos: com o propósito de contribuir para a conquista de melhores e mais inclusivas condições de cidadania; instrumentalização para o mercado de trabalho, cada vez mais exigente, das sociedades urbanas e industriais e também como forma de tornar o jovem e o adulto mais inserido na sociedade que o exclui de diversas maneiras (FANTINATO, 2003).

O ponto em comum nos trabalhos desde bloco foi que os autores, de maneira geral, buscaram escutar os jovens e os adultos envolvidos nas pesquisas, o que justifica a inserção desses trabalhos no eixo temático "sujeitos da EJA".

De certa maneira, os sujeitos situados na faixa geracional dos jovens e jovens/adultos são caracterizados como "diversos", considerando que os autores buscam demonstrar as especificidades que cada um desses sujeitos traz, como, por exemplo, o fato de serem de determinada origem social, classe trabalhadora; em alguns casos também ponderam sobre as relações de gênero. Mas é importante destacar que, entre os trabalhos desse bloco, a categoria "diversidade" não se apresenta como uma preocupação teórica no sentido de corroborar para a ideia da categoria de "sujeitos".

De maneira geral, o que percebemos nesses cinco trabalhos é que a visão do sujeito jovem e jovem/adulto ainda está muito ligada à compreensão da categoria de sujeito-trabalhador, sendo esta característica o principal argumento para apontar as especificidades dos sujeitos da EJA em relação aos outros sujeitos envolvidos nos demais processos educativos, que não a EJA. Se considerarmos a força desta categoria, ou seja, o jovem e o adulto da EJA compreendidos a partir da relação com o trabalho, podemos dizer que nesses artigos há o reforço dessa ideia, porém, não mais como única base para discussão da diversidade dos sujeitos da EJA. Juntamente com a consideração dos estudantes como trabalhadores, neste bloco foi possível enxergá-los como jovens, como homens e mulheres, como moradores de periferia, entre outras especificidades. Importante destacar que a ênfase dada às especificidades desses sujeitos está diretamente relacionada à condição de exclusão.

### "Adultos e Idosos"

O segundo grupo de artigos, alocados na categoria "Sujeitos da EJA", apresenta cinco pesquisas as quais tiveram como sujeito empírico pessoas adultas: Maranhão (1998), Barbosa (2005) e Araújo (2007) e idosas: Coura (2008) e Cordeiro (2005). Os referidos pesquisadores se propuseram a investigar os sujeitos tomando como objeto de análise duas perspectivas distintas, a saber: a condição do sujeito adulto analfabeto e suas implicações no mundo contemporâneo e as razões e motivações que levam pessoas da terceira idade a retornarem à escola.

As leituras dos artigos nos apontam que, de modo geral, para os pesquisadores, os sujeitos que frequentam as escolas, na modalidade de educação destinada às pessoas jovens e adultas, são atores sociais que, enquanto membros de uma sociedade, vivenciam tal experiência ativamente, ou seja, são pessoas que ajudam a construir, cotidianamente, a história da sociedade em que vivem. Paradoxalmente, a mesma sociedade os discrimina e os marginaliza, sobretudo por pertencerem a um grupo que não domina ou domina pouco as habilidades de leitura e escrita e/ou ainda porque se encontram inseridas num grupo etário socialmente desvalorizado.

Diante da evidência da discriminação social, vale ressaltar neste ensaio o que pensam Pierro e Galvão (2007) acerca desse assunto. Para as referidas autoras, o fato de o sujeito ser analfabeto ou possuir baixa escolaridade não significa que ele não tenha condição de interagir na sociedade. Cotidianamente, esse sujeito produz riqueza material e cultural e não é como pensa de si, ignorante de saber.

A ideia de que os sujeitos, mesmo desprovidos do domínio da leitura e da escrita, são produtores e portadores de conhecimentos, defendida anteriormente por Pierro e Galvão, ganha força na medida em que se constata na pesquisa desenvolvida por Araújo (2007) tal capacidade. Segundo a pesquisadora, mulheres adultas, ditas analfabetas, demonstram sabedoria no que diz respeito aos conhecimentos cotidianos e, até mesmo, alguns saberes escolares. Sabedoria acumulada ao longo de uma trajetória marcada por mudanças, dificuldades e tentativas de superação.

Os trabalhos ressaltam sobretudo a ideia de que os sujeitos da EJA são marcados, especificamente, pela condição de excluídos na sociedade na qual vivem tanto no que diz respeito aos lugares por eles ocupados na pirâmide social quanto ao acesso a bens culturais e materiais. Nesse sentido, Araújo (2007), Barbosa (2005) e Maranhão (1998), ao verticalizarem suas discussões acerca dessa questão, reafirmam a existência da referida discriminação e apontam como fator determinante nesse processo o fato de a sociedade contemporânea supervalorizar o sujeito alfabetizado em detrimento do não alfabetizado, o que potencializa a existência da estigmatização.

Sendo assim, tal situação nos ajuda a entender o esforço empreendido pelos sujeitos analfabetos, em aprender a "desenhar" o próprio nome. Nesse contexto, a impressão digital passa a ser percebida como um "símbolo de estigma". Enquanto "a habilidade de assinar (desenhar) o nome se transforma em um recurso 'desidentificador', possibilitando manipular e controlar, mesmo que precária e provisoriamente, a informação sobre a identidade social e pessoal de analfabeto" (MARANHÃO 1998, p. 9).

O fato é que os sujeitos em processo de alfabetização têm profundamente internalizados os modelos de identidade (social e pessoal) predominantes em nossa sociedade. Há, em grande medida, uma exaltação dos valores socialmente consagrados, ou seja, o estigma é um processo social que revela o sistema de diferenciação e discriminação dominante (ARAÚJO, 2007). Assim é possível afirmar que o estudante que vivencia alfabetização tende a construir uma imagem de si. Uma imagem que, segundo Barbosa (2005), não é resultado apenas de suas expectativas pessoais, o sujeito nesse processo, garante a pesquisadora, incorpora também expectativas mais amplas, ou seja, a autoimagem revela aspectos da identidade pessoal e também social.

É extremamente complexo para os sujeitos analfabetos ou de baixa escolarização estabelecer uma relação com uma sociedade permeada pelo sentimento da estigmatização, a qual opta por enxergar tais sujeitos como pessoas totalmente dependentes, por um lado; e, por outro, como alguém que se distanciou do reino da humanidade, uma vez que é classificado socialmente como inferior e inútil.

Essa visão do sujeito analfabeto, segundo Galvão e Di Pierro (2007), é herança de um pensamento que se inicia no final do século XIX, quando um mínimo de escolarização passou a distinguir as elites que compunham aquela sociedade das camadas subalternas. Assim, ao longo do século XX, o analfabeto passou discursivamente a ser responsabilizado pelo atraso econômico e pelas mazelas sociais, encobrindo o passado colonial e as relações assimétricas entre o Brasil e os países europeus.

Pelo que foi possível perceber, implícita ou explicitamente, no conjunto da produção, a ideia predominante acerca do sujeito da terceira idade e mesmo daqueles que se encontram num processo de escolarização mais avançado é muito semelhante ao tratamento dispensado aos analfabetos adultos, ou seja, trata-se de pessoas que ocupam especificamente um lugar marginalizado na sociedade contemporânea.

Buscando compreender as razões que levam pessoas da terceira idade de volta aos bancos escolares, Coura (2008) evidenciou o quão difícil é retornar à escola depois da idade considerada ideal. Entretanto, os sujeitos, com base em seus depoimentos, explicitaram também a relevância que esse retorno tem, sobretudo no aspecto pessoal. Assim, garante a autora, "foi possível perceber o que a escola representa para esses sujeitos e ainda apontar algumas melhorias na qualidade de vida dessas pessoas a partir da volta aos estudos" (p. 19).

Nesse caso, a pesquisa constatou que as histórias de vida dos sujeitos que retornam à escola depois dos 60 são muito semelhantes. Em geral, trata-se de pessoas que "vieram de famílias humildes e numerosas, em que trabalhar para 'ajudar em casa' era uma necessidade vivenciada desde muito jovens" (p. 19).

Aliada aos problemas citados, está a falta de escolas públicas que pudessem atender a essa demanda no tempo considerado ideal, isto é, na infância. Nesse sentido, percebemos que a exclusão de um direito acarreta uma série de outros prejuízos, tendo em vista que um sujeito pouco ou não escolarizado tende a ter menos oportunidade de emprego; menor participação social; desconhecer seus direitos como cidadãos e lutar por eles. Noutros termos, tais pessoas foram privadas até mesmo de, muitas vezes, poder sonhar com dias melhores e de usufruir melhor qualidade de vida (COURA, 2008). Essa constatação está presente também nos artigos *EJA e o Mundo do Trabalho* e *Escolarização*, deste livro.

Uma das questões que chamam a atenção é a constatação, por parte de alguns sujeitos da pesquisa, que sua maior preocupação não seria a idade ou a condição de aprender, mas se a escola, justamente por causa da sua idade, ainda o aceitaria como estudante. Nota-se aí, a ideia preconceituosa de que a escola seja um espaço destinado, unicamente, às pessoas jovens. Desse modo, fica evidente o quanto a sociedade precisa quebrar paradigmas e demarcar o lugar do idoso na sociedade. Para Coura (2008, p. 22),

> [...] as pessoas, de modo geral, precisam perceber essas pessoas como seres sociais que são. Sujeitos que precisam de lazer, de cultura e de se relacionar socialmente como qualquer outro ser humano em qualquer outra etapa da vida. Precisam perceber que as pessoas idosas fazem e vão, cada vez mais, fazer parte da sociedade.

Apesar de a escola propiciar aos educandos oportunidades antes inimagináveis, como ir ao teatro, fazer um curso superior, etc., permanecer na escola tem sido, para esses sujeitos, uma tarefa muito árdua. Para continuar os estudos, ou seja, o sonho outrora interrompido, exige-se dos idosos "contornar diversos problemas que vão surgindo ao vivenciarem a experiência escolar que tanto desejaram" (COURA, 2008, p. 25).

No artigo de Cordeiro (2005), vimos que ela se propôs a analisar a relevância da arte e dos aspectos lúdicos para pessoas da chamada "terceira idade". Ela investigou cerca de 30 alunos com idade variando entre 58 e 83 anos, participantes da Oficina de Teatro da Universidade Aberta da Terceira Idade (UnATI).

É importante ressaltar que a experiência de EJA investigada por essa pesquisadora é distinta daquelas comumente esquadrinhadas pelos pesquisadores que atuam no campo da EJA, visto que mais da metade do público atendido pelo projeto possuía curso superior, e o restante, no mínimo, ensino médio.

Nessa produção, percebemos uma preocupação constante com a análise da relevância do processo educacional no qual os sujeitos estavam participando e, de certa maneira, a autora buscou pautar-se nas observações sobre a interação e a participação das pessoas da terceira idade para chegar às suas conclusões.

Notamos, porém, que na pesquisa não foi possível saber o que pensam e quais as opiniões dos sujeitos investigados sobre a relevância da oficina em questão. Evidenciaram-se apenas algumas características desses estudantes. De acordo com a autora da pesquisa, os sujeitos são pessoas idosas com potencial criativo, abertas aos novos aprendizados e à aceitação do novo.

Cabe aqui lembrar que o enquadramento deste trabalho no campo da EJA deveu-se ao fato de se considerar a concepção do processo educativo como uma formação que se dá ao longo da vida e, nessa perspectiva, valida a ideia de que tal processo não deva estar restrito às etapas regulares da escolarização.

As pesquisas ressaltaram sobretudo o potencial dos sujeitos que frequentam a EJA, independentemente do nível de escolarização. Enquanto produtores de cultura, eles também carregam em sua trajetória a marca da resistência e da riqueza adquirida com experiência que a vida cotidiana lhes proporciona.

"Não Empíricos"

Este conjunto é composto de quatro trabalhos que não contaram com uma investigação empírica com os sujeitos da EJA, mas que se propuseram a discutir temáticas e questões concernentes à Educação de Jovens e Adultos e, de algum modo, se aproximaram de seus sujeitos.

Assim, neste bloco analítico contamos com os artigos de Giovanetti (2003) e Pimentel (2007), que demonstraram uma preocupação com os educandos da EJA, a partir da reflexão sobre sua condição social e o processo educativo vivenciado por eles. Temos o artigo de Ribeiro e Soares (2004), que realizaram uma pesquisa de cunho empírico e teórico, e a dimensão empírica não foi voltada para os educandos da EJA,[4] mas maior enfoque foi dado à discussão teórica sobre o voto das pessoas analfabetas. O último artigo deste conjunto faz referência à pesquisa feita por Pierro (1998) sobre as razões que impulsionaram a Educação de Pessoas Adultas (EPA) nas últimas décadas na Espanha.

Podemos dizer que, no conjunto de artigos "Não Empíricos", os sujeitos foram vistos pelos autores a partir da sua condição de exclusão social, porém em algumas reflexões essa condição apareceu de maneira mais explícita, tematizando os educandos pertencentes às camadas populares e as pessoas analfabetas, como no caso de Giovanetti (2003) e Ribeiro e Soares (2004). Nos outros trabalhos, a situação de exclusão apareceu de maneira

---

[4] Ribeiro e Soares (2004, p. 2) informam que realizaram "entrevistas com deputados para colher sua opinião sobre o voto das pessoas analfabetas, o que enriqueceu sobremaneira o estudo sobre o processo através do qual foi aprovada a inserção das pessoas analfabetas entre os eleitores, no Brasil".

mais articulada com outras abordagens de interesse dos autores, como no caso de Pimentel (2007) e Pierro (1998), que em suas produções lidaram com temas correlatos, como a produção escrita e a discussão sobre a Educação de Adultos em outro país, respectivamente.

As especificidades dos sujeitos da EJA abordados por esses autores acompanham o entendimento de Arroyo (2005), que nos lembra que a memória da EJA nas últimas décadas e a forma como ela se dá no presente remete-nos à realidade dos jovens e dos adultos excluídos. Neste sentido, o autor argumenta que

> [...] a educação popular, a EJA e os princípios e as concepções que a inspiraram na década de sessenta continuam tão atuais em tempos de exclusão, miséria, desemprego, luta pela terra, pelo teto, pelo trabalho, pela vida. Tão atuais que não perderam sua radicalidade, porque a realidade vivida pelos jovens e adultos populares continua radicalmente excludente (ARROYO, 2005, p. 225).

Ao pensarmos na tendência do campo teórico da EJA em abordar seus sujeitos a partir da diversidade, verificamos que os trabalhos aqui elencados lidam com os sujeitos tendo em vista seu histórico de exclusão, por vezes, associado à sua condição de pobreza. Não encontramos referências a outros aspectos da diversidade, como a de gênero, racial e, até mesmo, a questão geracional não foi bastante tematizada, já que os autores somente aludiram aos educandos como jovens e/ou adultos.

Nessa perspectiva, Giovanetti (2003) em seu artigo dedicou-se à reflexão sobre a relação educativa na EJA e suas repercussões para o enfrentamento das ressonâncias da condição de exclusão social. Neste sentido, a autora desenvolveu seu argumento com base em sua preocupação com os educandos pertencentes às camadas populares que vivenciam as condições impostas pela exclusão social.

Na mesma direção, Pimentel (2007) teve como fonte de pesquisa a produção textual de estudantes da EJA publicada no

Caderno de Trabalhador do Serviço de Educação de Jovens e Adultos de Porto Alegre (SEJA/POA), durante o período de 1991 a 1995. Nesse artigo, buscou-se identificar as conexões entre os textos produzidos e os contextos socioculturais que caracterizam as identidades presentes em suas narrativas dos sujeitos jovens ou adultos.

A partir de uma análise de cunho histórico, o artigo de Ribeiro e Soares (2004) propôs-se a discutir as dimensões da educação e cidadania, partindo da análise histórica do voto das pessoas analfabetas no Brasil. As autoras se dedicaram à compreensão do cerceamento do direito ao voto aos sujeitos não alfabetizados e também ao contexto histórico no qual se concretizou o fim desse cerceamento.

Já no artigo de Pierro (1998) buscou-se analisar as razões que impulsionaram a Educação de Pessoas Adultas (EPA) nas últimas décadas na Espanha, destacando-se a posição periférica da Espanha na Comunidade Europeia. Com essa discussão, pretendeu-se incitar a reflexão sobre a o lugar marginal ocupado pelas políticas educacionais voltadas à Educação de Jovens e Adultos, tal como a vivenciamos na América Latina, fazendo referência à "relevância adquirida por este campo educativo nos países europeus no período recente" (p. 1).

No que diz respeito às mudanças e permanências percebidas na visão dos autores sobre os sujeitos nessas produções, verificamos que os trabalhos agrupados neste conjunto analítico apresentam ambas as dimensões: indícios de mudança e indícios de permanência.

Consideramos nesse sentido que o trabalho de Ribeiro e Soares (2004) pode ser visto como um esforço analítico que muito nos diz sobre os sujeitos da EJA, e mais, nos dá uma visão histórica da situação de exclusão vivenciada pelos analfabetos brasileiros. Tal trabalho dedicou-se à análise da realidade brasileira que antecedeu a Educação Popular e a EJA, e que de certa forma constituiu uma das inquietações que instigaram tais iniciativas educativas: o enorme contingente populacional analfabeto do nosso país. As autoras percorreram "o período que vai do estabelecimento de vínculos entre educação e voto, como o cerceamento do direito ao voto das pessoas analfabetas, no início da República (1891), à suspensão desse vínculo, em 1985" (RIBEIRO; SOARES, 2004, p. 1).

O artigo de Ribeiro e Soares (2004) nos auxilia a compreender melhor o contexto histórico das pessoas analfabetas, potenciais educandos da EJA. Essa contribuição remete-nos ao entendimento de um indício de permanência nos estudos em EJA: análise dos seus sujeitos sob o paradigma da exclusão. Como nos disse Arroyo (2005), a exclusão coloca-se como "a condição existencial da maioria dos jovens e adultos que frequentam os programas de EJA" (p. 232).

Por outro lado, as autoras levam-nos a observar as mudanças existentes nos estudos da EJA, pois, mesmo não se dedicando especificamente aos sujeitos educandos da atualidade, esse trabalho contribui para o entendimento deste sujeito histórico – o analfabeto –, que ainda permanece marginalizado e estigmatizado em nossa sociedade. Reforçando a importância desse tipo de estudo nos dias atuais, Ribeiro e Soares (2004) ressaltam em suas conclusões que no Brasil o vínculo entre o voto e a educação não significou a universalização da educação pública e gratuita.

Outra perspectiva importante no que diz respeito às permanências na abordagem dos sujeitos da EJA pode ser encontrada no artigo de Giovanetti (2003, p. 14), que argumenta que a EJA "depara-se constantemente com a realidade da opressão". Ao demonstrar sua preocupação voltada aos educandos, a autora também aponta mudanças nas abordagens dos sujeitos ao dizer que a discussão sobre as camadas populares demanda "não apenas a melhoria das suas condições objetivas de existência, mas da imagem que delas se faz e de sua auto-imagem".

Deste modo, a autora aponta avanços na concepção de "sujeito" ao falar que se reconhecer como sujeito figura-se como uma conquista que não é individual, mas acontece na relação dialética entre o que está externo e o que é singular, remetendo ao educando na sua particularidade. É nesse sentido que Giovanetti argumenta que

> [...] a vivência de uma *relação educativa* traz consigo a potencialidade transformadora de uma auto-imagem negativa. A introjeção da inferioridade naturalizada passa a ser tocada de maneira profunda, desinstalando aquela 'construção' quase cristalizada (2003, p. 15, grifo nosso).

Na conclusão, Giovanetti (2003) diz que a relação educativa mostra-se como uma "postura de vida" (p. 17) por parte dos educadores que colabora para a superação da posição de "acreditar-se menos" (p. 18), vivenciada pelos jovens e pelos adultos das camadas populares.

Pimentel (2007) aponta-nos uma perspectiva para além do analfabetismo, pensando o sujeito jovem e/ou adulto como ator social ativo na comunidade em que vive. Tal concepção demonstra uma permanência na visão dos sujeitos da EJA, como um sujeito social e ativo. Essa permanência remete-nos a Dayrell (2005, p. 53-54), que diz que a EJA ao "referir a 'jovens' e 'adultos', está explicitando que essa modalidade de ensino abrange os sujeitos e não simplesmente os 'alunos' ou qualquer outra categoria generalizante".

Nesse artigo, Pimentel (2007) partiu da ideia de que os textos produzidos em sala de aula apresentam-se como narrativas de identidades através das quais se podem ler também os contextos socioculturais aos quais pertencem seus autores. Aqui encontramos um ponto de mudança no estudo dos sujeitos da EJA, cujo contato com suas produções possibilitaram o entendimento de suas identidades e contextos sem que houvesse investigação empírica. Esse tipo de estudo demonstra potencialidade das diversas formas de abordar os sujeitos da EJA. Pimentel (2007) conclui dizendo que a produção de textos pode ser vista como algo além da aquisição dura e fria da apropriação da escrita.

Pierro (1998) apresenta-nos mais uma evidência de que a leitura histórica da EJA e sua articulação com outros cenários educacionais voltados para pessoas adultas podem nos auxiliar no entendimento da situação de marginalização que essa "modalidade de ensino" ocupa em nosso país. Tal situação aponta indícios de mudança na visualização dos sujeitos da EJA, pois leva-nos a refletir sobre as relações estabelecidas entre a sociedade, as relações de poder vigentes e os sujeitos que vivenciam realidades "não lineares" de escolarização.

Encontramos também na narrativa de Pierro (1998) indícios de permanência na visão colocada sobre os sujeitos da EJA: o lugar marginalizado ocupado pelos analfabetos nas sociedades ocidentais. Neste sentido, a autora aponta algumas semelhanças entre Brasil e Espanha, visto que o analfabetismo e o baixo nível de escolaridade de uma parcela significativa da população são entraves à inserção do país no processo de livre circulação de mercadorias e serviços. Vimos que Pierro (1998) realizou uma discussão sobre as contradições históricas ligadas à educação das pessoas adultas na Espanha e instigou nossa reflexão, apontando para o fato de que os atuais cursos de EPA possuem hoje outro enfoque, e sua finalidade é promover a educação continuada ao longo da vida.

Os artigos de Giovanetti (2003), Ribeiro e Soares (2004), Pierro (1998) e Pimentel (2007) demonstram que é possível olhar para os sujeitos da EJA considerando sua condição de trabalhador, e que, ao mesmo tempo, se faz necessário ultrapassar essa condição para a compreensão do sujeito na sua diversidade.

Se pensarmos na abordagem da diversidade, podemos aludir que, nesses trabalhos, o interesse ainda está voltado para a condição de exclusão dos sujeitos. Essa constatação demonstra que os trabalhos avançam na diversidade de temas relacionados ao cenário excludente, como a relação educativa, os estudos históricos ligados às pessoas analfabetas e também às produções dos sujeitos da EJA. Contudo, não verificamos mudanças que aludissem ao sujeito na multiplicidade de dimensões que os constituem, como, por exemplo, a de gênero, racial, familiar, geracional, entre outras.

## Considerações

Visto como uma invenção social, cultural e histórica do mundo ocidental, o sujeito cartesiano representa os valores cientificistas e religiosos do europeu branco e cristão. Além de esconder questões de gênero, raça e classe social, esse modelo analítico escamoteia relações de poder que legitimam relações desiguais entre países e nações.

Com o objetivo de superar o caráter eurocêntrico dessas abordagens, o pensamento pós-cartesiano procura desnudar a relação entre história, linguagem, cultura, procedimentos de normalização e constituição de sujeitos. De um lado, situam-se os enfoques estruturalistas e pós-estruturalistas. Nessas perspectivas analíticas, os indivíduos não ganham estatuto de sujeitos, visto que o comportamento humano resulta de forças que os atores não controlam nem compreendem. De outro lado, encontram-se as abordagens que enfatizam o caráter ativo e reflexivo da conduta humana. Embora reconheçam a força da estrutura social e a materialidade da linguagem na constituição dos indivíduos, essa perspectiva analítica sustenta que os sujeitos interpretam sua realidade. Em razão disso, torna-se necessário que os pesquisadores investiguem as ações humanas levando em conta a historicidade e a inserção do sujeito na cultura. Essa perspectiva analítica procura dar voz aos sujeitos pesquisados, bem como compreender os significados que eles atribuem às suas experiências sociais.

Em virtude da diversidade cultural, os estudos sobre os sujeitos sociais enfocam necessariamente a questão de identidade, diversidade e diferença cultural. Para que exista uma identidade social, é preciso que haja a alteridade. A última é que oferece as condições para a existência da primeira. Nesse sentido, a identidade é um lugar que se assume, uma costura de posição e contexto, e não uma essência ou substância.

Os Estudos Culturais defendem que a identidade não pode ser vista, do ponto de vista ontológico, como uma essência ou como algo natural e cristalizado que o indivíduo possui. Em vez disso, ela precisa ser compreendida como fruto de relações sociais de poder, marcado por processo de diferenciação e de normalização. Sobre essa questão, Silva (2000, p. 106) faz um comentário esclarecedor.

> A identidade é sempre uma relação: o que eu sou só se define pelo que não sou; a definição de minha identidade é sempre dependente da identidade do Outro. Além disso, a identidade não é coisa da natureza; ela é definida num processo de significação; é preciso que socialmente lhe seja atribuída um significado. Não existe identidade sem significação.

Para o autor, as relações sociais de poder se manifestam, de forma sutil, em pelo menos três situações sociais, a saber: em primeiro lugar, pela demarcação de fronteiras simbólicas – processo que fixa os limites culturais entre "nós e eles", apagando o caráter histórico (variável e mutável) e o caráter social (construído) das relações entre grupos; em segundo lugar, pela elaboração de um consistente sistema de classificação, ordenação e hierarquização dos grupos sociais, definindo quem são os bons e os maus, os puros e os impuros, os desenvolvidos e os primitivos, os racionais e os irracionais; em terceiro lugar, pela normalização das práticas sociais, que sentenciam quem são os normais e quem são os anormais na sociedade.

São as relações de poder que autorizam determinadas pessoas a conferir ou não autenticidade das identidades sociais, dando visibilidade a alguns grupos e invisibilizando outros. Sobre essa situação, Gitlin (*apud* TORRES, 2001, p. 199) faz o seguinte comentário:

> Quem confere autenticidade a uma identidade autêntica? Quem está autorizado a emitir carteira de filiação? Os limites

mudam no tempo e no espaço. A semelhança depende da cultura e dos objetivos da classificação. Para um transeunte ou um recenseador, eu sou um branco. Para um anti-semita, sou simplesmente um judeu. Para um judeu alemão posso ser um judeu do Leste; para um sefardim, um judeu ashkenazi; para um judeu israelense, um americano; para um judeu religioso, um secular; para um sionista da direita, um apóstata, ou nem sequer um judeu.

O mesmo se pode dizer sobre os sujeitos aos quais se destinam o fazer pedagógico da Educação de Jovens e Adultos. Falar que se trata de não crianças, de pessoas analfabetas ou com baixa escolaridade, com inserção subordinada no mercado de trabalho, não contribui para que se conheçam, de fato, os educandos dessa modalidade educativa. Pelo contrário, em parte, esses discursos encobrem a realidade das comunidades indígenas e quilombolas, bem como as especificidades da educação do campo e das periferias dos centros urbanos. Além disso, contribuem, por um lado, para homogeneizar os sujeitos da EJA e, por outro lado, invisibilizar suas práticas sociais. Afinal,

> Não é qualquer jovem e qualquer adulto. São jovens e adultos com rosto, com histórias, com cor, com trajetórias sócio-étnico-racial, do campo, da periferia. Se esse perfil de educação de jovem e adultos não for bem conhecido, dificilmente estaremos formando um educador desses jovens e adultos. Normalmente nos cursos de Pedagogia o conhecimento do educando não entra. A Pedagogia não sabe quase nada, nem sequer da infância que acompanha por ofício. Temos mais carga horária para discutir e estudar conteúdos, métodos, currículos, gestão, supervisão, do que para discutir e estudar a história e as vivências concretas da infância e da adolescência, com o que a pedagogia e a docência vão trabalhar. Em relação à história e as vivências concretas da condição de jovens e adultos populares trabalhadores, as lacunas são ainda maiores (ARROYO, 2005, p. 22).

Dessa forma, os trabalhos sobre os sujeitos da EJA possuem grande relevância social. Em primeiro lugar, porque pode fornecer subsídio para se pensar a formação dos educadores dessa modalidade educativa. Em segundo lugar, porque pode oferecer elementos para formulação de políticas públicas adequadas às especificidades dos sujeitos da EJA.

Cabe destacar ainda que os trabalhos aqui analisados abarcam poucas temáticas: terceira idade, condição juvenil e dimensões da vida adulta. Não foi encontrada nenhuma pesquisa que colocasse em evidência questões de gênero, diversidade sexual, raça, religião, nem trabalhos que destacassem as especificidades das propostas da educação do campo, educação prisional, educação indígena, quilombola, etc.

Embora possa se encontrar produções acadêmicas sobre essas temáticas em outros GTs, bem como publicações em anais de congresso e períodos de instituições acadêmicas, pode-se dizer que o número de pesquisa que focaliza os sujeitos e suas identidades, bem como a diversidade e as diferenças culturais do público da EJA, é relativamente acanhado.

Em uma modalidade marcada pela mudança de sujeitos (em que o educando não é a criança e o adolescente do ensino fundamental) e por sujeitos em mudança (que experimentam a educação continuada ao longo da vida), espera-se que estudos que nos permitam conhecer as especificidades do público da EJA recebam o devido incentivo de setores sociais e governamentais, a fim de oportunizar o conhecimento e o reconhecimento dos sujeitos da Educação de Jovens e Adultos.

## Trabalhos analisados

ARAUJO, Renata Rodrigues. Sobre noções de constituição do sujeito: mulheres alfabetizadas têm a palavra. ANPEd. 14 p. In: 30ª Reunião Anual da ANPEd, 2007, Caxambu. *Anais* da 30ª Reunião Anual da ANPEd, 2007.

BARBOSA. Maria Lúcia Ferreira de Figuerêdo. Leitura e escrita na alfabetização de jovens e adultos: uma questão de auto-imagem e identidade. 14 p. In: 28ª Reunião Anual da ANPEd, 2005, Caxambu. *Anais* da 28ª Reunião Anual da ANPEd, 2005.

CORDEIRO, Ana Paula. O idoso e a criação teatral através do lúdico e da memória. 17 p. In: 28ª Reunião Anual da ANPEd, 2005, Caxambu. *Anais* da 28ª Reunião Anual da ANPEd, 2005.

CORREA, Licínia Maria *et al*. Os significados que jovens e adultos atribuem à experiência escolar. ANPEd. 18 p. In: 26ª Reunião Anual da ANPEd, 2003, Caxambu. *Anais* da 26ª Reunião Anual da ANPEd, 2003.

COURA, Isamara Graziela Martins. Entre medos e sonhos nunca é tarde para estudar: A terceira idade na Educação de Jovens e Adultos. ANPEd. 16 p. In: 31ª Reunião Anual da ANPEd, 2008, Caxambu. *Anais* da 31ª Reunião Anual da ANPEd, 2008.

DUARTE, Aldimar Jacinto; GUIMARÃES, Maria Tereza Canezin. Jovens da Educação de Jovens e Adultos (EJA): escola e o trabalho na mediação entre o presente e o futuro. ANPEd. 16 p. In: 31ª Reunião Anual da ANPEd, 2008, Caxambu. *Anais* da 31ª Reunião Anual da ANPEd, 2008.

FANTINATO, Maria Cecilia de Castello Branco. Representações quantitativas e espaciais entre jovens e adultos do Morro de São Carlos. ANPEd. 18 p. In: 26ª Reunião Anual da ANPEd, 2003, Caxambu. *Anais* da 26ª Reunião Anual da ANPEd, 2003.

GIOVANETTI, Maria Amélia Gomes de Castro. A relação educativa na Educação de Jovens e Adultos: suas repercussões no enfrentamento das ressonâncias da condição de exclusão social. 19 p. In: 26ª Reunião Anual da ANPEd, 2003, Caxambu. *Anais* da 26ª Reunião Anual da ANPEd, 2003.

MARANHÃO, Helena Severiano Ponce. Analfabeto: Ser e não ser. ANPEd. 15 p. In: 21ª Reunião Anual da ANPEd, 1998, Caxambu. *Anais* da 21ª Reunião Anual da ANPEd, 1998.

PIERRO, Maria Clara Di. Evolução recente da educação de pessoas adultas na Espanha. ANPEd. GT-18. 16 p. In: 21ª Reunião Anual da ANPEd, 1998, Caxambu. *Anais* da 21ª Reunião Anual da ANPEd, 1998.

QUEIROZ, Edna Mendonça Oliveira de; CANESIN, Maria Tereza. O ser jovem nas relações com o trabalho, a escola e a família. ANPEd.

13 p. In: 25ª Reunião Anual da ANPEd, 2002, Caxambu. *Anais* da 25ª Reunião Anual da ANPEd, 2002.

RAGGI, Désirée Gonçalves; PAIVA, Maria Auxiliadora Vilela. Metodologia de projetos: uma possibilidade para a formação emancipatória dos alunos do PROEJA. ANPEd. GT-18. 16 p. In: 30ª Reunião Anual da ANPEd, 2007, Caxambu. *Anais* da 31ª Reunião Anual da ANPEd, 2008.

RIBEIRO, Simone França; SOARES, Rosemary Dore. Educação e cidadania: o voto das pessoas analfabetas. 22 p. In: 27ª Reunião Anual da ANPEd, 2004, Caxambu. *Anais* da 27ª Reunião Anual da ANPEd, 2004.

SILVA, Álamo Pimentel Gonçalves da. As narrativas identitárias das produções textuais em Educação de Jovens e Adultos. ANPEd. 18 p. In: 30ª Reunião Anual da ANPEd, 2007, Caxambu. *Anais* da 30ª Reunião Anual da ANPEd, 2007.

## Referências

ARROYO, Miguel. A Educação de Jovens e Adultos em tempos de exclusão. In: *Construção coletiva: contribuições à Educação de Jovens e Adultos*. Brasília: UNESCO, MEC, RAAAB, 2005.

CASTELLS, Manuel. *Poder da identidade*. São Paulo: Paz e Terra, 2008.

DAYRELL, Juarez. *Múltiplos olhares sobre a educação e cultura*. Belo Horizonte: Editora UFMG, 1998.

DAYRELL, Juarez Tarcísio. A juventude e a Educação de Jovens e Adultos: reflexões iniciais, novos sujeitos. In: SOARES, Leôncio; GIOVANETTI, Maria A.; GOMES, Nilma L. (Orgs.). *Diálogos na Educação de Jovens e Adultos*. Belo Horizonte: Autêntica, 2005.

GALVÃO, Ana Maria de Oliveira; DI PIERRO, Maria Clara. *Preconceito contra o analfabeto*. São Paulo: Cortez, 2007.

GIDDENS, Anthony. *A constituição da sociedade*. São Paulo: Martins Fontes, 2003.

GOMES, Nilma Lino. *Indagações sobre o currículo: diversidade e currículo*. Brasília: Ministério da Educação, Secretaria de Educação Básica, 2007.

HALL, Stuart. *Identidades culturais na pós-modernidade*. Rio de Janeiro: DPeA Editora, 1997.

JARDILINO, José Rubens. *Lutero e a Educação*. Belo Horizonte: Autêntica, 2009.

MARX, Karl. *Manifesto do Partido Comunista*. São Paulo: Paz e Terra, 2005.

MARX, Karl. *Dezoito de Brumário*. São Paulo: Martins Fontes, 2006.

OLIVEIRA, Heli Sabino. *Interpretando textos sagrados*. Recife: ENDIPE, 2007.

SEIXAS, Raul; COELHO, Paulo; MOTTA, Marcelo. *Tente outra vez*. CD: Novo Aeon. Philips/Phonogram, 1975.

SANTOS, Boaventura. *Discurso sobre as Ciências*. São Paulo: Graal, 1991.

SILVA, Izabel de Oliveira e Silva; SOARES, Leôncio. *Sujeito da Educação e processos de sociabilidade*. Belo Horizonte: Autêntica, 2009.

SILVA, Tomaz Tadeu da. *Identidades terminais*. Petrópolis: Vozes, 1996.

SILVA, Tomaz Tadeu da. *Documento de identidade*. Belo Horizonte: Autêntica, 2000.

SILVA, Tomaz Tadeu da. *Pedagogia do Cyborg*. Belo Horizonte: Autêntica, 2001.

SILVA, Jerry Adriane da; SOARES, Leôncio. As especificidades dos sujeitos educandos da Educação Jovens e Adultos. (Trabalho publicado nos anais) *Anais* do II Encontro Nacional Universitário de Diversidade Sexual. Universidade Federal de Minas Gerais, 2009.

TORRES, Carlos Alberto. *Democracia, Educação e Multiculturalismo: dilemas da cidadania em um mundo globalizado*. Petrópolis: Vozes, 2001.

VANDRÉ, Geraldo. Pra não dizer que não falei das flores. CD: *Pra não dizer que não falei das flores*. Rio de Janeiro: RGE, 1968.

VERÍSSIMO, Luiz José. Por uma psicologia da pessoa. In: CAMON, Valdemar Augusto Angerami. *Psicologia e Religião*. São Paulo: Cengage Learning, 2008.

# Educação de Jovens e Adultos: uma análise das políticas públicas (1998 a 2008)

Arlete Ramos dos Santos
Dimir Viana

Este texto surgiu tendo por base a leitura de 22 artigos do estado da arte na categoria EJA (Educação de Jovens e Adultos) como políticas públicas, apresentados em trabalhos de pesquisa na ANPEd, no período compreendido de 1998 a 2008. Essa pesquisa buscou verificar as linhas e os aspectos emergentes que vêm se consolidando, além de mapear possíveis lacunas na área. Para isso, é importante ressaltar que, apesar da carência de estudos do campo, mencionada por Soares (1998), já existiam estudos da área no Brasil, desde meados do século XX (BEISIEGEL, 1974, 1997).

No contexto educacional brasileiro, a escolarização vem sendo utilizada como mecanismo de conformação da classe trabalhadora ao paradigma societário adequado aos interesses do mercado em cada momento da história sociopolítica, econômica e cultural, constituindo-se como marca da modernidade que emergiu com o Estado-Nação, o qual tem utilizado as políticas públicas como mecanismo de implantação de uma "educação com qualidade", cujo eixo central tem sido a inserção do país numa economia globalizada e como condição para a promoção do desenvolvimento econômico com equidade social (OEI, 1996).

Todavia, para a inserção do país no contexto da reestruturação produtiva do capital, é preciso que tenha mão de obra com formação adequada para realizar um trabalho que atenda às especificidades do momento, a qual, sob a ótica atual, deve ser apta a desenvolver a polivalência e a multifuncionalidade. Por isso, as políticas educacionais, de acordo com as leituras realizadas dos textos da ANPEd elencadas abaixo, têm sido direcionadas para a formação do público de jovens e adultos, com o objetivo de transformá-los em trabalhadores "competentes". Assim, a educação adquire centralidade, estando associada a uma concepção produtivista. Do trabalhador são exigidas competências sociais e cognitivas que conformam um perfil profissional adequado à nova configuração social (VIEIRA; FONSECA, 2000).

Entretanto, essa investida mercadológica não foi a única tônica presente, constatada nas pesquisas realizadas, uma vez que foi evidenciada também a luta dos trabalhadores, dos intelectuais e da sociedade civil, principalmente no contexto da redemocratização do país, por uma educação que pudesse atender aos anseios de emancipação para a população brasileira, por meio dos embates travados nos campos em disputa através da realização de fóruns, conferências, seminários, encontros para apresentarem propostas que vão de encontro aos interesses do capital.

Para melhor percepção do que foi evidenciado com base nos trabalhos analisados para a realização desse estudo, neste texto optamos por inicialmente conceituarmos política pública, por se tratar de um termo por vezes polissêmico que apresenta várias nuances, e, em seguida, destacar o que vem se consolidando nas pesquisas de campo de acordo com a leitura de tais referenciais. Para isso, buscamos partir das categorizações e dos conceitos implícitos nos textos, destacando-os em forma de questionamentos a fim de suscitar no leitor melhor entendimento do que foi encontrado: como está sendo escrito o histórico da EJA no país pelos pesquisadores do campo? Quais políticas têm sido implementadas na EJA por parte do governo e da sociedade civil? Como o Estado tem se responsabilizado pelo ensino noturno? Como a EJA tem sido capitaneada pelo mercado capitalista? Como ela tem sido proposta em contraposição ao capital? Quais os tipos de pesquisa que mais aparecem nos textos estudados? Quais os conceitos que surgem como elementos de construção do campo? Essas questões servirão para nortear a construção deste texto, que trará os dados referentes ao material analisado e, em seguida, uma breve conclusão, na qual pretendemos que sirva de subsídio para apontar alguns caminhos de pesquisas futuras por se constituírem em lacunas do campo.

O termo "política", segundo Easton (1953, *apud* DAGNINO, 2002, p. 1), é uma teia de decisões que alocam valor, ou conjunto de decisões inter-relacionadas, concernindo à seleção de metas para alcançá-las, dentro de uma situação especificada. Para Dagnino (2002, p. 2), o termo "política" é usado para referir-se a um processo de tomada de decisão, mas também ao produto desse processo. De acordo com Palumbo (1994, p. 38), a política pública é o instrumento orientador por trás de regulamentos, leis e programas; sua manifestação visível é a estratégia adotada pelo governo para solucionar os problemas públicos.

Quando se enfoca as políticas públicas, significa ter presente as estruturas de poder e de dominação, os conflitos infiltrados por todo tecido social e que têm no Estado o lócus da sua condensação. Implica considerar os recursos de poder que operam na sua definição e que têm nas instituições do Estado, sobretudo na máquina governamental, o seu principal referente (AZEVEDO, 1997, p. 5). Para Lowi (*apud* PALUMBO, 1994, p. 39), as tipologias políticas são: distributivas, redistributivas e regulatórias.

**Distributivas:** é aquele tipo que fornece bens e serviços aos cidadãos, tais como serviços recreacionais, de policiamento ou educacionais.

**Redistributivas:** retira recursos ou bens de um grupo e os dá a outro grupo, tais como as políticas de imposto e de bem-estar.

**Regulatórias:** indica o que o indivíduo pode ou não fazer, tais como proteção ao meio ambiente e política de segurança pública.

As vertentes analíticas utilizadas para análise da política pública em questão serão pautadas em Faria (2003) e Dagnino (2002). De acordo com o primeiro, a vertente será a de interesses voltados à forma de atuação e impactos dos grupos ou das redes, na qual visa analisar as diferentes formas de atuação e os impactos causados pelas políticas. Já de acordo com o segundo, observando o quadro de variedades de análise política, a vertente utilizada será a avaliação de políticas, na qual procura identificar o impacto que as políticas têm sobre o contexto socioeconômico, o ambiente político, a população.

A EJA é uma modalidade de ensino que vem sendo pautada no discurso historiográfico como forma de atendimento ao público que apresenta defasagem idade-série, e que, por motivos culturais, econômicos, sociais, psicológicos, ou outros, não seguiu a sua trajetória normal de escolarização. De acordo com a legislação atual, a partir dos quinze anos os discentes já fazem parte da EJA. Na LDB n° 9.394/96, quando da sua publicação, a prioridade foi pelo ensino fundamental dos 7 aos 14 anos, o que abriu espaço para a elaboração da Emenda Constitucional n° 14, que instituiu o FUNDEF (Lei n° 9.424/96), a qual define essa faixa etária para liberação de recursos, tendo em vista que, a partir das análises do Banco Mundial, essa seria a fase na qual se deveria investir por trazer mais resultados de custo-benefício.

Entretanto, com base na leitura dos textos da ANPEd, observamos que a EJA, apesar de aparecer na história da educação brasileira desde o período imperial, começa a ser historicizada a partir do início do período republicano, havendo uma lacuna nesse recorte histórico anterior. É importante ressaltar que, nessa época, não havia ainda essa nomenclatura. Daí cabe questionarmos: Faltam pesquisas sobre o percurso histórico da EJA dos séculos anteriores ao século XX, no Brasil? Com base nas leituras, observamos que são encontrados mais estudos no período que se segue ao movimento escolanovista, ou seja, dos meados da primeira metade do século XX em diante.

Observamos nos textos que o discurso historiográfico está voltado para três categorias discursivas, a saber: a educacional, a política e a legal ou normativa. Na primeira, quando menciona as propostas educacionais de cada fase, destacando os processos de escolarização, os sujeitos, os currículos e as práticas; na segunda, quando destaca os embates travados nos âmbitos municipal, federal e estadual, com base nos interesses de grupos antagônicos para que a EJA se efetive como política de Estado; e a última, quando, a partir das lutas, a EJA foi instituída juridicamente por meio da legislação, sendo normatizada em leis, decretos, pareceres e outros.

No percurso histórico traçado, a EJA apareceu nos textos inicialmente como educação de adultos, sendo associada à educação geral, no sentido discursivo de garantia de direitos. Carlos (2006, p. 4) destaca o aparecimento dessa preocupação educacional em dois modos:

> [...] numa óptica internacional, assinalamos as *Declarações de Direito do Homem e do Cidadão* que foram produzidas no curso das revoluções americanas e francesas, definidoras das relações sociopolíticas mundiais firmadas no fim do século XVIII; numa óptica nacional, destacamos o *Manifesto Republicano de 1870*, do *Manifesto do Partido Republicano de 1887* e do *Programa do Partido Republicano Histórico do Rio Grande do Sul de 1890*.

É importante destacar que a história da EJA, de acordo com os textos, tem sido construída levando em consideração fatores sociais, políticos, econômicos, culturais, dando, assim, à historiografia um aspecto crítico e modernizante, num tom participativo quando os pesquisadores estudados dialogam com os sujeitos e com a legislação. Também quando aparecem nos textos análises de pesquisas etnográficas e documentais, sempre trazendo ao leitor uma compreensão do que estava subjacente no discurso hegemônico dos campos em disputa, os quais buscavam a legitimação de seus interesses em cada tempo estudado. Essa forma de fazer história difere dos autores que optam pelo modelo positivista de pesquisa, visto que esses descrevem os contextos históricos de forma linear, apenas demarcando os fatos e acontecimentos num *continuum*, sem trazer à cena a rede de subjetividades que se interconectam de forma dialética.

A Educação de Jovens e Adultos não foi uma preocupação recorrente dos governos dos séculos anteriores ao século XX. Ela é citada esporadicamente, e apenas Carlos (2006) traz um estudo da legislação anterior, em que fica explicitado apenas na educação dos praças do regime militar. Observamos que ela foi negligenciada durante um vasto período da história da educação brasileira. A partir da década de 1920, começava a serem buscadas novas formas de escolarização desse público, pois, de acordo com Volpe (2004, p. 2),

> [...] passando por um momento de indiferenciação da Educação de Jovens e Adultos no interior do movimento em prol da educação, chegamos a década de 1920, quando do movimento dos renovadores e da população em prol da ampliação do número de escolas e da melhoria de sua qualidade, exigindo que o Estado se responsabilizasse definitivamente pela oferta do serviço, onde começa a se estabelecer um clima favorável à implementação de políticas públicas de educação para pessoas jovens e adultas.

Fica evidente no histórico trazido pelos pesquisadores que a EJA foi tratada também como "dever", ou seja, era dever do analfabeto se alfabetizar porque o analfabetismo era como uma doença que precisava ser erradicada da sociedade, então, falava-se muito em erradicação do analfabetismo para que o país pudesse se desenvolver.

Começa a ser percebida também como direito a partir de 1940, quando as massas lutam pela garantia de direitos sociais, presentes no que propunham os liberais; começam, então, a surgir políticas públicas por parte do Estado para tentar aliviar os conflitos sociais e prover qualificações mínimas à força de trabalho para o bom desempenho de projetos nacionais de desenvolvimento, propostos pelo governo federal (PAIVA, 1985 *apud* VOLPE, 2006).

Os textos trazem uma contextualização de todas as campanhas de alfabetização e políticas públicas surgidas nas décadas que se seguem, com ênfase na influência de Paulo Freire para a alfabetização e politização dos sujeitos, com todas as ambiguidades surgidas na esfera estatal e na sociedade civil, com destaque para o período ditatorial e da redemocratização. Sobre o período da ditadura, este é citado na maioria dos textos que traz o percurso histórico. Continuando, a citação abaixo e alguns dos parágrafos seguintes trazem elementos de como esse tempo é relatado na história da EJA.[1]

> Com o fechamento do governo em 1964, a educação será concebida sob o signo do limite e do controle. Os movimentos e programas de Educação e Cultura Populares são reprimidos, seus dirigentes perseguidos e seus ideais censurados. Mas a escolarização básica de jovens e adultos não poderia ser abandonada pelo Estado porque tratava-se de um dos canais mais importantes de mediação com a sociedade, bem como seria difícil conciliar a manutenção dos baixos níveis de escolaridade da população com a proposta do governo de um "grande país" frente às comunidades nacional e internacional (VOLPE, 2006, p. 5).

Para resolver esse problema, foi criada a Fundação do Movimento Brasileiro de Alfabetização (MOBRAL), em 1967,

---

[1] Salientamos que o histórico da EJA não está completo neste texto porque esse não é o objetivo aqui proposto. Para uma leitura completa do histórico, indicamos DI PIERRO, 1994.

e implantando o Ensino Supletivo, em 1971, ambos com princípios diversos daqueles preconizados por Paulo Freire e todos os movimentos por ele influenciados; ambos sobrelevando os aspectos técnicos em detrimento dos políticos (HADDAD; DI PIERRO, 2000).

Todavia, a partir da capacidade de organização da sociedade civil na década de 1980, por meio dos movimentos sociais, o Estado reconhece a EJA como uma modalidade de ensino, passando a fazer parte das políticas de Estado do país.

Se na LDB 5.692/71 o ensino noturno era visto como forma de expansão do ensino secundário e profissionalização de mão de obra para o mercado, com a Constituição de 1988, em seu art. 208 esse direito é garantido, quando explicita: "O ensino fundamental, obrigatório e gratuito, inclusive para os que não tiveram acesso na idade própria", e no inciso VI, determina a "oferta de ensino noturno regular, adequado às condições do educando". Assim, o ensino noturno é que deve se adequar às condições do educando (LEÃO, 1998). O analfabetismo deveria ser erradicado no prazo de dez anos, sob a responsabilidade da Fundação Educar, juntamente com o MEC. Vale ressaltar que, apesar de historicamente a EJA ser garantida, só a partir da Constituição Federal de 88, os municípios do ABC, Região Metropolitana de São Paulo, desde 1987, percorreram um caminho diferente no sentido de instituir políticas de educação de jovens e adultos (ANCASSUERD, 2005).

Os anos 1990, de acordo com o que aparece nas pesquisas, foram palco de intensas lutas entre a classe trabalhadora e o capital. O cenário histórico é permeado de embates políticos, culturais, ideológicos, que trouxeram à tona o jogo de interesse de cada lado, ou seja, dos organismos internacionais, da sociedade civil e do mercado. Para tanto, foram realizados vários eventos para o debate coletivo e a elaboração de propostas para criação de políticas públicas destinadas à EJA. Dentre eles, destacam-se a V CONFINTEA, a Conferência Mundial de Educação para

Todos (Tailândia, 1990) e a Conferência de Nova Deli (Índia, 1993) e o Plano Decenal de Educação (Brasil, 1993).

Quanto à organização da sociedade civil, observamos, de acordo com o que é relatado nos textos da ANPEd, a realização de fóruns e seminário nacionais, estaduais e regionais. E que a década de 1990 foi o período caracterizado pela desresponsabilização do Estado no que se refere às políticas sociais, graças ao avanço do neoliberalismo e da globalização, caracterizados pela descentralização e transferência de responsabilidades dos serviços públicos estatais para a sociedade civil, fazendo com que a EJA não se efetive como está na lei, sendo oferecida por meio de programas.

Na fala de Vieira (2000, p. 4), relatando em sua pesquisa sobre a experiência de um programa municipal de educação em Uberlândia, fica evidenciado como funciona a descentralização do Estado.

Com relação ao envolvimento entre empresas, entidades filantrópicas, associações comunitárias com a Secretaria Municipal de Educação na criação e no desenvolvimento do programa, contatou-se que, ao mesmo tempo em que houve abertura para que pessoas excluídas pudessem ter acesso à escolarização – como no caso dos idosos atendidos no Centro de Atendimento ao Idoso (CEAI) e os trabalhadores da construção civil –, há no discurso dos coordenadores e profissionais, em relação às parcerias, uma visão compensatória, coadunando, assim, com a desobrigação do Estado nessa educação.

### Políticas, Programas e Projetos nos textos

Da forma como aparecem nos textos, as políticas, os programas e os projetos podem ser descritos como formas encontradas pelo Estado para socializar os direitos. Para Paiva (2006, p. 1),

> Uma compreensão do que significa direitos encontra-se em Bobbio (1992) sustentando que "no plano histórico a afirmação dos direitos do homem deriva de uma radical

inversão de perspectiva, característica do Estado Moderno, na representação da relação política, ou seja, na relação Estado/cidadão ou soberano/súdito [...].

Assim, sob o olhar dos direitos que são configurados no exercício da democracia, está o da educação, o qual nem sempre é garantido, gerando muitas tensões entre os movimentos sociais e o Estado. É o caso da EJA, que, mesmo estando como direito conquistado na lei, tem sido negligenciado em alguns períodos da nossa história, e mesmo agora observamos vários desafios que precisam ser superados para que essa modalidade de ensino se constitua como um direito efetivado.

Para melhor compreensão das políticas e programas na educação de adultos do país, encontra-se abaixo uma relação de alguns projetos, políticas e programas que ficaram evidenciados nos textos utilizados para este estudo:

| Política | Ano | Local | Objetivo | Governo |
|---|---|---|---|---|
| Campanha de Educação de Adultos | 1947 | Brasil | Luta pelo direito da população adulta analfabeta à escolarização | Federal |
| MOVA | 1989 | Surgiu em São Paulo e hoje está em vários Estados | Contribuir para a redução do analfabetismo no Brasil, fortalecimento da cidadania e construção de políticas públicas para redução do analfabetismo | Estadual |
| PNAC | 1990 | Brasil | Reduzir em 70% o nº de analfabetos | Federal |

| Política | Ano | Local | Objetivo | Governo |
|---|---|---|---|---|
| PLANFOR | 1996 | Rio de Janeiro | Qualificação profissional de jovens e adultos de baixa renda e escolaridade | Municipal |
| PAS | 1997 | Estados do Norte e Nordeste | Levar a escolarização aos municípios dessas regiões que possuem menor índice de alfabetização | Federal |
| MOBRAL | 1967 | Brasil | A alfabetização funcional de jovens e adultos, conduzindo a pessoa humana a adquirir técnicas de leitura, escrita e cálculo como meio de integrá-la a sua comunidade, permitindo melhores condições de vida | Federal |
| Programa de Ação Solidária (PAS) | 1997 | Brasil | Fortalecimento da sociedade civil e desenvolvimento de programas inovadores | Federal |

É importante ressaltar que tais políticas se constituíram enquanto políticas de governo, não tendo nenhuma legislação que as tratou como política de Estado, e por isso elas não têm permanecido como direito garantido no país, já que, a cada mudança de governo, foram modificadas as políticas implementadas. Observamos nas pesquisas da ANPEd, conforme os itens acima, que os municípios têm se responsabilizado mais com a educação dos adultos no país. Nos textos analisados, aparece um maior número de pesquisas sobre o PAS e o PRONERA, contudo os demais estudam políticas implementadas nos contextos municipal e estadual.

## A EJA e o mercado capitalista

Observando o histórico da EJA, notamos que ela tem servido ao capital na perspectiva da formação de mão de obra qualificada para o trabalho, de acordo com as exigências do mercado em cada momento da História. Nas pesquisas realizadas, são evidenciados tais aspectos, principalmente a partir da década de 1940. Várias foram as reformas na 1ª metade do século XX para que os trabalhadores se qualificassem para o trabalho.

Nesse sentido, foi apontado nos textos que as políticas públicas e a legislação têm buscado atender aos interesses políticos e econômicos da classe dominante, como o Mobral, que se concretizou como uma política implementada pelo governo federal da década de 70 e que substituiu a metodologia de ensino proposta por Paulo Freire, a qual teve todo o seu conteúdo ideológico esvaziado. Mas recentemente, no âmbito federal, os textos trazem o PAS, que, segundo Barreyro (2006, p. 13),

> [...] esse Programa priorizou critérios de menor custo, empregabilidade temporária e filantropia. Também induziu subjetividades, diferentes daqueles que definem os analfabetos como sujeitos de direito. Assim, recuperou o discurso assistencialista da ajuda e a tutela por meio da adoção de adultos, definiu os seus alunos como atendidos e banalizou a figura do alfabetizador.

No contexto pós-ditatorial, observa-se a inserção do país num mundo globalizado e neoliberal, o que traz mudanças significativas no processo de escolarização da EJA, porque o mercado vai demandar que a educação cumpra o seu papel de formação de mão de obra com competências para atuar nesse novo modelo econômico caracterizado pelas novas formas de organização do trabalho.

Esse modelo globalizado teve como uma de suas características a desobrigação do Estado de suas responsabilidades para com os serviços sociais, nos quais se inserem também os educacionais, e a forma encontrada para tal desobrigatoriedade foi a descentralização e as parcerias firmadas com a sociedade civil, por meio das ONGs, das empresas, e de campanhas como "Amigos da Escola", entre outras. No que se refere à EJA nesse período, os textos estudados que tratam do assunto relatam a ausência de políticas do governo federal, que se limita a programas de curta duração, com baixos investimentos.

A grande causa dessa desresponsabilização do Estado se deveu ao fato de, na LDB 9.394/96, priorizar o ensino fundamental nos recursos, deixando margem para a criação de uma lei posterior, o Fundo de Desenvolvimento do Ensino Fundamental (FUNDEF) para efetivar essa determinação normativa.

O FUNDEF, muito discutido, enfraquece determinadas modalidades e níveis de ensino (ANCASSUERD, 2005, p. 12).

> Além de não garantir nem o desenvolvimento, nem a melhoria do ensino fundamental, pela sua lógica de redistribuição dos recursos com base no número de matrículas existentes, o FUNDEF contribui para enfraquecer e desarticular o sistema de ensino, uma vez que, segundo a Lei 9.424, as matrículas da educação infantil, de jovens e adultos (supletivo) e do ensino médio não são consideradas para efeitos de redistribuição dos recursos. Como as matrículas no ensino fundamental regular valem para a obtenção de recursos do Fundef, as autoridades tenderão a privilegiar tais matrículas e deixar de lado as dos demais níveis de ensino,

que não trazem um centavo para os cofres dos governos. Se a educação infantil, e educação de jovens e adultos e a do ensino médio (2º grau) já não eram privilegiadas antes, agora, pela lógica do Fundef, tenderão a ser negligenciadas mais ainda (DAVIES *apud* ANCASSUERD, 2005, p. 10).

Entretanto, o município e a sociedade civil, representada pelos movimentos sociais e as ONGs têm emergido como protagonistas no atendimento da EJA. Em alguns casos, os movimentos sociais criam um espaço de interlocução com o Estado e, em outros, com a sociedade civil (VIEIRA, 2000).

## Textos e contextos

De modo preliminar, constatamos que o debate em torno das políticas públicas abrange vários Estados do território nacional. Para que se tenha uma dimensão disso, presenciamos pesquisadores do Rio Grande do Sul, do Rio de Janeiro, de Goiás, de São Paulo, de Minas Gerais, do Ceará e da Paraíba, cujos campos de pesquisa também foram distribuídos nessa territorialidade. Trata-se, portanto, de um vasto espaço de reflexão e de mobilização social acerca da Educação de Jovens e Adultos.

Este conjunto de artigos contém investigações ora especificando aspectos próprios dos campos de pesquisa como a realidade dos municípios, as experiências de abrangência locais, ora as políticas oriundas dos governos federal e estaduais. Consegue de certo modo demonstrar uma urdidura com fios representativos da História da EJA, aspectos conceituais ligados à Sociologia da Educação, perpassando por análises estatísticas fundamentais para reflexões contextualizadas nesse campo, bem como aspectos de ordem filosófica, sobretudo no tocante àqueles estudos voltados para análise do discurso.

Na tentativa de dar vistas ao panorama das pesquisas nesses dez anos, partimos da distribuição dos estudos (artigos) apresentados por região conforme o gráfico a seguir:

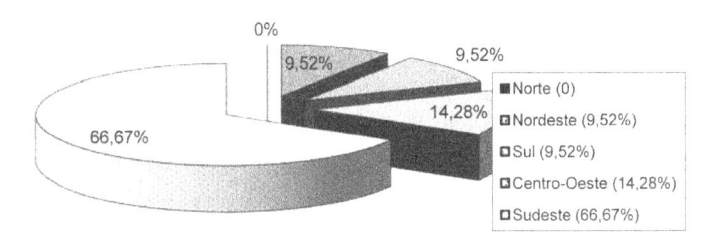

Estudos apresentados por região

- Norte (0)
- Nordeste (9,52%)
- Sul (9,52%)
- Centro-Oeste (14,28%)
- Sudeste (66,67%)

Gráfico 1 – Estudo representados por região

Como se nota, o Sudeste é responsável pela maioria das pesquisas. Entre os artigos, contamos com um trabalho da Argentina intitulado *La Situación de la Educación de Jóvenes Y Adultos em la Argentina*, de autoria de Sandra Llosa, Maria Teresa Sirvent, Amanda Toubes, Hilda Santos, Maria Del Rosário Badano e Amália Homar, que resolvemos não incluir nos gráficos para fixarmo-nos na realidade brasileira. Neste sentido, atemo-nos a 21 trabalhos.

Para visualizar a distribuição desses trabalhos por Estado, apresentamos o seguinte gráfico:

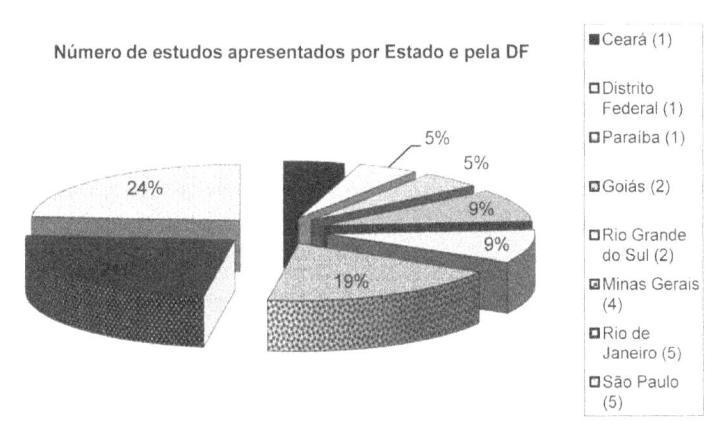

Número de estudos apresentados por Estado e pela DF

- Ceará (1)
- Distrito Federal (1)
- Paraíba (1)
- Goiás (2)
- Rio Grande do Sul (2)
- Minas Gerais (4)
- Rio de Janeiro (5)
- São Paulo (5)

Gráfico 2 – Número de estudos apresentados por Estado e pela DF

Como se pode ver, não constatamos nenhuma pesquisa da região Norte, e no universo de 26 Estados, além do Distrito Federal, apenas sete Estados marcam presença. Isso nos leva a observar e a indagar sobre as contingências nas políticas públicas em todo o país: quais são as propostas e experiências consideradas exitosas em relação à Educação de Jovens e Adultos? Quais as suas abrangências e ou deficiências em um país marcado pela diversidade, seja de ordem sociocultural, seja de ordem econômica? Por se tratar de uma questão fundamental para a garantia e a manutenção dessa específica modalidade, qual ou quais as razões para termos apenas um quarto dos Estados representados em forma de pesquisa na ANPEd?

Esse intróito tem o propósito de balizar nossas observações, e, a seguir, apresentaremos outros dados que continuam a contemplar as questões apontadas no início deste texto.

## Sobre os tipos de pesquisa

Para analisar os tipos de pesquisa, levamos em consideração o aspecto metodológico de cada uma delas. Lembramos que nem todos os artigos apontam com clareza o seu percurso, cabendo a nós enquanto leitores um esforço dedutivo. De modo geral, as pesquisas se estruturam por meio de técnicas convencionais. Verificamos, por exemplo, que poucas vezes foram usados *estudos de casos,* o que contrasta com a *análise documental,* que por várias vezes aparece como mecanismo de trabalho. Além desses meios, os resultados diversamente emergiram de *análises estatísticas, revisão literária, questionários, análise de dados, estudos comparativos e análise do discurso.*

Para fins de caracterização da tipologia das pesquisas, demarcamos três variáveis: 1- *pesquisa qualitativa*, 2- *pesquisa quantitativa* e 3- *pesquisa quantitativo-qualitativa*, contudo esta última refere-se à presença nos textos das duas variáveis juntas. Lembramos que os 21 textos foram considerados o que resultou no seguinte gráfico:

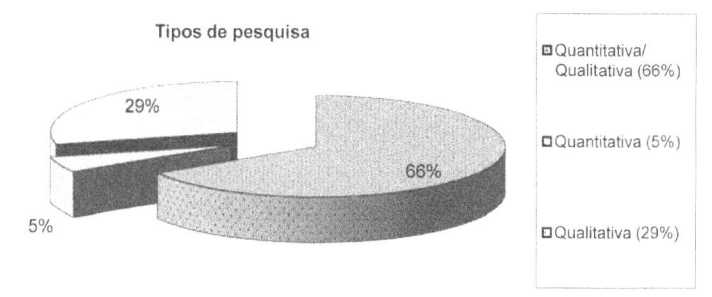

**Tipos de pesquisa**

- Quantitativa/Qualitativa (66%)
- Quantitativa (5%)
- Qualitativa (29%)

**Gráfico 3** – Tipos de pesquisa

Os enunciados de boa parte das pesquisas nos levaram a utilizar as variáveis acima, além de nossa própria percepção e classificação. Não descartamos, porém, algumas dúvidas que pairam sobre esta abordagem, entre as quais: acerca de toda a problemática que envolve a EJA e políticas públicas, em que medida uma pesquisa seria preponderantemente quantitativa? Julgamos apenas uma pesquisa com essa natureza. Trata-se da pesquisa de Maria Clara Di Pierro: *O Financiamento Público da Educação Básica de Jovens e Adultos no Brasil, no período 1985/1999*, em que a autora analisa criteriosamente os gastos públicos com as políticas do ensino no país, na década de 1990, fazendo um paralelo com as mudanças tributárias ocorridas na legislação no período recortado para o estudo, apresentando dados consistentes por meio de tabelas, sempre se sustentando em suporte teórico.

Apesar de explicar as tabelas, o estudo ainda apresenta uma forma densa, graças à complexidade delas. Apresenta o resultado de um estudo mais amplo sobre a história das políticas públicas de educação básica da EJA 1985/1999, principalmente sobre o financiamento do ensino, abordando-o como um tema de relevância no debate público sobre a legislação e as políticas educacionais do período da redemocratização, das relações sociais e instituições políticas brasileiras. A autora apresenta também um panorama sobre a evolução dos gastos públicos com a educação, a partir de dados do IPEA, nas três esferas do governo, destacando o gasto médio por aluno, a transferência de recursos da União para Estados, municípios e organizações sociais, e analisa o impacto do FUNDEF na EJA.

Fundamentalmente o estudo de Di Pierro esclarece que, historicamente, o financiamento da modalidade em estudo tem sido marcado por uma indisposição dos governos. A dotação orçamentária, apesar dos avanços, não é suficiente para a constituição de uma Educação de Jovens e Adultos pautadas na qualidade e nas demandas que se apresentam.

Esse estudo, portanto, foi considerado como de ordem quantitativa por se tratar de uma minuciosa *análise estatística*. Os demais, em números absolutos, foram subdivididos como 14 pesquisas quantitativo-qualitativa, e o restante, seis pesquisas qualitativas. Aqui, acreditamos não ser o caso de aprofundar os meandros da metodologia de pesquisa, muito menos os detalhes que cada texto comporta; no entanto, estamos atentos ao que nos descreve Flick (2009, p. 41):

> As relações entre pesquisa qualitativa e quantitativa aparecem discutidas e estabelecidas em diferentes níveis:
>
> Epistemologia (e incompatibilidades epistemológicas) e metodologia;
>
> Planos de pesquisa que combinem ou integrem o uso de dados e/ou de métodos qualitativos e quantitativos;
>
> Métodos de pesquisa que sejam tanto qualitativos quanto quantitativos;
>
> Vinculação das descobertas da pesquisa qualitativa às da quantitativa;
>
> Generalização das descobertas;
>
> Avaliação da qualidade da pesquisa – aplicação de critérios quantitativos à pesquisa qualitativa ou vice versa.

Constatamos, portanto, que, na soma dos textos considerados qualitativos, os métodos utilizados são *estudo de caso, análise do discurso* e *documental*. Já o texto considerado quantitativo foi elaborado utilizando sobretudo *análise estatística* e aplicação de *questionários* para *análise de dados*, o que reforça o caráter da quantificação ou do trabalho com números.

De modo geral, a matriz qualitativa, ou quantitativa, ou quantitativo-qualitativa das pesquisas não se configura como força determinante para embrenharmos na essência da questão posta. Os pesquisadores apresentam os resultados quantitativos ou qualitativos, mas, independentemente deste ou daquele, o que se percebe é a confirmação da premência em se estabelecer políticas públicas efetivas que possam garantir a educação de qualidade e contínua para jovens e adultos como direito adquirido nas pautas da Constituição Federal.

O raciocínio acima pode ser conferido por meio de todas as pesquisas, desde o primeiro texto da lista da ANPEd, em que Leão (1998, p. 16) discorre:

> Necessitamos que a escola noturna deixe de ser um espaço de sonegação à população de uma educação de qualidade, *socialmente qualificada*, isto é, vista como um direito social. Sem dúvida, grande parte desta tarefa está nas mãos do Estado e a sua concretização depende das pressões que se possam exercer sobre ele. Mas depende também da atuação política dos profissionais da educação, na busca cotidiana por transformar a escola que temos por desconstruir a estrutura escolar dos tempos e espaços excludentes, por forjar uma escola noturna que queremos permeável à vida do aluno trabalhador. Qual a qualidade da escola noturna que queremos? Esta se resume a um balanço positivo entre taxas de matrículas e conclusões de curso? Uma concepção progressista do ensino noturno deve almejar a que os alunos encontrem na escola um espaço de formação ética, cultural e social que lhes garanta o acesso aos direitos básicos de uma sociedade democrática moderna.

O texto de Di Pierro (2008) que apresentamos a seguir trata a pesquisa realizada nos assentamentos rurais do Estado de São Paulo através das pesquisas do PRONERA. Destacamos parte do trecho de sua conclusão:

> O desenvolvimento equitativo e sustentado dos territórios reformados requer, também, a ampliação de oportunidades de acesso da população assentada ao ensino superior, mediante ampliação do PRONERA, direcionamento específico do ProUni e concessão de bolsas de estudo, preferencialmente nas carreiras destinadas à formação de recursos humanos necessários aos assentamentos (educação, saúde, ciências agrárias, meio ambiente, administração, etc.). Não basta, entretanto, garantir apenas o acesso formal na própria zona rural; trata-se de conferir maior qualidade e pertinência à educação infantil, ao ensino fundamental e médio de crianças, jovens e adultos, mediante: a ampliação e melhoria da rede física, infra-estrutura e equipamento das escolas; a formação continuada de professores direcionada para a contextualização curricular e adequação da organização escolar; a concessão de prioridade aos assentados no recrutamento de profissionais da educação; a promoção da gestão democrática, concedendo maior autonomia às escolas rurais, incentivando a criação de grêmios estudantis e a participação das famílias (p. 16).

Reiteramos que as demandas históricas pertinentes às políticas voltadas para a Educação de Jovens e Adultos são anunciadas em praticamente todos os trabalhos apresentados na ANPEd no curso de dez anos, tanto nas pesquisas de cunho qualitativo quanto nas de cunho quantitativo.

## Conceitos que surgem como elementos de construção do campo

Vale ressaltar que o *corpus* dos estudos sobre EJA como políticas públicas produz, paulatinamente, uma rede semântica constituída de termos que perpassam os vários textos. Muito embora, sem que todos tenham o *status* de conceito científico, a soma dessas palavras dê consistência para o entendimento da Educação de Jovens e Adultos como causa social e como campo de demanda por intervenções do Estado e mobilização por parte da sociedade civil. Entretanto, conseguimos extrair também conceitos fortemente arraigados na Sociologia, na Filosofia, na Economia e na Política, em franca conexão com o universo educacional.

Por meio de nossa leitura, é possível categorizar os termos e os conceitos apreendidos, levando em consideração os que mais aparecem e aqueles que julgamos indispensáveis para este campo de estudo. Entendemos, portanto, que tais termos e conceitos podem ser alocados em categorias como:

- **Educação escolar** – Em que se pode referir à abordagem que interliga EJA e a escola regularmente constituída;
- **Educação não escolar** – Tratamos aqui do âmbito alternativo à escola enquanto instituição, ou seja, organização da sociedade civil que lida com essa modalidade.
- **Políticas estatais** – Referência às políticas e à postura dos governos nas três esferas: federal, estadual e municipal.
- **Organização da sociedade civil** – Voltadas para as iniciativas fora do âmbito governamental.
- **Aspectos pedagógicos** – Aqui se verifica algumas terminologias com implicações nos aspectos pedagógicos, ou seja, a relação ensino-aprendizagem dentro dessa demanda específica.

À luz dos conceitos verificados, vê-se então a conformação do dito Estado restrito, ou Estado mínimo. Esse elemento é constituinte e resultante do neoliberalismo, portanto é notadamente a instância que instaura uma zona de conflito estreitamente ligada à Educação de Jovens e Adultos como *direito* de homens e mulheres deste país.

Tomando o tema do direito como referência principal no interior desta abordagem, temos as autoras Ribeiro e Paiva (2004), Volpe (2004) e outro momento de Paiva (2006) e suas respectivas pesquisas.

Inicialmente temos, sob o título "Políticas públicas de direito à educação de jovens e adultos no RJ: Estudos na região metropolitana", o trabalho de Eliane Ribeiro e Jane Paiva apresentado na ANPEd em 2004. As autoras fazem o contraponto entre o crescimento da juvenilização da EJA, discutem a desresponsabilização do Estado diante das políticas públicas da educação de adultos, partem de uma pesquisa nacional de dez Estados e se limitam com um recorte apenas no RJ. Analisam como está estruturada a EJA no contexto municipal, observando as várias nuances que perpassam a escolarização, citando os problemas enfrentados pela EJA e as causas da juvenilização. Para compreender os dados, buscou-se analisar as informações a partir do Censo 2000 e focalizar os modelos e concepções de programas e projetos oferecidos, os tipos de financiamento, a estrutura, os recursos didáticos, as formas de avaliação. Fazem uma leitura crítica sobre os resultados da pesquisa, contextualizando com a legislação, o que de certo modo facilita o entendimento do leitor.

Geruza Cristina Meireles Volpe, com o texto "O direito à Educação de Jovens e Adultos em Municípios Mineiros: Entre Proclamações e Realizações, analisa a EJA à luz das dimensões cidadania/direito, contexto histórico, reformulação do Estado, discorrendo de forma crítica as categorias do estudo, contextualizando nas políticas públicas e nos programas de alfabetização do País, desde a década de 20 até 2000, utilizando referencial teórico que ajuda a compreender e dar significado ao texto. A pesquisa apresenta resultados colhidos em dois municípios, dialoga com os dados de forma convincente. Consegue fazer interface da EJA com a política nacional, além de fazer reflexões consistentes acerca do tema.

Por fim, Jane Paiva, em 2006, no artigo "Direito à Educação de Jovens e Adultos: Concepções e Sentidos", aciona a memória. Sinaliza a importância, no século XX, dos grandes acordos internacionais do surgimento de organismos legitimadores dos direitos humanos, como o caso da ONU, UNESCO, CEPAL e a OEA. Por esse viés, podemos inclusive citar o primeiro parágrafo do art. 26 da Declaração Universal dos Direitos Humanos.

> Todo o homem tem direito à instrução. A instrução será gratuita, pelo menos nos graus elementares e fundamentais. A instrução elementar será obrigatória. A instrução técnica profissional será acessível a todos, bem como a instrução superior, esta baseada no mérito.

É possível notar a conexão mundial sobre o tema dos direitos à educação desde o pós-guerra. E, ampliando a concepção de Direito, Paiva cita Bobbio (1992 *apud* PAIVA, 2006, p. 5):

> [...] que os direitos do homem, por mais fundamentais que sejam, são direitos históricos, ou seja, nascidos em certas circunstâncias, caracterizadas por lutas em defesa de novas liberdades contra velhos poderes, e nascidos de modo gradual, não todos de uma vez e nem de uma vez por todas.

Paiva ainda nos apresenta nessa pesquisa duas perguntas que servem para nortear seu estudo:

> a- que concepções de alfabetização e de escolarização fundamentam as propostas curriculares na EJA e como contribuem para atualizar as concepções próprias do campo?
>
> b- em que medida o direito, compreendido nos limites dos projetos estudados, revela de fato a conquista social do sentido que direito pode assumir nas sociedades contemporâneas, ou: seria este direito feito sob a tutela do Estado, e, portanto, frágil conquista que pode ruir quando este poder sair de cena?

As indagações pontuam fatores marcantes na Educação de Jovens e Adultos, seja o problema da alfabetização, seja a erradicação do analfabetismo e demais implicações no campo educacional, bem como o papel do Estado, sua interferência ou ingerência neste campo.

Para Paiva, "a educação como direito humano, continuadamente reafirmada, ganha força nas últimas décadas, mais no sentido das enunciações do que como o direito é resguardado pelas políticas públicas, princípio indiscutível na EJA" (p. 13).

Esse estudo de abrangência nacional analisou, por meio de uma perspectiva histórica, programas como o MEB, MOBRAL e os contemporâneos PAS, da *Secretaria* da Educação do Estado da *Bahia*, da SME do Rio de Janeiro, do MST ao SESC Ler. Ao considerar que a tendência de que a Educação de Jovens e Adultos assume como campo político de disputa, a autora conclui:

> Há um novo desenho se fazendo na paisagem do país, produzido quase silenciosamente pelo trabalho dos fóruns, com efetiva interferência nas concepções e práticas de EJA, porque realizado como formação continuada, exercitando o método democrático e pautado na cidadania. Tramado nos espaços cotidianos, com táticas de ocasião, o desenho altera as agendas e enreda nos fios, novos interlocutores para a mesma causa. O cenário – a teia – é favorável e as disposições, recíprocas, possibilitam manter desenhos tramados na espera, nas escolhas, nas lutas, e na certeza de que as lições de hoje devem ser relembradas sempre, porque a educação de jovens e adultos, como direito não-dado, mas arrancado do chão, não pode mais escapar das mãos dos que por ele têm despendido a vida (PAIVA, 2006. p. 15).

Observamos que, dentro de uma seara conceitual cujo tema EJA como políticas públicas está plantado, nossa referência substantiva é a questão da educação enquanto *direito*. Os enfrentamentos, as perdas e as conquistas históricas emergem praticamente em todas as pesquisas, o que dá a entender que os conceitos, de modo geral, convergem para o entendimento de que essa modalidade ainda se configura como causa social e que, portanto, depende da mobilização da sociedade civil para êxitos mais efetivos.

### Propostas em contraposição ao capital

No raio de dez anos que demarcam a presença de pesquisas sobre as políticas públicas no campo da EJA, fica evidenciado, também neste contexto, que está se tratando a toda prova de direito humano. Por esse ângulo, nosso olhar verifica que, na luta por tal direito, são inevitáveis embates e mobilização por parte da sociedade civil em detrimento de outras forças de cunho político e econômico que produzem consequências contundentes no terreno da educação.

Muitos desses entraves têm raízes nos ditames do capitalismo e nos efeitos da globalização da economia no nosso tempo. Em contraposição a essas forças antagônicas, Azevedo (1997, p. XVII) pontua que

> [...] tem sido a partir do "local interno" que vem sendo esboçadas redes de resistência às configurações sociais impostas pelos "globalismos". Nesses contextos, no campo específico das políticas sociais, já é possível identificar modos de atuação que procuram ressignificar e filtrar as medidas impostas, na direção da construção de um novo espaço público que poderá forjar a cidadania emancipatória. Neles, as políticas educativas, como não poderiam deixar de ser, também tem sido ressignificadas. São experiências que ainda não tem uma larga dimensão quantitativa, mas que, por isso mesmo, não podem deixar de integrar a agenda de investigação daqueles que acreditam que o conhecimento científico deve também portar um nível analítico que traga contribuições para a transformação da perversa (des)ordem em que hoje vivemos.

Ainda, ao refletirmos sobre o que aqui estamos chamando de contraposição, algumas pesquisas fazem referências às mais diversas estratégias estabelecidas, como alternativa às imposições engendradas no sistema de caráter neoliberal. Aqui não aprofundaremos nos conceitos, mas salientamos que alguns textos referem-se às posturas organizativas, às vezes com o caráter de resistência, normalmente presente no âmbito das organizações não governamentais. Mas aparece também experiência consolidada dentro de um quadro governativo de matriz popular. É o caso do ABC paulista, "palco de ações inusitadas no campo das lutas democráticas em nosso país." O trabalho de Marli Pinto Ancassuerd (2005) revela a existência de políticas de primeira e de segunda gerações, sendo a primeira com maior presença do poder publico municipal, e a segunda mantendo a tendência de esvaziamento dessa esfera, mas que, mesmo assim, "as duas gerações de políticas são a expressão cabal do esforço realizado no âmbito local para garantir o direito à educação a jovens e adultos, em função da ausência das demais esferas de governo federal e estadual".

Maria Margarida Machado, em seu artigo de 1998, ao buscar elementos significativos sobre políticas de EJA no Brasil, percebe a existência de uma tentativa de organização política, pautada por discussões de princípios, meios e fins dessa educação deliberada por profissionais que atuam e pesquisam nessa área, acompanhados de alguns setores oficiais de ensino, principalmente secretarias municipais e ainda de grupos e movimentos que assumem na EJA uma opção de militância.

Nesse contexto vamos encontrar abordagens sobre questões como solidariedade e assistencialismo, bem como a celebração de parcerias entre os diversos setores sociais. Certamente, tais questões não se configuram como contraposições; ao contrário soam medidas paliativas a serem também reavaliadas. Por outro lado, vamos ver a importância dos movimentos sociais diante dos conflitos que operam não somente na macroideia capitalista, mas também no espaço da nossa historicidade. Referimo-nos inclusive à educação no capo; isso fica claro em Carvalho (2007), com sua pesquisa denominada "A Construção de Parcerias e a Educação de Jovens e Adultos no Campo: Uma Análise a Partir do PRONERA/UFC". O texto de Carvalho vem fazer um estudo sobre a construção de parcerias. O conceito de parceria impulsiona o estudo ao se tratar de uma análise de documentos referentes ao Programa Nacional de Educação na Reforma Agrária (PRONERA) no Estado do Ceará. A análise demonstra que, dos anos 1980 abrangendo até o governo FHC se nota menor participação dos Estados no campo da educação e das políticas a elas votadas. É o dito Estado restrito e também o

Estado Mínimo, que, no âmbito das relações de parceria se torna um ator e exime-se de responsabilidades no que diz respeito à implementação de uma real política pública para a Educação de Jovens e Adultos no campo. A autora salienta as dificuldades no desenvolvimento dos papéis dos atores envolvidos em uma parceria; no caso o Instituto Nacional de Colonização e Reforma Agrária (INCRA), a universidade e os movimentos sociais. Não obstante a isso, a autora conclui:

> A história da experiência em foco não só confirma como testemunha o quão difícil essa construção tem sentido. Todavia, pode-se afirmar que é uma relação que tem assegurado na explicitação dos conflitos e luta pela autonomia dos parceiros, inserir-se numa perspectiva de fortalecimento da cidadania, posto que os movimentos sociais exigem o reconhecimento do seu direito à educação (p. 11).

As políticas públicas corporificam uma zona de confronto em que se pleiteia a efetivação de um direito. Para tanto, tornam-se necessários investimentos expressivos que possam garantir a Educação para Jovens e Adultos ao longo de toda a vida. Independentemente das forças contrárias atribuídas ao ideário neoliberal, capitalista, o que percebemos nas pesquisas é que o que se tem feito ou se tem mantido em maior ou menor escala é a mobilização da sociedade civil e de algumas estruturas de governos em prol dessa causa.

## Considerações

Após a análise dos 21 artigos apresentados na ANPEd de 1998 a 2008, conseguimos ter um quadro significativo e, portanto, muito representativo da história da EJA no Brasil. As abordagens realçam aspectos específicos ligados à descentralização das políticas públicas, a relação entre poder público e sociedade civil, programas de alfabetização e demais propostas de políticas, o distanciamento do Estado ante a EJA, a construção de sentidos no cerne dessa modalidade educacional, bem como a sua situação nas cidades e no campo.

Os estudos sinalizam para o fato de que tratar de educação de pessoas jovens e adultas é adentrar em uma arena cuja luta é pautada pelo entendimento de que essa modalidade refere-se a um direito humano. Portanto, em tempos de esvaziamento do Estado e do não cumprimento integral das conquistas sociais, garantidas, inclusive constitucionalmente, a mobilização da sociedade civil confirma-se como um recurso potente de enfrentamento político.

As pesquisas nos servem de orientação quanto às velhas e novas demandas. O retrato de políticas implementadas, absorvidas e desfeitas ao longo de décadas, consegue aferir aspectos locais, seja nos municípios, seja nos estados, enfocados em suas respectivas consonâncias com o panorama macro da sociedade brasileira, muito embora o conjunto de pesquisas não seja suficiente para dimensionar a situação da EJA em todo o território nacional. Faltam pesquisas de Estados importantes da Federação, como Bahia, Pernambuco, Paraná e Santa Catarina. Neste sentido, a síntese do que percebemos é que há muito por se construir em relação à Educação de Jovens e Adultos como direito básico para homens e mulheres.

## Trabalhos analisados

ALVARENGA, Márcia Soares de. O Plano Municipal de Educação e suas repercussões sobre o direito à Educação de Jovens e Adultos: Um estudo de caso. 18 p. In: 28ª Reunião Anual da ANPEd, 2002, Caxambu. *Anais* da 28ª Reunião Anual da ANPEd, 2002.

ANCASSUERD, Marli Pinto. Educação de Jovens e Adultos no Grande ABC: duas gerações de políticas públicas – 1987 a 2003. 19 p. In: 25ª Reunião Anual da ANPEd, 2005, Caxambu. *Anais* da 25ª Reunião Anual da ANPEd, 2005.

ANDRADE, Eliane Ribeiro; PAIVA, Jane. Políticas públicas de direito à Educação de Jovens e Adultos no RJ: estudos na região metropolitana. 18 p. In: 26ª Reunião Anual da ANPEd, 2004, Caxambu. *Anais* da 26ª Reunião Anual da ANPEd, 2004.

BARREYRO, Gladys Beatriz. O programa Alfabetização Solidária: terceirização no contexto da reforma do Estado. 14 p. In: 29ª Reunião Anual da ANPEd, 2006, Caxambu. *Anais* da 29ª Reunião Anual da ANPEd.

CARLOS, Erenildo João. O enunciado da Educação de Adultos no Brasil: da Proclamação da República à década de 1940. 17 p. In: 29ª Reunião Anual da ANPEd, 2006, Caxambu. *Anais* da 29ª Reunião Anual da ANPEd, 2006.

CARVALHO, Sandra Maria Gadelha de. A construção de parcerias e a Educação de Jovens e Adultos no campo: uma análise a partir do Pronera/UFC (1998-2002). 30 p. In: Reunião Anual da ANPEd, 2007, Caxambu. *Anais* da 30ª Reunião Anual da ANPEd, 2007.

DELUIZ, Neise. Sociedade civil e as políticas de Educação de Jovens e Adultos: a atuação das ONGs no Rio de Janeiro. 28 p. In: Reunião Anual da ANPEd, 2005, Caxambu. *Anais* da 28ª Reunião Anual da ANPEd, 2005.

DI PIERRO, Maria Clara. Escolarização de jovens e adultos em assentamentos rurais no Estado de São Paulo: Uma análise da Pesquisa Nacional de Educação na Reforma Agrária-2004. 18 p. In: 31ª Reunião Anual da ANPEd, 2008, Caxambu. *Anais* da 31ª Reunião Anual da ANPEd, 2008.

DI PIERRO, Maria Clara. O financiamento público da Educação Básica de Jovens e Adultos no Brasil, no período 1985/1999. 30 p. In: 23ª Reunião Anual da ANPEd, 2000, Caxambu. *Anais* da 23ª Reunião Anual da ANPEd, 2000.

DI PIERRO, Maria Clara. Situação educacional dos jovens e adultos assentados no Brasil: uma análise de dados da Pesquisa Nacional de Educação na Reforma Agrária. 14 p. In: 29ª Reunião Anual da ANPEd, 2006, Caxambu. *Anais* da 29ª Reunião Anual da ANPEd, 2006.

FÁVERO, Osmar; BRENNER, Ana Karina. Programa de Educação de Adultos (PEJA). 17 p. In: 29ª Reunião Anual da ANPEd, 2006, Caxambu. *Anais* da 29ª Reunião Anual da ANPEd, 2006.

LEÃO, Geraldo Magela Pereira. A gestão da escola noturna: ainda um desafio político. 19 p. In: 18ª Reunião Anual da ANPEd, 1998, Caxambu. *Anais* da 18ª Reunião Anual da ANPEd, 1998.

MACHADO, Maria Margarida. A trajetória da EJA na década de 90 – políticas públicas sendo substituídas por "solidariedade". 18 p. In: 18ª Reunião Anual da ANPEd, 1998, Caxambu. *Anais* da 18ª Reunião Anual da ANPEd, 1998.

MOLL, Jaqueline. Políticas municipais de educação fundamental da Educação de Jovens e Adultos no Rio Grande do Sul: tendências dos anos 90. 14 p. In: 25ª Reunião Anual da ANPEd, 2002, Caxambu. *Anais* da 25ª Reunião Anual da ANPEd, 2002.

PAIVA, Jane. Direito à Educação de Jovens e Adultos: concepções e sentidos. 17 p. In: 29ª Reunião Anual da ANPEd, 2006, Caxambu. *Anais* da 29ª Reunião Anual da ANPEd, 2006.

ROCHA, Glayds. PAS X MOBRAL: convergências e especificidades. 28 p. In: Reunião Anual da ANPEd, 2005, Caxambu. *Anais* da 28ª Reunião Anual da ANPEd, 2005.

RODRIGUES, Maria Emília de Castro. Construção das políticas de Educação de Jovens e Adultos em Goiás. 28 p. In: Reunião Anual da ANPEd, 2005, Caxambu. *Anais* da 28ª Reunião Anual da ANPEd, 2005.

SOARES, José Leôncio. A política educacional para jovens e adultos em Minas Gerais. 18 p. In: 21ª Reunião Anual da ANPEd, 1998, Caxambu. *Anais* da 21ª Reunião Anual da ANPEd, 1998.

TRAVERSINI, Clarice Salete. Debite um analfabeto no seu cartão: a solidariedade como estratégia para alfabetizar a população e desresponsabilizar o Estado. 28 p. In: Reunião Anual da ANPEd, 2005, Caxambu. *Anais* da 28ª Reunião Anual da ANPEd, 2005.

VIEIRA, Maria Clarisse. Políticas de Educação de Jovens e Adultos no Brasil: Experiências e desafios no município de Uberlândia (anos 80 e 90). 24 p. In: 23ª Reunião Anual da ANPEd, 2000, Caxambu. *Anais* da 23ª Reunião Anual da ANPEd, 2000.

VOLPE, Geruza Cristina Meirelles. O direito à Educação de Jovens e Adultos em municípios mineiros: entre proclamações e realizações. 19 p. In: 27ª Reunião Anual da ANPEd, 2004, Caxambu. *Anais* da 27ª Reunião Anual da ANPEd, 2004.

# Referências

AZEVEDO, Janete M. Lins de. *A educação como política pública*. 3. ed. Campinas: Autores Associados, 2004.

BEISIEGEL, Celso de Rui. A política de Educação de Jovens e Adultos analfabetos no Brasil. In: OLIVEIRA, Dalila, Andrade. (Org.). *A gestão democrática da educação. Desafios contemporâneos*. Petrópolis: Vozes. 1997.

BEISIEGEL, Celso de Rui. *Estado e educação popular: um estudo sobre educação de adultos*. São Paulo: Pioneira, 1974.

BOBBIO, Jacques. *A era dos direitos*. Tradução de Carlos Nelson Coutinho. Rio de Janeiro: Campus, 1992.

DAGNINO, R. *Gestão estratégica da inovação: metodologias de análise de políticas públicas*. Taubaté. Editora Cabral Universitária, 2002.

DI PIERRO, Maria Clara. Educação de Jovens e Adultos no Brasil: Questões face às políticas públicas recentes. *Em aberto*, Brasília, v. II, n. 56, p. 22-30, out./dez., 1994.

DI PIERRO, Maria Clara. Escolarização de jovens e adultos em assentamentos rurais no Estado de São Paulo: Uma análise da Pesquisa Nacional de Educação na Reforma Agrária-2004. GT 18 da ANPEd. 2008.

FARIA, C. A. de. Idéias, conhecimento e políticas públicas. Um inventário sucinto das principais vertentes analíticas recentes. *Revista Brasileira de Ciências Sociais*, v. 18, n. 51, fev. 2003.

FLICK, Uwe. *Introdução à pesquisa qualitativa*. 3. ed. Porto Alegre: Artmed, 2009.

HADDAD, Sérgio; DI PIERRO, Maria Clara. *Satisfação das necessidades básicas de aprendizagem de jovens e adultos no Brasil: uma avaliação da Década da Educação para Todos*. São Paulo: Ação Educativa, 2000.

PALUMBO, D. J. The Public Approach to Undestanding Politics in America. *Public Policy in America* – Government in Action, Second Edition, Harcourt Brace & Company, pp. 8-29. Tradução de Adriana Farah, 1994.

# Alfabetização, letramento e Educação de Jovens e Adultos

Cristiane Dias Martins da Costa
Paula Cristina Silva de Oliveira

Este capítulo surgiu com base na leitura de 18 artigos presentes nos arquivos das reuniões anuais da Associação Nacional de Pós-Graduação e Pesquisa em Educação (ANPEd), no GT 18 – Grupo de Trabalho sobre Educação de Pessoas Jovens e Adultas, acerca do tema da *Alfabetização*.[1] Este trabalho buscou categorizar e discutir conceitos implícitos e explícitos nos textos, por meio de questionamentos como: O que é alfabetização, letramento, alfabetismo, analfabeto funcional? Qual(is) o(s) conceito(s) de alfabetização que surge(m) como elemento de construção desse processo? Quais os significados do processo de alfabetização?

Para melhor percepção deste trabalho, optamos por inicialmente apresentar uma breve retrospectiva histórica, desde 1961, envolvendo os principais momentos da Educação de Jovens e

---

[1] Os textos analisados não são necessariamente os mesmos apresentados na categoria Alfabetização do GT 18, no site da ANPEd. Houve uma reorganização dos artigos pelo grupo responsável por esta publicação. Sendo assim, alguns textos foram realocados em outros temas de trabalho.

Adultos no Brasil, norteados pela alfabetização. A escolha desse período se deu por ele se constituir como um "período de luzes para a Educação de Adultos" (HADDAD; DI PIERRO, 2000, p. 111). Assim, poderemos compreender como se deu a relação entre os programas de alfabetização de adultos ao longo desses anos e, em seguida, destacar alguns dos aspectos que julgamos relevantes para a área baseando-nos na leitura dos referenciais da ANPEd.

## Breve histórico dos programas de alfabetização da EJA

Neste item, buscamos traçar um breve histórico dos programas de alfabetização da Educação de Jovens e Adultos por meio de uma revisão de literatura. Embora possamos encontrar esse histórico em outros referenciais, consideramos pertinente o fazermos neste artigo, de forma sintética, com a intenção de contextualizar o leitor sobre alguns dos principais momentos da EJA no Brasil, tendo como eixo campanhas, programas e políticas de alfabetização.

Começamos nossa análise pelo final da década de 1950, quando as críticas à Campanha de Educação de Adultos eram presentes e se referiam aos problemas de ordem administrativa, financeira e à sua orientação pedagógica. O curto período de tempo dedicado às práticas de alfabetização, a transposição didática dos conteúdos escolares que eram ensinados às crianças e repassados aos adultos apontava indícios para uma nova visão sobre a questão do analfabetismo e uma nova concepção de educação de adultos, pautada por Paulo Freire (RIBEIRO; VÓVIO; SILVA et al., 1999).

Surgem, então, na década de 1960, os principais programas de alfabetização e educação popular: Movimento de Educação de Base (MEB), ligado à Conferência Nacional dos Bispos do Brasil (CNBB); Centros de Cultura Popular (CPC), organizados pela União Nacional dos Estudantes (UNE); Movimentos de Cultura

Popular (MCP),[2] que reuniam artistas e intelectuais e tinham o apoio de administrações municipais. Conforme Haddad e Di Pierro (2000), tais movimentos se apoiavam no princípio da democratização de oportunidades de escolarização básica dos adultos, além de representarem a luta política dos grupos que disputavam o aparelho do Estado em suas várias instâncias.

Com o golpe militar de 1964, foram interrompidas as ações do Plano Nacional de Alfabetização que Paulo Freire coordenava a convite do próprio governo. A repressão se abateu sobre os movimentos de educação popular e acabou levando o educador pernambucano ao exílio, onde escreveu as primeiras obras que o tornariam conhecido em todo o mundo (UNESCO, 2008).

A proposta de alfabetização de adultos elaborada por Paulo Freire possuía caráter conscientizador, cujo princípio básico pode ser traduzido na famosa frase: a leitura do mundo precede a leitura da palavra. (RIBEIRO; VÓVIO; SILVA et al., 1999, p. 24). Prescindindo da utilização de cartilhas, desenvolveu um conjunto de procedimentos pedagógicos que ficou conhecido como o "Método Paulo Freire". Ele previa uma etapa preparatória, quando o alfabetizador deveria fazer uma pesquisa sobre a realidade existencial do grupo junto ao qual iria atuar. Faria também um levantamento de universo vocabular dos educandos, ou seja, das palavras utilizadas pelo grupo para expressar essa realidade. Desse universo, o alfabetizador deveria selecionar as palavras com maior sentido, que expressassem as situações existenciais mais importantes. Depois, o educador selecionaria um conjunto de palavras com diversos padrões silábicos da língua e os organizaria de acordo com o grau de complexidade desses padrões. Essas seriam as palavras geradoras, a partir das quais se

---

[2] O Movimento de Cultura Popular (MCP) foi criado como uma instituição sem fins lucrativos, na Prefeitura do Recife. Estudantes universitários, artistas e intelectuais participam do movimento, cujo como objetivo era realizar uma ação comunitária de educação popular além de formar uma consciência política e social nos trabalhadores, preparando-os para uma efetiva participação na vida política do país.

realizaria tanto o estudo da escrita e leitura como o da realidade desses educandos (RIBEIRO; VÓVIO; SILVA et al., 1999).

Dado o contexto político do país, o governo passou a permitir apenas a realização de programas de alfabetização de adultos assistencialistas e conservadores, até que, em 1967, ele mesmo assumiu o controle dessa atividade, lançando o Movimento Brasileiro de Alfabetização (MOBRAL). A escolarização de jovens e adultos ganhou a feição de ensino supletivo, instituído pela reforma do ensino de 1971. Com um funcionamento muito centralizado, o Mobral espraiou-se por todo o país, mas não cumpriu sua promessa de acabar com o analfabetismo durante aquela década e, desacreditado nos meios políticos e educacionais, foi extinto em 1985, na transição à democracia, e acabou sendo substituído pela Fundação Educar. O ensino supletivo, por sua vez, foi implantado com recursos escassos e sem uma adequada formação de professores; abriu uma porta de democratização de oportunidades educacionais para os jovens e os adultos excluídos do ensino regular, entretanto, ficou estigmatizado como educação de baixa qualidade e caminho facilitado de acesso a credenciais escolares. Com a emergência dos movimentos sociais e o início da abertura política na década de 1980, pequenas experiências foram se ampliando, construindo pontes de troca de experiência, reflexão e articulação (UNESCO, 2008).

Na década de 1980, passam a ser divulgados entre os educadores brasileiros estudos e pesquisas sobre o aprendizado da língua escrita com bases na Linguística e na Psicologia, que lançam novas luzes sobre as práticas de alfabetização. Segundo Ribeiro, Vóvio, Silva et al. (1999), esses estudos enfatizam o fato de que a escrita e a leitura são mais do que a transcrição e decifração de letras e sons, que são atividades inteligentes, em que a percepção é orientada pela busca dos significados.

A pesquisa sobre a psicogênese da escrita (FERREIRO, 1985)[3] mostrou que indivíduos que vivem em culturas letradas constroem

---

[3] Os estudos acerca da psicogênese da língua escrita trouxeram aos educadores o entendimento de que a alfabetização, longe de ser a apropriação de um código, envolve um complexo processo de elaboração de hipóteses sobre a representação linguística.

conhecimentos sobre a escrita antes mesmo de receber instrução sistemática ou dominar a decodificação das letras. Contudo, mesmo não participando de uma aprendizagem planejada e sistematizada, os 'analfabetos' deparam-se cotidianamente com objetos gráficos, perante os quais estabelecem uma relação própria e subjetiva. Ou seja, apesar de não terem passado por um processo de aprendizagem escolar, possuem uma concepção, mesmo que "rudimentar", sobre a língua escrita.

São problematizadas as cartilhas de alfabetização que continham palavras e frases isoladas, fora de contextos significativos que auxiliassem o educando em sua compreensão. Especialmente os trabalhos de Emília Ferreiro trouxeram indicações aos alfabetizadores de como ultrapassar as limitações dos métodos baseados na silabação. Pesquisando as concepções sobre a escrita de crianças pré-escolares, essa autora mostrou que, convivendo num ambiente letrado, elas procuravam compreender o funcionamento desse sistema de representação, chegando à escola com hipóteses e informações prévias sobre a escrita e que, por sua vez, eram desprezadas pelas propostas de ensino. Ferreiro (2007) realizou um estudo junto a adultos analfabetos, mostrando que eles também tinham uma série de informações sobre a escrita e elaboravam hipóteses semelhantes às das crianças. Essas reorientações do trabalho com a língua escrita começaram a se fazer presentes nas propostas pedagógicas para adultos.

Di Pierro (2005) destaca, em 1996, o Programa Alfabetização Solidária (PAS[4]), e a regulamentação da EJA na Lei de Diretrizes e Bases da Educação Nacional (LDBEN), ou seja, Lei n° 9.394/96, que a instituiu como uma modalidade da educação básica, sendo dessa forma diferenciada do ensino regular. Paralelamente a esse

---

[4] É um programa criado pelo Conselho da Comunidade Solidária, que, a partir de 1998, se constitui em uma Organização Não Governamental (ONG), sem fins lucrativos e de utilidade pública. A sua atuação dá-se por meio da Associação de Apoio ao Programa Alfabetização Solidária (AAPAS), nos municípios brasileiros com altos índices de analfabetismo entre jovens e adultos, principalmente na faixa de 15 a 19 anos.

movimento, em 1997 ocorre a V Conferência Internacional de Educação de Adultos (CONFINTEA), em Hamburgo, na Alemanha, quando foi proclamado o direito de todos à educação continuada ao longo da vida. Em 2003, é lançado o Programa Brasil Alfabetizado, e, a partir de 2007, a progressiva inclusão da modalidade EJA no Fundo de Financiamento da Educação Básica (FUNDEB).

Por fim, a sexta Conferência Internacional de Educação de Adultos da UNESCO (VI CONFINTEA), que aconteceu em dezembro de 2009, no Brasil, visou promover o reconhecimento da educação e aprendizagem de jovens e adultos como um fator importante e condutor para a capacidade de aprendizagem ao longo da vida. Além disso, a Conferência também teve por objetivo permitir um exame global da situação da educação e da aprendizagem de jovens e adultos (EJA).

Com relação à alfabetização, o documento final da VI CONFINTEA destaca que:

> [...] alfabetização é o alicerce mais importante sobre o qual se deve construir aprendizagens abrangentes, inclusivas e integradas ao longo de toda a vida para todos os jovens e adultos. Diante da dimensão do desafio da alfabetização global, consideramos fundamental redobrar nossos esforços para garantir que as prioridades e os objetivos de alfabetização de adultos já existentes, conforme consagrados na Educação para Todos (EPT), na Década das Nações Unidas para a Alfabetização (*United Nations Literacy Decade*, em inglês) e na Iniciativa de Alfabetização para o Empoderamento (*Literacy Initiative for Empowerment*, em inglês), sejam alcançados por todos os meios possíveis (UNESCO, 2009, p. 6).

Com a intenção de reduzir o índice de analfabetismo em 50% até o ano de 2015, o documento final, traz algumas metas com as quais se compromete; dentre elas, destacamos apenas três das oito metas apresentadas:

a) assegurar que todas as pesquisas e levantamentos de dados reconheçam a alfabetização como um *continuum*, b) desenvolver um roteiro com objetivos claros e prazos para enfrentar esse desafio com base em avaliações críticas dos avanços alcançados, dos obstáculos enfrentados e dos pontos fracos identificados; c) desenvolver uma oferta de alfabetização relevante e adaptada às necessidades dos educandos e que conduza à obtenção de conhecimentos, capacidades e competências funcionais e sustentáveis pelos participantes, empoderando-os para que continuem a aprender ao longo da vida, tendo seu desempenho reconhecido por meio de métodos e instrumentos de avaliação adequados (UNESCO, 2009, p. 8).

## Alfabetização e a Educação de Jovens e Adultos

A Educação de Jovens e Adultos (EJA) ainda é vista por muitos como uma forma de alfabetizar quem não teve oportunidade de estudar na infância ou aqueles que, por algum motivo, tiveram de interromper seus estudos. No Brasil, a EJA tem sido associada à escolaridade compensatória para pessoas que não conseguiram ir à escola quando criança. Conforme Ireland (2009), essa afirmação é errônea, já que a alfabetização é uma parte fundamental na Educação de Jovens e Adultos, mas não é a única.

A Educação de Jovens e Adultos caracteriza-se pela diversidade do público que atende e pelos contextos em que se realiza, além da variedade dos modelos de organização dos programas.

Haddad (2002), organizador do Estado da Arte em EJA, analisando o subtema "alfabetização", que, por sua vez, está inserido no tema Políticas Públicas de EJA,[5] constata que as pesquisas estudadas tratam predominantemente de experiências municipais no campo de pesquisa das políticas públicas.

---

[5] Para saber mais sobre esta temática, ver capítulo do livro que trata do tema Políticas Públicas.

Essas pesquisas referem-se a ações públicas, e suas conclusões apontam aspectos positivos e/ou negativos decorrentes de sua implementação, além de ressaltarem a importância de diferentes projetos de alfabetização e ações mais eficientes.

Nosso trabalho buscou fazer uma categorização, com base na leitura de 18 artigos sobre alfabetização, conforme o gráfico abaixo. Assim, de acordo com nossa categorização, cinco textos abordam a *alfabetização e o letramento no Brasil*, Ribeiro (1998, 1999), Ribeiro e Moura (2001), Ribeiro, Vóvio e Moura (2002) e Balem (2002). Temos dez artigos que envolvem *a construção do processo da alfabetização*, Mugrabi (1999), Furtado (2001), Macedo e Campelo (2004), Souza (2004), Moura, Tânia et al. (2004), Moura; Ana Paula (2004), Freitas (2005), Souza (2005), Freitas (2006) e Cavazotti, Silva e Neves (2007). Por fim, identificamos três estudos relacionados aos *sentidos e significados da alfabetização*, Alvarenga (2003), Barreto e Dias (2006) e Piton (2008).

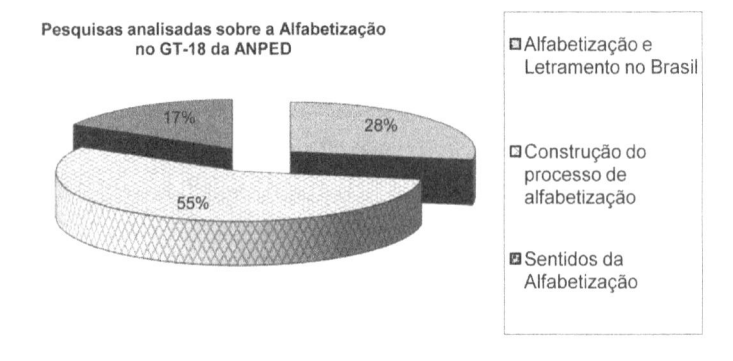

**Gráfico 1** – Pesquisas analisadas sobre a Alfabetização no GT-18 da ANPEd

Para melhor exposição do item "Alfabetização e a Educação de Jovens e Adultos", tivemos de subdividi-lo, assim, em três partes: *Alfabetização e letramento no Brasil,* que apresenta dados e conceitos gerais da alfabetização na Educação de

Jovens e Adultos; *Construção do processo de Alfabetização*, que trabalha conceitos e experiências relatadas sobre a alfabetização na EJA e, por fim, *Os sentidos da alfabetização*, que abordarão os significados do processo de alfabetização relatados nas pesquisas analisadas.

## Alfabetização e letramento no Brasil

Afinal, o que é alfabetização, letramento/alfabetismo, analfabetismo funcional, graus de alfabetismo? Essas são questões que os trabalhos de Ribeiro (1998, 1999), Ribeiro e Moura (2001), Ribeiro, Vóvio e Moura (2002) e Balem (2002) nos ajudam a responder.

Em um texto mais amplo, Ribeiro (1998), ao fazer um recorte sobre o projeto de pesquisa desenvolvido e coordenado pela Oficina Regional de Educação para a América Latina e Caribe (OREALC) da UNESCO, utiliza a definição proposta pela própria UNESCO, em 1978, para o *analfabetismo funcional*:

> [...] uma pessoa funcionalmente analfabeta é aquela que não pode participar de todas as atividades nas quais a alfabetização é requerida para uma atuação eficaz em seu grupo e comunidade, e que lhe permitem, também continuar usando a leitura, a escrita e o cálculo a serviço de seu próprio desenvolvimento e do desenvolvimento de sua comunidade. (RIBEIRO, 1998, p. 1).

O termo *alfabetismo*, adotado por Ribeiro (1998), é utilizado no mesmo sentido do termo inglês *literacy*, designando a condição de pessoas ou grupos que não apenas sabem ler e escrever, mas também utilizam a leitura e a escrita, incorporando-as em seu viver, transformando por isso sua condição, como explica Soares (1995). Ribeiro (1998) ainda ressalta que, apesar de autores brasileiros utilizarem o termo "letramento", que será abordado no próximo item, a opção por empregar o termo "alfabetismo" se deu por ser um termo já dicionarizado à época.

Em 1999, Ribeiro traz a discussão sobre a necessidade de se pensar a escolarização de jovens e adultos por meio de práticas de *alfabetização* (pensadas a partir da ampliação do conceito, expressados pelos termos "alfabetismo" ou "letramento") que garantam aos jovens e adultos, ao longo da vida, oportunidades de desenvolvimento cultural e profissional associados à manutenção e ampliação das habilidades relacionadas ao alfabetismo. A alfabetização deve ser vista como processo que não apenas desenvolve habilidades de processar informação a partir de diversos tipos de texto, mas também que promove atitudes favoráveis à leitura como um veículo de aquisição de novos conhecimentos e desenvolvimento cultural.

Neste trabalho, apresentado em 1999, retomando os resultados da pesquisa sobre o alfabetismo funcional, realizada junto a jovens e a adultos paulistanos, a autora destaca, assim como em trabalho anterior (RIBEIRO, 1998), que 7,4 % da população se encontra na condição tradicionalmente reconhecida como "analfabetismo absoluto"; 25,5% da população pode ser caracterizada como analfabetos funcionais, confrontando seu baixo nível de compreensão do texto escrito com os limitados usos que fazem dessas habilidades em sua vida diária. Com relação aos 67,1% que demonstraram possuir pelo menos um nível básico de compreensão da leitura, a autora constatou que apenas os que atingem níveis mais altos da habilidade (aproximadamente a metade deste último grupo) fazem um uso mais intenso e diversificado da linguagem escrita, por exemplo, leem jornais periodicamente ou utilizam meios escritos para aprender novos corpos de conhecimento ou planejar atividades complexas.

O quadro a seguir nos ajuda a compreender algumas características sobre os graus de alfabetismo dos participantes da pesquisa, por Ribeiro (1999):

**Quadro 1** – Graus de alfabetismo (RIBEIRO, 1999)

| Grau de Alfabetismo | Origem dos entrevistados | Referências de práticas letradas | Concepção de alfabetização dos entrevistados | Práticas de alfabetismo |
|---|---|---|---|---|
| Mais baixo | Rural | Apenas na escola | Associada ao valor moral; aprendizagem da escrita como parte da iniciação religiosa | |
| Intermediário Médio-Baixo | Famílias não alfabetizadas | | Aprendizagem da escrita como processo natural. Crítica à rigorosa disciplina e humilhações | Cartas para parentes, escrita de diários, leitura de livros religiosos. |
| Mais alto | | Contexto familiar e escolar (principalmente leitura de histórias) | | Comunicação face a face com pessoas de fora do círculo familiar, leitura periódica de jornais, revistas e livros assim como a assistência a cursos, seminários, palestras ou outras oportunidades mais formais de aprendizagem. |

Ribeiro (1999) retoma até os quatro domínios atitudinais nos quais o alfabetismo incide, identificados também no trabalho apresentado na ANPEd, no ano anterior. São eles: atitudes com relação à *expressão da subjetividade*; atitudes com relação à *informação*; atitudes com relação ao *planejamento e controle de procedimentos*; atitudes com relação à *aprendizagem*.

Após indagar e problematizar se as práticas de alfabetização e educação básica de jovens e adultos poderiam impactar condições de analfabetismo e de constatar que a escolarização é fator crucial na promoção de habilidades e comportamentos relacionados ao alfabetismo, Ribeiro e Moura (2001) acrescentam que o tema da avaliação de rendimento e impacto de programas de Educação de Jovens e Adultos esteve praticamente ausente nos trabalhos acadêmicos, segundo Estado da Arte, de Haddad (2002).

Partilhando de uma visão da *alfabetização* como processo mais alongado de aquisição das habilidades de leitura e escrita, assim como de incorporação de práticas letradas no cotidiano, as autoras acreditam que é o curso de todo o ensino fundamental, como processo de escolarização, uma das formas de se garantir o efetivo domínio das habilidades e práticas de alfabetismo. Indo ao encontro dessa perspectiva, uma das constatações da pesquisa empírica é que a escola é para muitos jovens e adultos o principal espaço de familiarização e fomento a práticas letradas, portanto, propostas pedagógicas devem focalizar e viabilizar não somente o treino de habilidades, mas também variadas práticas sociais de leitura e escrita.

Com base nos resultados obtidos por meio do Indicador Nacional de Alfabetismo Funcional (INAF), Ribeiro, Vóvio e Moura (2002) levantam novamente o debate sobre os termos "analfabetismo", "alfabetismo funcional" e "letramento". Resgatando a perspectiva de Soares (1995), as autoras afirmam que:

> [...] é considerada alfabetizada funcional a pessoa capaz de utilizar a leitura e a escrita para fazer frente às demandas de seu contexto social e usar essas habilidades para continuar aprendendo e se desenvolvendo ao longo da vida (RIBEIRO; VÓVIO; MOURA, 2002, p. 2).

Entretanto, no dado momento, a problemática não consistia em apenas saber se as pessoas sabiam ou não ler e escrever, mas sim o que elas são capazes ou não de fazer com tais habilidades. Emerge, assim, a preocupação com o *analfabetismo funcional*, descrito como relativo, dependendo das demandas de leitura e escrita colocadas pela sociedade, assim como das expectativas educacionais que se sustentam politicamente, que pode ser entendido, em poucas palavras, como a "incapacidade de fazer uso efetivo da leitura e escrita nas diferentes esferas da vida social" (RIBEIRO; VÓVIO; MOURA, 2002, p. 3).

Discutindo mais uma vez os termos "analfabetismo funcional", "alfabetismo" e "letramento", Ribeiro, Vóvio e Moura (2002, p. 8) trazem a seguinte contribuição:

> [...] entendeu-se que o próprio termo analfabetismo funcional é incompatível com uma visão mais atualizada de letramento, pois é difícil sustentar a idéia de que as pessoas retenham habilidades não-funcionais, ou seja, que não tenham nenhum uso ou significado para elas. Assim sendo, preferiu-se simplesmente opor a condição de analfabetismo, no sentido tradicional do termo, a níveis diferenciados de alfabetismo, cada um com seu espectro de funcionalidade. Nesse caso, o termo alfabetismo considerando critérios de comunicabilidade para o grande público, nesse artigo, será empregado quando a referência for o nível de habilidade que os sujeitos pesquisados demonstraram no teste, enquanto letramento será usado quando as referências forem as práticas sociais de uso da leitura e da escrita.

Investigando a construção do alfabetismo de jovens e adultos na cidade de Frederico Westphalen, no Rio Grande do Sul, Balem (2002) resgata conceitos e definições já tratados sobre a dimensão social do analfabetismo, movida pelo reduzido espaço acadêmico dessa temática no Brasil, à época. Suas afirmações se baseiam em teóricos como Ferraro (1985, 1991, 1998), Freire (1985, 1987, 1995), Tfouni (1995), Graff (1990, 1995), Soares (1995, 1998) e Frago (1993).

Para a autora, partindo dos estudos de Tfouni (1995), avanços na concepção sobre o fenômeno da alfabetização, ou seja, esse novo conjunto de termos dá conta de uma visão pautada pela concepção de que o sujeito teria maior ou menor domínio da lecto-escrita, dependendo do contato que tem com a palavra escrita e das funções que a escrita desempenha em seu universo diário.

Na perspectiva das pesquisas de Graff (1990, 1995), Balem (2002) concorda que os usos e os efeitos do alfabetismo numa sociedade ou num grupo social dependem de suas aplicações no cotidiano, que têm a ver com os aspectos sociais, políticos e culturais da sociedade, como processos históricos. Para a autora, o "mito do alfabetismo", citado por Graff (1990), retoma a necessidade do alfabetismo, reconhecendo os efeitos que ele tem na ampliação de capacidades das pessoas, do lazer e da melhoria das ações coletivas.

No entendimento de Balem (2002), para Graff (1990) o alfabetismo precisa ser visto como processo social vinculado à cultura, à economia e à política da sociedade, considerando a alfabetização e a escolarização como valores fundamentais na vivência social. Considerando o aspecto social e político, a autora busca em Paulo Freire uma das considerações sobre o analfabetismo:

> [...] não é "úlcera", nem "erva venenosa", mas "uma entre as diversas expressões concretas de uma realidade injusta", é problema político, assim como o é a alfabetização. O analfabeto é vítima da injustiça social, é negação de um direito, de direito à alfabetização (p. 8).

No próximo item vamos trabalhar mais profundamente o termo "letramento".

## Construção da alfabetização

Podemos verificar que todos os textos analisados neste tópico, Mugrabi (1999), Furtado (2001), Macedo e Campelo

(2004), Souza (2004 e 2005), Moura, Tânia *et al.* (2004), Moura, Ana Paula (2004), Freitas (2005 e 2006) e Cavazotti, Silva e Neves (2007), pautam-se numa visão mais ampla do termo "alfabetização", como já tratado acima, utilizando o termo "letramento" como o uso da leitura e da escrita nas práticas sociais. Segundo Magda Soares (2003, p. 20), "só recentemente passamos a enfrentar esta nova realidade social em que não basta apenas saber ler e escrever, é preciso também saber fazer uso do ler e escrever, saber responder às exigências de leitura e escrita que a sociedade faz continuamente". Trata-se da concepção de letramento, cuja importância é afirmada por Klein (2000, p. 11):

> Não há dúvida que o letramento é, hoje, uma das condições necessárias para a realização do cidadão: ela o insere num círculo extremamente rico de informações, sem as quais ele, inclusive, nem poderia exercer livre e conscientemente sua vontade [...]. O homem contemporâneo é afetado por outros homens, fatos e processos por vezes tão distantes de seu cotidiano, que somente uma rede muito complexa de informações pode dar conta de situá-lo, minimamente, na teia de relações em que se encontra inserido. Neste universo, tão mais vasto e complexo, a escrita assume relevante função, registrando e colocando ao seu alcance as informações que podem esclarecê-lo melhor.

Nessa perspectiva, Cavazotti, Silva e Neves (2007), ao incentivarem os participantes a descreverem a situação ou problemas de letramento e do meio ambiente que caracterizam a comunidade, focalizando a busca de explicações e de soluções, perceberam que é preciso considerar o processo de aquisição da escrita obtido pelos jovens e pelos adultos nas suas experiências escolares anteriores, ainda que inconclusas. Além disso, esses educandos estão em contato com a escrita pela interação com outras pessoas que leem e escrevem e pela manipulação de material escrito. Assim, se por um lado é relevante evidenciar que o jovem e o adulto interagem com esse objeto de conhecimento estabelecendo relações, por outro é necessário ressaltar que não basta proporcionar-lhes contato com o material escrito para que eles desenvolvam naturalmente um processo de conhecimento da língua escrita (KLEIN, 2000). Conforme essa autora, sua apropriação exige a mediação do alfabetizador, capaz de desenvolver um processo pedagógico que comporta encaminhamentos metodológicos bem definidos, centrados no trabalho conjunto do texto e do código, norteados pelas quatro práticas integradoras, a saber: leitura/interpretação de textos; produção de textos; análise linguística e atividades de sistematização de conteúdos específicos.

Compreender o desenvolvimento e as mudanças do processo do ensino e da aprendizagem da leitura e da escrita na Educação de Jovens e Adultos pressupõe refletir sobre os determinantes históricos que produziram formas diferenciadas de organização do trabalho pedagógico escolar em momentos distintos. Além disso, também requer que se examine o processo social de comunicação próprio da atualidade, do que decorre a necessidade de produção de um leitor e de um escritor capaz da interação discursiva que se estabelece no interior dos conflitos decorrentes das relações de classe próprias da nossa sociedade (CAVAZOTTI; SILVA; NEVES, 2007).

Segundo Mugrabi (1999), o conceito moderno de escrever coloca em evidência que a aprendizagem da escrita passa por um processo de objetivação da linguagem e do mundo. Em outras palavras, o sujeito necessita aprender a adotar uma posição de exterioridade com relação à situação material de comunicação, posição que geralmente não é requisitada pelas situações de produção oral. Essa aprendizagem implica o desenvolvimento de capacidades de controle psicológico que não são mais externas e que objetivam o próprio texto, capacidade de utilizar formas discursivas que permitem agir em situações de comunicação inéditas não mais se orientando pela situação externa. Como acabamos de verificar, os analfabetos manifestam dificuldades linguísticas, que aparecem como a ponta de um iceberg profundo e que são ligadas a uma tendência a dominar principalmente situações de comunicação face a face. É, portanto, nesse nível que uma intervenção didática eficaz deve ser realizada.

Durante a sua pesquisa, Mugrabi (1999) teve sua hipótese confirmada de que os analfabetos teriam dificuldade em produzir um texto autônomo em relação à situação de comunicação, as sequências linguísticas que conformariam seu texto seriam do tipo não convencional, e os procedimentos de textualização utilizados por eles seriam marcados por formas típicas de uma comunicação face a face. Uma vez que eram acostumados a produzir discursos em situações de interação em que o destinatário contribui fortemente com a construção da discursividade/textualidade, na qual os turnos de fala são bastante breves e o recurso aos parâmetros da situação enunciativa é frequente. O dispositivo metodológico dessa pesquisa consistiu em criar situações de produção oral e escrita de dois gêneros textuais: o relato de experiência pessoal e a exposição de opinião pessoal. Nas situações de produção dos textos orais, tentou-se preservar uma característica essencial das situações de produção escrita: a ausência física do destinatário. Os analfabetos e os outros grupos de sujeitos produziram textos que foram gravados e transcritos.

Explorando também a questão da oralidade, Ana Paula Moura (2004) afirma que o grande desafio da escola é construir uma prática que respeite, resgate e valorize os saberes que os alunos trazem. Nas concepções de Ong (1998) e Certeau (1996), a autora encontra pistas de como pessoas não alfabetizadas conseguem guardar tantas informações na memória.

Para Moura (2004), sendo a oralidade, que consideramos como componente do processo de construção da alfabetização, uma prática comum a todos, a escrita serve como uma forma de diferenciação. Portanto, a falta de autonomia no uso dessa tecnologia pode colocar jovens e adultos em posição de fragilidade, como no exemplo citado em seu trabalho: [...] quando vão assinar um contracheque ou rescindir um contrato de trabalho, fazendo-os dependentes da disponibilidade de alguma pessoa amiga ou obrigados a contar com a honestidade de seus empregadores (p. 6).

Mugrabi (1999) constatou que os programas de alfabetização de jovens e adultos dão ênfase apenas na apropriação das ferramentas primárias.[6] Um exame na história das práticas de alfabetização faz parecer que esses programas preconizam primeiro uma abordagem do funcionamento do sistema alfabético e sobre essa base os aprendizes devem desenvolver em seguida, e por conta própria, capacidade de leitura e de escrita (MUGRABI, 1994; 1997). A seu ver, esse esquema tradicional deve ser contestado, se não em razão do fracasso dos programas de alfabetização (levados a efeito pelo Estado ou por organizações não governamentais), ao menos pela preocupação de tornar os jovens e adultos aptos a afrontar a concorrência no mercado de trabalho, que exige mais e mais frequentemente um saber técnico e competências de leitura e escrita de alto nível. Para isso, torna-se necessária a adoção de ao menos duas medidas essenciais: primeiro, estender o tempo previsto para a formação de jovens e adultos que não tiveram a possibilidade de frequentar a escola quando crianças; e depois vislumbrar uma metodologia que toma os textos (e não palavras isoladas) como unidade privilegiada do ensino da língua.

Seguindo esse raciocínio, de valorizar e refletir sobre a experiência concreta para obter a aquisição da leitura e escrita por parte dos jovens e adultos, Furtado (2001) apresenta um trabalho sobre as atividades desenvolvidas pelo PRONERA. Ou seja, a autora capta a dinâmica vivenciada na formação de educadores populares em serviço e de aquisição da leitura e escrita por parte

---

[6] Para dominar o sistema de escritura, o aprendiz precisa compreender dois princípios de base do sistema alfabético: 1) o princípio da fonografia, em que o signo gráfico denota uma unidade linguística não significativa, um som; 2) o princípio da não univocidade entre fonemas e grafemas, ou seja, uma mesma letra pode representar vários sons, um mesmo som pode ser representado por várias letras. Tal compreensão favorece uma primeira tomada de consciência da estrutura do contínuo de signos acústicos em unidades discretas.

dos jovens e adultos dos assentamentos rurais do Movimento dos Trabalhadores Rurais Sem Terra (MST). A experiência pedagógica sob a responsabilidade conjunta do MST, da Federação dos Trabalhadores Rurais e da Universidade Federal local, ao longo de 1999 e 2000, ocorreu em três municípios do estado. Este projeto, o PRONERA,[7] diz respeito à capacitação de 63 monitores para a ação alfabetizadora, a escolarização completa desses, de 5ª a 8ª série, a orientação e acompanhamento das atividades de quatro alunos bolsistas da graduação e coordenadores comunitários, que atuam no processo de capacitação e escolarização dos monitores, e à implantação de apenas 23 salas de aula para a alfabetização de jovens e adultos, cobrindo um total de 460 alfabetizandos. A demanda do projeto em pauta, por força de uma solicitação dos movimentos sociais, após o primeiro corte de verbas que sofreu o PRONERA em 1999, diferenciou-se dos outros projetos aprovados, por ter decidido priorizar a capacitação dos monitores para a ação alfabetizadora e iniciar com algumas salas de alfabetização.

O propósito desta atividade de extensão levou a refletir sobre a construção e o desenvolvimento de uma proposta pedagógica gestada conjuntamente entre os movimentos sociais e a universidade, calcada na realidade dos assentamentos rurais. A ideia de promover uma pesquisa de intervenção daria ao trabalho contribuições que certamente iriam se fazer sentir também ao longo do processo, pois permitiria refletir sobre a prática desenvolvida enquanto ela estivesse acontecendo. Por outro lado, permitiu que se pensasse a formação permanente de jovens e adultos, revalorizando-a enquanto instrumento de afirmação da identidade sociocultural das populações, difusão de valores éticos de justiça e solidariedade, superação de preconceitos, promoção de direitos humanos, formação para o exercício da cidadania,

---

[7] Programa Nacional de Educação na Reforma Agrária (PRONERA), do Instituto Nacional de Colonização e Reforma Agrária (INCRA), tem a missão de ampliar os níveis de escolarização formal dos trabalhadores rurais assentados.

incentivo à participação democrática, ao controle cidadão sobre governos e ao desenvolvimento local.

Levando-se em consideração as produções escritas e as leituras realizadas em situação de sala de aula, pode-se constatar que, ao final do processo de alfabetização das primeiras turmas de dois assentamentos, aproximadamente ¼ desses alunos encontravam-se em condições de ascender para as classes de pós-alfabetização. A princípio, essa análise parece negativa; porém, se atentarmos para a presença de um alto índice de pessoas nos níveis intermediários[8] entre o silábico e o alfabético, poderemos crer que as turmas apresentam um diagnóstico extremamente positivo, já que a capacidade de interação com a língua escrita é bastante elevada.

Assim, a adequação da intervenção pedagógica, no que se refere ao desenvolvimento de atitudes favoráveis ao uso das habilidades de alfabetismo, deve depender das oportunidades que cria para que os jovens e adultos expressem sua subjetividade, engajem-se em atividades coletivas sobre as quais possam planejar e exercer controle, interessem-se por buscar novas informações e aprendizagens que ampliem sua visão de mundo e possibilidades de ação (RIBEIRO, 1999).

Reafirmando o que foi dito, a pesquisa realizada por Macedo e Campelo (2004) nos demonstra que as construções científicas de Emilia Ferreiro e colaboradores, relativas à alfabetização, de fato têm contribuído no trabalho docente de alfabetizar pessoas jovens e adultas quanto às concepções relativas ao ensinar/aprender. Através da coleta de dados, foi evidenciado como se constitui a prática pedagógica docente amparada pela abordagem psicogenética de alfabetização, em que as concepções relativas ao

---

[8] Ana Teberosky e Emília Ferreiro, por acreditarem que a criança busca a aprendizagem na medida em que constrói o raciocínio lógico e que o processo evolutivo de aprender a ler e a escrever passa por níveis de conceitualização que revelam as hipóteses a que chegou a criança, definiram alguns níveis (hipóteses): pré-silábico, silábico, silábico alfabético e alfabético.

ensinar/aprender e a interface concepções/prática, emergentes da pesquisa, mostraram-nos as diferentes contribuições das construções científicas de Emília Ferreiro, tais como: a compreensão do processo de alfabetização; as diferentes concepções de hipóteses da escrita; a visão de erro construtivo e conflito cognitivo; as mediações docentes mais eficazes; a avaliação construtivista; a alfabetização vinculada aos usos sociais da língua e, por fim, a interação do aluno com os diferentes portadores de texto.

Essa abordagem também possibilitou perceber a relação teoria-prática, sob uma ótica que muda a antiga concepção de ensino, de aprendizagem, de homem, de sociedade, de professor, de aluno – aqui visto como um ser cognoscitivo e reflexivo. Como adverte Emília Ferreiro (1985), mesmo que não saiba ler e escrever convencionalmente, o alfabetizando pensa sobre o objeto do conhecimento, constrói hipóteses acerca da leitura e da escrita, vivencia conflitos cognitivos e, no seu esforço para solucionar os conflitos, avança na construção do conhecimento. Além disso, compreendeu-se também que o papel do professor como mediador no processo de aquisição e desenvolvimento da linguagem escrita é fundamental, tendo em vista que, na interface concepções/prática, o professor, apoiado no referencial teórico, pode planejar, executar e avaliar com mais segurança e, portanto, pode exercer a mediação docente de forma mais efetiva.

Com base no conhecimento do paradigma psicogenético, foi percebido pelas pesquisadoras que as professoras investigadas tentaram proporcionar aos alunos atividades significativas e, muitas vezes, específicas para cada nível, a fim de que avançassem progressivamente rumo à aquisição da leitura e da escrita. A especificidade de cada nível de construção da escrita é marcada, como vimos, pela(s) hipótese(s) subjacente(s) a esse nível. Nesse sentido, a compreensão dessas hipóteses que marcam as produções escritas enseja a noção de erro construtivo. Esses erros são hoje considerados como tentativas de acerto, resultantes do processo de elaboração cognitiva particular de cada indivíduo. Para Vale (2002, p. 15):

A maioria dos erros são "erros construtivos", isto é, tentativas de respostas e saídas para situações de conflito cognitivo. Mostram como o aluno estava pensando no momento de escrever, que dificuldades se fizeram presentes, o que lhe falta aprender para solucionar estas dificuldades. Oferecem evidências do processo intrínseco da aprendizagem. Possibilita a avaliação diagnóstica, a interferência pedagógica do professor nos momentos de dúvida do alfabetizando, a orientação docente para que o aluno possa prosseguir em sua aprendizagem. Ao invés de negar ou punir os alunos pelos erros, estes são considerados como parte do processo de aprender construtivamente.

É nesta perspectiva em que se insere a abordagem psicogenética que é realizada a prática avaliativa, pesquisada por Macedo e Campelo (2004), na Escola X em todos os seus níveis/ciclos. Para que essa prática se efetive, essa escola proporciona aos seus alunos a interação com diferentes portadores de textos, não só trabalhando suas partes menores, mas também os vários tipos de informação que eles trazem. Nesse sentido, os alunos participam das atividades de escrita e leitura de diversos textos: cartas, jornais, poesias, contos, músicas, receitas, listas de compras, propagandas, em que o educador explora os muitos usos e funções que a linguagem tem no cotidiano escolar e extraescolar. No caso da alfabetização, os professores procuram evidenciar as hipóteses dos alfabetizandos; questioná-los sobre sua produção; utilizar-se de intervenções eficazes, de diagnósticos; fazer de tudo para que eles avancem em seus propósitos. Segundo Campelo (2001, p. 100):

> O professor não avalia o aluno para classificá-lo ou compará-lo com outros, mas para especificar, descrever, interpretar, enfim, conhecer o seu progresso e os erros evidenciados nas atividades funcionais de leitura e de escrita, realizadas individualmente pelo alfabetizando ou em interação com os demais - professores e colegas. A avaliação não tem função classificatória e comparativa, mas uma função dialógica e interativa, onde alunos e professor, inseridos no seu contexto social e político, podem desenvolver sua capacidade crítica e de participação.

Para trabalhar em sala de aula com o intuito de conhecer o progresso e os erros evidenciados nas atividades funcionais de leitura e de escrita, é necessário trabalhar diversos tipos de gênero. Pensando na importância de se trabalhar com os gêneros textuais na sala de aula com jovens e adultos, Souza (2004 e 2005) levantou algumas pesquisas já realizadas como: os estudos de Marcuschi (2001), Galvão (2001), Ribeiro (1999) e Almeida (2003) que apontam a leitura e a escrita de cartas que fazem parte do cotidiano de jovens e adultos, ainda que não saibam ler e escrever. O estudo de Ribeiro (1999, p. 134-142) constatou que jovens e adultos usam a escrita de cartas como resposta "às necessidades de natureza emotiva relacionadas à expressão da subjetividade [...], visando confirmar os laços afetivos com familiares e amigos, no grupo com grau médio-baixo de letramento".

Os estudos de Souza (2004 e 2005) demonstraram que as demandas de leitura e de escrita de jovens e adultos, oriundos da zona rural de Minas Gerais e da Bahia, referiam-se à produção de cartas que era resolvida por pessoas que sabiam ler e escrever nesse contexto. Tais estudos apontaram que aprender a ler e a escrever cartas constitui-se em uma necessidade para jovens e adultos em processo de aprendizagem da linguagem escrita, vinculada ao contexto sociocultural em que vivem e às relações cotidianas e afetivas das quais fazem partem, demandando estudos que pesquisem que marcas de autoria, de subjetividade poderiam ser encontradas nessas cartas.

Considerando que as cartas fazem parte do cotidiano, do universo sociocultural de jovens e adultos, a pesquisa foi encaminhada de forma que o leitor pudesse compreender como se caracteriza a autoria de jovens e adultos, em processo de aprendizagem da linguagem escrita, na produção de cartas, na perspectiva da relação dialógica e polifônica com o outro (Bakhtin, 2000), visando a oferecer uma contribuição para fortalecer a identidade de sujeito-autor quanto a desconstruir a imagem social negativa desses sujeitos perante a parcela letrada e hegemônica da sociedade. Para melhor compreender tais questões, o *corpus* analisado se constituiu de 51 cartas de jovens e adultos, originários ou residentes em municípios dos estados do Acre, do Amazonas, do Amapá, de Rondônia e de Roraima, com idade entre 20 e 69 anos, de condição socioeconômica modesta, avaliada em função da ocupação ou da profissão, sendo a maioria composta de donas de casa e trabalhadores rurais que se encontravam em processo de aprendizagem da linguagem escrita no ensino fundamental do Projeto SESC LER.[9]

Seguindo essa mesma direção, Freitas (2005) analisou as marcas da oralidade nas produções textuais dos alunos jovens e adultos em processo de letramento. Para tanto, utilizou-se um *corpus* de 57 redações dos alunos regularmente matriculados no Programa Alfabetização Solidária, em uma cidade do Baixo São Francisco, no Nordeste do Brasil, existente no banco de dados em um Núcleo de Extensão e Pesquisa sobre Alfabetização. O *corpus* foi selecionado aleatoriamente de uma amostra maior de 250 produções que fizeram parte do concurso de redação, em 1998, proposto pela coordenação do programa em referência, sediada em Brasília, que teve como tema: Como a alfabetização melhorou a minha vida? Essa pesquisa evidenciou que o estilo composicional das produções é informal, aproximam-se das interações e muitas marcam seus inícios utilizando repetições confirmativas, têm excessos de repetições de ideias e palavras, que chegam a exceder o necessário para possibilitar a progressão temática, até mesmo pela dificuldade dos alfabetizandos utilizarem recursos anafóricos, de ênfase ou explicação.

Com o intuito de prosseguir a investigação acima, Freitas (2006) localizou-se no mesmo município e teve como um dos principais objetivos analisar a relação existente entre os eventos

---

[9] As cartas, de cunho informativo, foram para as coordenadoras do projeto e doadas à pesquisadora, no período de 1999 a 2002, sendo 47 individuais, escritas por 31 mulheres e 16 homens, e 4 coletivas, escritas por um educando com maior habilidade na escrita, que continham as assinaturas de 32 mulheres e 16 homens (SOUZA, 2004; 2005).

e práticas de leitura escolar trabalhadas pelos professores formadores de professores e os eventos de letramento desenvolvidos pelos alunos-professores em sua prática pedagógica. Ao observar alguns professores, a autora pontuou que, apesar das dificuldades encontradas na escola, uma das atitudes positivas do professor seria a reflexão da própria prática pedagógica. Para isso é fundamental que o profissional busque a teoria, considerando o próprio letramento, ou seja, o que ele tem acesso: às bibliotecas, livrarias, pesquisas acadêmicas, internet, publicações, entre outros, que fazem parte do seu letramento profissional.

Pode-se verificar no artigo de Moura, Tânia *et al.* (2004) que a avaliação sistemática adotada durante a pesquisa realizada não foi compatível com a concepção de letramento. Dessa forma, os impactos provocados pelo Programa Alfabetização Solidária nos municípios não foram satisfatórios. Segundo as autoras, a definição pela investigação foi conflituosa para o grupo de pesquisa por existir um paradoxo na proposta do programa em relação à concepção de letramento e à sistemática de avaliação adotada. Ao mesmo tempo em que assume o conceito de letramento de Soares (2003), o programa, contrariando a preocupação da pesquisadora, define um quadro de "conteúdos" e "competências básicas" em relação à linguagem e à matemática para serem avaliados e testados. Assim, ao término de cinco meses, os alunos poderiam ser considerados letrados ou não. O problema dessa pesquisa estava em definir critérios objetivos para saber quando uma pessoa deixa de ser iletrado para se tornar letrado. Como confirma Magda Soares (2003),

> [...] do processo de alfabetização pode se esperar que resulte, ao fim de determinado tempo de aprendizagem, em geral pré-fixados, um "produto" que se pode reconhecer, cuja aquisição, ou não, atesta ou nega a eficiência do processo de escolarização; ao contrário, o processo de letramento jamais chega a um "produto" final, é sempre e permanentemente um 'processo', e não há como decidir em que ponto do processo o iletrado se torna letrado (SOARES, 2003, p. 95).

Ao término desse tópico, podemos verificar que todos os textos analisados, Mugrabi (1999); Furtado (2001); Macedo e Campelo (2004); Souza (2004 e 2005); Moura, Tânia *et al*. (2004); Moura, Ana Paula (2004); Freitas (2005 e 2006) e Cavazotti, Silva e Neves (2007), pautam-se na visão mais ampla do termo "alfabetização", como mencionado acima, utilizando assim o termo letramento como o uso da leitura e da escrita nas práticas sociais.

### Sentidos da alfabetização

Sabendo que o pensamento social predominante na atualidade atribui grande importância a alfabetização para os indivíduos e para a sociedade, propomo-nos nesse tópico a identificar o(s) significado(s) e sentido(s) do processo de alfabetização presentes nos artigos de Alvarenga (2003), Barreto e Dias (2006) e Piton (2008).

Segundo Galvão e Di Pierro (2007), uma das metáforas depreciativas formuladas pelas elites letradas e difundidas pelos meios de comunicação social é a que "identifica o analfabetismo à 'escuridão' da 'cegueira', o analfabeto ao 'cego', e a alfabetização à redentora 'retirada da venda dos olhos' e saída das 'trevas da ignorância'" (p. 24). Essa metáfora pode ser observada inclusive na fala de muitos analfabetos, entretanto nem todos internalizam tais preconceitos ou sentem-se diminuídos.

Tal perspectiva pode ser observada no trabalho de Alvarenga (2003), ao afirmar que a produção de metáforas que comparam o analfabetismo como cegueira e o analfabeto como cego funcionam como forma de silenciamento, dando legitimidade ao consenso social que traz a alfabetização como única via de ascensão social e de aquisição de direitos. Para a autora, a alfabetização por si só não é suficiente para operar transformações das condições sociais de existência dos alfabetizandos entrevistados.

Giroux e McLaren (1993) delimitam que nós somente conseguimos nomear nossas experiências quando podemos transformar os seus significados. Nessa concepção, apoiam-se os trabalhos de Barreto e Dias (2006) e Piton (2008). Esses autores investigaram como mulheres de uma turma do MOVA-RS vivenciaram e vivenciam os significados da alfabetização. Dentre os significados da alfabetização abordados pelas autoras, destacamos: os significados de aprender a ler e escrever que ganharam sentido nas exigências do papel de mãe; o significado de reconhecimento social presente na assinatura do nome, sentido expresso também em campanhas e programas de alfabetização, que produzem os discursos destacados por Galvão e Di Pierro (2007) sobre o sujeito "analfabeto", valendo-se do ato de votar ou não como possibilidade do exercício da cidadania; os significados que se expressam nas necessidades de lidar com as exigências do contexto urbano, ligado ao uso social da leitura e da escrita, de modo autônomo; o significado da socialização, vivenciado na turma em processo de alfabetização, como possibilidade de ocupar um lugar social na convivência com outras pessoas, em outros espaços.

A pesquisa de Piton (2008), cujo objetivo era o de analisar significados (sociais) e sentidos (pessoais) que o processo de alfabetização assume no cotidiano dos sujeitos e na busca individual e coletiva pela cidadania, ressalta a presença do discurso do *mito da alfabetização como cegueira*, na fala dos alunos entrevistados e nas análises feitas. A autora afirma que causas do analfabetismo estão na negação do direito à educação, e o não cumprimento do direito é relacionado aos múltiplos processos de exclusão social. Para Piton (2008), a alfabetização é importante para que os sujeitos sintam-se incluídos na sociedade.

## Considerações

O conceito do termo "alfabetização" vem se alterando ao longo das últimas décadas. Os trabalhos desenvolvidos por Ribeiro (1998,1999), Ribeiro e Moura (2001) e Ribeiro *et al.* (2002) nos mostram que, até os anos 1940, eram consideradas alfabetizadas as pessoas que declaravam ter a capacidade ou não de assinatura do próprio nome. A partir dos anos cinquenta e até o penúltimo censo, em 2000, os questionários passaram a indagar se a pessoa era capaz de "ler e escrever um bilhete simples", o que já evidencia uma ampliação do conceito de alfabetização. Após a da última década, essa ampliação do conceito revela-se mais claramente com a adoção da terminologia *alfabetizados funcionais,* tomando como critério o nível de escolaridade atingido ou a conclusão de um determinado número de anos de estudo ou de uma determinada série. Todas essas mudanças trazem implicitamente a ideia de que o acesso ao mundo da escrita exige habilidades para além do apenas aprender a ler e a escrever (SOARES, 1999).

Assim, à medida que foram se intensificando as demandas sociais e profissionais de leitura e de escrita, apenas aprender a ler e a escrever foi-se revelando insuficiente, e tornou-se indispensável incluir como parte constituinte do processo de alfabetização também o desenvolvimento de habilidades para o uso competente da leitura e da escrita nas práticas sociais e profissionais. Essa ampliação do conceito trouxe também a palavra *letramento*, usada com aproximadamente o mesmo sentido de alfabetismo funcional.

> Em todos esses novos termos – *alfabetização funcional, alfabetizado funcional, analfabeto funcional, alfabetismo funcional, letramento* – está presente o conceito de que a inserção no mundo da escrita se dá através de dois processos: a aprendizagem do sistema de escrita (o sistema alfabético e o sistema ortográfico) – o que se poderia denominar *alfabetização*, em sentido restrito – e o desenvolvimento de competências (habilidades, conhecimentos, atitudes) de uso efetivo desse sistema em práticas sociais que envolvem a língua escrita – a *alfabetização* (ou *alfabetismo*) *funcional*, o *letramento* (SOARES, 2005, p. 93).

Para entrar e viver nesse mundo de conhecimento, o aprendiz necessita de dois passaportes: o domínio da tecnologia de escrita (o sistema alfabético e ortográfico), que se obtém por meio do processo de alfabetização, e o domínio de competências de uso dessa tecnologia (saber ler e escrever em diferentes situações e contextos), que se obtém por meio do processo de letramento. É importante ressaltar que os dois processos são indissociáveis, ou seja, não se trata de primeiro aprender a ler e a escrever para só depois usar a leitura e a escrita, mas aprende-se a ler e a escrever por meio do uso da leitura e da escrita em práticas reais de interação com a escrita.

Desta forma, podemos finalizar dizendo que a maioria dos textos do GT 18 menciona a importância de um trabalho com a leitura e com a escrita que seja contextualizado. Sendo assim, é possível afirmar que um dos desafios que se colocam na área de Educação de Jovens e Adultos é o desenvolvimento de uma metodologia de avaliação que corresponda a uma concepção ampla do alfabetismo, abarcando suas dimensões individual e social. Além de medidas sobre a capacidade de processar informação escrita adquirida pelos indivíduos ao longo dos programas educativos, seria necessário verificar também mudanças de atitudes em relação ao uso da linguagem escrita no âmbito da inserção social e profissional. Tal abordagem implica necessariamente uma perspectiva de avaliação educacional que compreenda fatores do contexto externo e interno à sala de aula (RIBEIRO, 1999).

### Trabalhos analisados

ALVARENGA, Márcia Soares de. Os sentidos da cidadania: entre vozes, silenciamentos e resistências no Programa Alfabetização Solidária. *In: 26ª Reunião Anual da ANPEd, 2003, Caxambu. Anais da 26ª Reunião Anual da ANPEd,* 2003.

BALEM, Nair Maria. A construção do alfabetismo de jovens e adultos – uma análise sócio-histórica e cultural em Frederico Westphalen/RS. In: 25ª Reunião Anual da *ANPEd*, 2002, Caxambu. *Anais* da 25ª Reunião Anual da *ANPEd*, 2002.

BARRETO, Sabrina das Neves; DIAS, Cleuza Maria Sobral. O processo de alfabetização no MOVA-RS: narrativas e significados na vida de mulheres. In: 29ª Reunião Anual da *ANPEd*, 2006, Caxambu. *Anais* da 29ª Reunião Anual da ANPEd, 2006.

CAVAZOTTI, M. A.; SILVA, Borges, M. C.; NEVES, V. F. Letramento de jovens e adultos com ênfase nas questões socioambientais. In: 30ª Reunião Anual da ANPEd, 2007, Caxambu. *Anais* da 30ª Reunião Anual da ANPEd, 2007.

FREITAS, Marinaide Lima de Queiroz. O gênero redação no processo de letramento de jovens e adultos. In: 28ª Reunião Anual da ANPEd, Caxambu, 2005. (Trabalho apresentado em substituição ao trabalho de Lucas Pereira da Silva, em razão da ausência do autor)

FREITAS, Marinaide Lima de Queiroz. Práticas de letramento(s) de professores formadores de professores e de alunos professores: que relação estabelecer? In: 29ª Reunião Anual da ANPEd, 2006, Caxambu. *Anais* da 29ª Reunião Anual da ANPEd, 2006. (Este trabalho pertencia à categoria: Formação de Professores)

FURTADO, Eliane Dayse. O desafio de refletir a alfabetização de jovens e adultos no Pronera. In: 24ª Reunião Anual da ANPEd, 2001, Caxambu. *Anais* da 24ª Reunião Anual da ANPEd, 2001.

MACEDO, Alessandra Aspasia Dantas de; CAMPELO, Maria Estela Costa Holanda. Psicogênese da língua escrita: as contribuições de Emilia Ferreiro à alfabetização de pessoas jovens e adultas. In: 27ª Reunião Anual da ANPEd, 2004, Caxambu. *Anais* da 27ª Reunião Anual da ANPEd, 2004.

MOURA, Ana Paula de Abreu Costa de. Virando massas, descobrindo palavras, misturando saberes. In: 27ª Reunião Anual da ANPEd, 2004, Caxambu. *Anais* da 27ª Reunião Anual da ANPEd, 2004.

MOURA, Tânia Maria de Melo *et al.* "Conteúdos" e competências básicas adquiridos e utilizados por jovens e adultos do Programa Alfabetização Solidária. In: 27ª Reunião Anual da ANPEd, 2004, Caxambu. *Anais* da 27ª Reunião Anual da ANPEd, 2004.

MUGRABI, Edvanda. Operações psicolingüísticas e suas implicações didáticas: uma problemática para a Educação de Jovens e Adultos. In: 22ª Reunião Anual da ANPEd, 1999, Caxambu. *Anais* da 22ª Reunião Anual da ANPEd, 1999.

PITON, Ivania Maria. Sobre a escuridão e o silêncio do analfabetismo e os sentidos e significados da alfabetização. In: 31ª Reunião Anual da ANPEd, 2008, Caxambu. *Anais* da 31ª Reunião Anual da ANPEd, 2008.

RIBEIRO, Vera Maria Masagão; MOURA, Mayra Patrícia. Impactos da escolarização: Programas de Educação de Jovens e Adultos e práticas de alfabetismo. In: 24ª Reunião Anual da ANPEd, 2001, Caxambu. *Anais* da 24ª Reunião Anual da ANPEd, 2001.

RIBEIRO, Vera Maria Masagão; VÓVIO, Cláudia Lemos; MOURA, Mayra Patrícia. Letramento no Brasil: principais dados do indicador nacional de alfabetismo funcional. In: 25ª Reunião Anual da ANPEd, 2002, Caxambu. *Anais* da 25ª Reunião Anual da ANPEd, 2002.

RIBEIRO, Vera Maria Masagão. A promoção do alfabetismo em programas de Educação de Jovens e Adultos: indicações para a pesquisa. In: 22ª Reunião Anual da ANPEd, 1999, Caxambu. *Anais* da 22ª Reunião Anual da ANPEd, 1999.

RIBEIRO, Vera Maria Masagão. Alfabetismo e atitudes: pesquisa junto a jovens e adultos paulistanos. In: 21ª Reunião Anual da ANPEd, 1998, Caxambu. *Anais* da 21ª Reunião Anual da ANPEd, 1998.

SOUZA, Marta Lima de. Cartas de jovens e adultos em processo de aprendizagem da linguagem escrita: autoria e letramento. In: 27ª Reunião Anual da ANPEd, 2004, Caxambu. *Anais* da 27ª Reunião Anual da ANPEd, 2004.

SOUZA, Marta Lima de. Letramento e hibridismo: a relação oral e escrita na aprendizagem da linguagem escrita de jovens e adultos. In: 28ª Reunião Anual da ANPEd, 2005, Caxambu. *Anais* da 28ª Reunião Anual da ANPEd, 2005.

## Referências

DI PIERRO, Maria Clara. Um balanço da evolução recente da Educação de Jovens e Adultos no Brasil. In: VÓVIO, Cláudia; IRELAND, Thimoty (Orgs.). *Construção coletiva*: contribuições à Educação de Jovens e Adultos. Brasília: UNESCO, MEC, RAAAB, 2005.

FERRARO, Alceu. Tendência do analfabetismo na região Sul (resumo). *Anais* da 2ª Reunião Regional da SBPC. Blumenau, 1º a 4 de maio (1985, 1985b).

FERRARO, Alceu. Analfabetismo no Brasil: tendência secular e avanços recentes. Resultados preliminares. *Caderno de Pesquisa*, São Paulo, n. 52, p. 35-49, 1985a.

FERRARO, Alceu. Analfabetismo no Rio Grande do Sul: sua produção e distribuição. In: *Educação e Realidade*, Porto Alegre, v. 16, nº 1, p. 3-30, jan./jun. 1991.

FERRARO, Alceu. Alfabetismo no Rio Grande do Sul: crianças e adolescentes, jovens e adultos. In: *Cadernos e Educação*. FaE/UFPel, Pelotas, n. 10, p. 5-38, jan./jun. 1998.

FERREIRO, Emília. *Reflexões sobre alfabetização*. São Paulo: Cortez/ Autores Associados, 1985.

FERREIRO, Emília. *Alfabetizacion de ninõs y adultos textos escogidos*. Patzcuaro, Michoacán; México, 2007.

FRAGO, Antônio Vinão. *Alfabetização na sociedade e na história: vozes, palavras e textos*. Porto Alegre: Artes Médicas, 1993.

FREIRE, Paulo. *A importância do ato de ler*. 10. ed. São Paulo: Cortez, 1985.

FREIRE, Paulo. *Educação e mudança*. 5. ed. Rio de Janeiro: Paz e Terra, 1987.

FREIRE, Paulo. *Pedagogia da esperança*. Rio de Janeiro: Paz e Terra, 1995.

GALVÃO, Ana Maria de Oliveira; DI PIERRO, Maria Clara. *Preconceito contra o analfabeto*. São Paulo: Cortez, 2007.

GIROUX, Henri; MCLAREN, Peter. Linguagem, escola e subjetividade. *Revista Educação e Realidade*, Porto Alegre, v. 18, n. 2, jul./dez. 1993.

GRAFF, Harvey. O mito do alfabetismo. In: Teoria e educação. Porto Alegre: *Pannônica*, n. 2, p. 30-64, 1990.

GRAFF, Harvey. *Os labirintos da alfabetização: reflexões sobre o passado e o presente da alfabetização*. Porto Alegre: Artes Médicas, 1995.

HADDAD, S. (Coord.). *Educação de Jovens e Adultos no Brasil (1986-1998)*. Brasília, DF: MEC/INEP/COMPED, 2002. (Estado do Conhecimento, 8)

HADDAD, S.; DI PIERRO, M. C. Escolarização de jovens e adultos. *Revista Brasileira de Educação*, São Paulo, n. 14, p. 108-130, maio/ago. 2000.

IRELAND, Timothy. Objetivos maiores que a alfabetização: EJA – Educação para Jovens e Adultos. *Revista Nova Escola*, São Paulo, jun. 2009.

RIBEIRO, Vera M. Masagão (Coord.). *Educação de Jovens e Adultos: proposta curricular para o 1º segmento do ensino fundamental.* São Paulo: Ação Educativa; Brasília: MEC, 1999.

SOARES, Magda Becker. Alfabetismo/Letramento. *Presença Pedagógica*, v. 1, n. 10, jul./ago. 1995.

SOARES, Magda Becker. *Letramento: um tema em três gêneros.* Belo Horizonte: Autêntica, 1999.

SOARES, Magda Becker. Alfabetização: a ressignificação do conceito. In: *Construção coletiva: contribuições à Educação de Jovens e Adultos.* Brasília: UNESCO, MEC, RAAAB, 2005.

SOARES, Magda Becker. Letramento e alfabetização: as muitas facetas. In: 26ª Reunião Anual da ANPEd, 2003, Poços de Caldas. *Anais* da 26ª Reunião Anual da ANPEd, 2003.

TFOUNI, Leda. *Letramento e alfabetização.* Campinas: Cortez, 1995.

UNESCO. 2009. VI CONFERÊNCIA INTERNACIONAL DE EDUCAÇÃO DE ADULTOS: Marco de Ação de Belém. Disponível em: <http://unesdoc.unesco.org/images/0018/001877/187787por.pdf>. Acesso em: 27 out. 2010.

UNESCO. *Alfabetização de jovens e adultos no Brasil: lições da prática.* Brasília: UNESCO, 2008. 212 p.

# Escolarização

Julio Cezar Matos Pereira
Ludimila Corrêa Bastos
Luiz Olavo Fonseca Ferreira

O Grupo de Trabalho GT-18 da ANPEd é dedicado à Educação de Jovens e Adultos (EJA), e os trabalhos apresentados, em suas reuniões anuais, foram organizados por subtemas, de acordo com o foco de cada um deles, por conveniência no momento de análise, facilitando o processo de reflexão. Nessa perspectiva, este capítulo vai tratar do tema *Escolarização*, em que foram analisados 15 trabalhos. O que deve se levar em consideração é que esses não foram escritos voltados para esse subtema, e sim para a temática geral do GT-18, que é a Educação de Jovens e Adultos. Desta forma, não encontraremos necessariamente uma consistência desses autores sobre escolarização.

Em uma análise preliminar dos trabalhos, buscamos algumas informações especificamente nos autores utilizados nas citações, com o objetivo de procurar alguns indícios que pudessem indicar o que representa o tema da escolarização para o GT-18 e sobre quais pilares ele se sustenta teoricamente. Do total de 15 trabalhos, foram referenciadas 227 citações, com base nos quais fizemos algumas análises.

Dessas referências, somente 17 são de dissertações de mestrado e teses de doutorado, que foram defendidas em apenas oito instituições, sendo uma delas localizada fora do Brasil. A maioria desses trabalhos era da área da Educação, mas encontramos quatro defendidos no campo da Psicologia e outros três em outras áreas.

Em relação à língua em que as referências são publicadas, vimos que 11% das obras consultadas eram em inglês (onze), espanhol (oito) e francês (sete). Destas, Bourdieu foi citado seis vezes em francês. Em contrapartida, das obras publicadas em língua portuguesa, 45% do total era de autores estrangeiros com tradução no Brasil. Destaca-se nesse ponto as citações de obras de Vygotsky em total de 12 vezes, Bourdieu 11 vezes e Adorno com seis citações.

No que diz respeito às referências de autores brasileiros, Paulo Freire foi o autor mais citado, em um total de 10 vezes, seguido por Marta Khol de Oliveira, que foi citada sete vezes. Os outros autores foram citados três vezes ou menos. Tivemos ainda a citação de documentos produzidos por órgãos/programas do governo federal (MOBRAL, MEC, IBGE), governos municipais (secretarias de educação) e do Movimento dos Trabalhadores Sem Terra (MST), além da citação de documentos da Conferência Internacional de Educação de Adultos (CONFINTEA).

Em nossas análises, encontramos apenas cinco referências a trabalhos da própria ANPEd e uma citação de trabalho da Associação Nacional de Pesquisa e Pós-graduação em Psicologia (ANPEPP). A título de ilustração, sob a temática *escolarização*, as obras mais citadas foram: *Escritos de Educação*, de Maria A. Nogueira e Afrânio Catani (organizadores), com quatro citações, e Vygotsky, com o livro *A formação social da mente*, citado três vezes. Seguem, com duas citações, os livros: *Análise de conteúdo* (Laurence Bardin); *A construção do pensamento e da linguagem* (Vygotsky); *Pensamento e Linguagem* (Vygotsky); *Os professores e sua formação* (Antônio Nóvoa – org.); "Jovens e adultos como sujeitos de conhecimento e aprendizagem", in: *Revista Brasileira de Educação*, nº 12 (Marta Kohl de Oliveira); *Pedagogia do oprimido* (Paulo Freire); *Desafios da educação de adultos frente à nova reestruturação tecnológica. Seminário Internacional Educação e Escolarização de Jovens* (Paulo Freire); *Educação em língua materna: a Sociolingüística na sala de aula* (S. M. Bortoni Ricardo); e *Diálogos na educação de jovens e adultos* (Leôncio Soares, Maria Amélia Gomes de Castro Giovanetti, Nilma Lino Gomes).

Apesar de apresentarem forte sustentação teórica, percebeu-se que, nos textos lidos, o termo *escolarização* ainda padece de uma conceituação. Para facilitar a leitura das análises, primeiramente realizamos uma discussão conceitual sobre o termo *escolarização* e como ele se relaciona à EJA, para então tecermos nossos comentários sobre os textos. Depois, apresentamos algumas considerações com o intuito de refletirmos sobre a pertinência dessa temática no campo da Educação de Jovens e Adultos.

## Educação, escola e escolarização

Ao pensar em que consiste a escolarização, surgiu a necessidade de entendermos o que isso significa, visto que essa prática, em nossa opinião, está intimamente relacionada a outros temas. Dessa forma, para discutirmos a escolarização, avaliamos ser fundamental refletirmos sobre temas nos quais ela se insere: a escola e a educação. É lógico que toda essa discussão vai ocorrer tendo como pano de fundo a EJA, já que esse é o foco principal deste trabalho.

Pensar a educação, sobremaneira no campo da Educação de Jovens e Adultos, significa discuti-la na perspectiva dos sujeitos que são os seus educandos, já que os olhares sobre

> [...] a condição social, política, cultural desses sujeitos têm condicionado as concepções diversas da educação que lhes é oferecida. Os lugares sociais a eles reservados – marginais, oprimidos, excluídos, empregáveis, miseráveis... – têm condicionado o lugar reservado a sua educação no conjunto das políticas oficiais (ARROYO, 2001, p. 223).

É assim que, ao refletir sobre o que é a educação pensada para os sujeitos da EJA, concordamos com Arroyo (2001) quando ele diz que a legislação a trata de maneira diferenciada das demais modalidades da educação. Isso porque essas leis tratam a educação das crianças e dos adolescentes como ensino, isto é o fundamental, e, ao referir-se à educação dos jovens, essa mesma legislação a trata como ensino médio.

O autor prossegue dizendo:

> [...] quando se refere a jovens e adultos, nomeia-os não como aprendizes de uma etapa do ensino, mas como educandos, ou seja, como sujeitos sociais e culturais, jovens e adultos. Essas diferenças sugerem que a EJA é uma modalidade que construiu sua própria especificidade como educação, com um olhar sobre os educandos (ARROYO, 2001, p. 224).

Com base nessa ideia, entendemos que o termo "educação" na Educação de Jovens e Adultos deve ser visto

> [...] não apenas como tarefa dos sistemas educativos, mas em diferentes campos da ação humana, como elemento central para construção social, política e cultural de um povo, (o que) ampliou sua abrangência de forma a incluir as necessidades básicas de aprendizagem, tanto no domínio da escrita, da leitura e da aritmética, como também no fortalecimento da visão ética de jovens e adultos, valorizando as aprendizagens ativas, revalorizando o aporte cultural de cada pessoa e comunidade e incentivando a solidariedade (PAIVA, 2007. p. 68-69).

Vinculada à discussão sobre o significado da educação, via de regra, o senso comum nos leva a pensar, quase que imediatamente, na educação como um processo que acontece em um espaço: na instituição escola. Mas o que é escola?

A escola, do latim *schola,* derivado do grego *scholé,* segundo Cunha (2007), é um estabelecimento público ou privado onde se ministra sistematicamente ensino coletivo. Marchesi (2009, p. 3) ressalta que a origem da palavra escola vem da

Grécia clássica, onde a prática de estudar era considerada "uma atividade possível apenas para aqueles privilegiados que não precisavam trabalhar. A *scholé* do grego, depois *schola* no latim, designa lazer, lugar de ócio. Até tornar-se a instituição, a escolarizadora, a civilizadora". Podemos dizer que a escola, na Antiguidade, era um lugar para poucos e utilizada por indivíduos pertencentes à classe dominante.[1]

Se pensarmos nos dias de hoje, percebemos que a escola é um importante espaço social e bem mais abrangente do que antes. Suas funções se ampliaram para além da utilização do tempo livre para a formação intelectual. Assim, a escola é uma

> [...] organização social, inserida num contexto local, com uma identidade e cultura próprias, um espaço de autonomia a construir e descobrir, susceptível de se materializar num projeto educativo, [... um] sistema organizado de recursos (materiais, humanos e simbólicos), internos e externos ao território definido pelas fronteiras físicas do estabelecimento de ensino (CANÁRIO, s/d).

Freire (1997, p. 60) aponta que "é preciso e até urgente que a escola vá se tornando um espaço acolhedor e multiplicador de certos gostos democráticos como o de ouvir os outros". Gadotti (2008, p. 166) resgata que Paulo Freire concebia a escola como "um espaço de relações sociais e humanas" e que ela não é só um local para estudar, mas também para se encontrar e conversar com outras pessoas; confrontar-se, discutir e fazer política; e que, em seus primeiros escritos, Freire "considerou a escola muito mais que as quatro paredes da sala de aula".

Então, tendo como base as discussões realizadas até aqui, trazemos algumas contribuições com o objetivo de discutir o conceito de *escolarização*, vendo-o como uma das possibilidades da educação.

---

[1] No capítulo deste livro sobre "Os sujeitos da EJA", no subtítulo "Um breve histórico sobre a construção teórica do sujeito", a instituição escolar do século XVI e sua relação com a Igreja, além da escola como espaço sociocultural que atende ao sujeito moderno, também são discutidas.

De acordo com o primeiro capítulo da Lei de Diretrizes e Bases da Educação Nacional (LDBEN), temos:

> Art. 1º - A educação abrange os processos formativos que se desenvolvem na vida familiar, na convivência humana, no trabalho, nas instituições de ensino e pesquisa, nos movimentos sociais e organizações da sociedade civil e nas manifestações culturais. § 1º Esta Lei disciplina a educação escolar, que se desenvolve, predominantemente, por meio do ensino, em instituições próprias (BRASIL, 1996).

O dicionário *Aurélio* (FERREIRA, 2005) informa que o termo "escolarização" significa "submeter ao ensino escolar", o mesmo significado encontrado para a palavra "escolarizar" no dicionário Larousse (2001). Encontramos ainda, no sítio da Infopédia,[2] a escolarização como a "aprendizagem numa escola". Portanto, a análise, com base nessas referências, indica que os termos "escolarizar" e "escolarização" fazem parte do processo de educação, indicando a inserção do indivíduo no sistema escolar, dentro da instituição escola.

Segundo a definição do Instituto Nacional de Estudos e Pesquisas Educacionais Anísio Teixeira (Inep), a escolarização é um "processo educativo que é programado, executado e controlado pela instituição escolar e que obedece à legislação do ensino" (BRASIL, 2009). Ela poderia ser entendida como um "atendimento proporcionado pela rede de ensino, dentro de certos padrões quantitativos e qualitativos", e expressar-se pelo atendimento resultante da relação entre a matrícula e a população escolarizável de um determinado nível de ensino.[3]

De acordo com informações da Agência de Notícias dos Direitos da Infância (Rede ANDI Brasil[4]), a escolarização é um

---

[2] Disponível em: <http://www.infopedia.pt/lingua-portuguesa-ao/escolariza%C3%A7%C3%A3o>. Acesso em: 2 nov. 2009.

[3] Disponível em: <http://www.inep.gov.br/pesquisa/thesaurus/thesaurus.asp?te1=122175&te2=36876&te3=142165>. Acesso em: 2 out. 2009.

[4] Fonte: <http://www.redeandibrasil.org.br>.

direito básico de todas as pessoas, inclusive daquelas privadas de liberdade.[5] A educação nas prisões tem como educandos os sujeitos que fazem parte da população carcerária, formada pelos sentenciados e pelos encarcerados.

A escolarização pode ser considerada ainda como um processo de ensino institucional e formal, cujo objetivo principal é possibilitar formação integral aos indivíduos nele envolvidos. Desta forma, a escolarização pode oferecer um ambiente propício à demonstração dos conhecimentos de forma sistematizada, a escola no caso, e em contextos apropriados (MONTEIRO, 2008).

Para Coelho (2002), um primeiro aspecto do conceito de escolarização que se deve destacar é o da seleção, visto que a escola seleciona, entre a cultura geral, quais os saberes devem ser ensinados na instituição educacional. Monteiro (2008) afirma que cada sociedade estabelece um nível de escolaridade suficiente, que vai sendo alterado através de políticas de alfabetização e escolarização para atender às necessidades culturais, econômicas, científicas e tecnológicas.[6]

Como se vê, o conceito de *escolarização* é amplo e diversificado. Para a maioria dos autores, pode-se considerar a escolarização como uma relação que se dá no meio escolar ou a partir dele, com estratégias de ensino, de aprendizagem e de socialização, ofertada ao educando por intermédio de uma instituição educacional.

Dessa forma, entendemos que a educação em EJA é algo mais amplo que o termo "escolarização". Segundo Romão (2008, p. 150), "para Paulo Freire, não existe educação, mas educações", já que cada educando possui especificidades, tornando o processo educativo diferenciado, de acordo com cada situação.

---

[5] A Lei de Execução Penal, nº 7.210, de 1984, em sua Seção V, Da Assistência Educacional (arts.17 a 21), garante que essa assistência compreenderá a instrução escolar do preso e do internado, sendo o ensino fundamental obrigatório e integrado ao sistema escolar da respectiva unidade federativa.

[6] No capítulo deste livro sobre "Alfabetização, letramento e Educação de Jovens e Adultos", no subtítulo das "Considerações", é apontada a influência da escolarização no conceito de alfabetização definido pelo Censo de 2000.

A EJA é uma modalidade de ensino que pode satisfazer às necessidades de aprendizagem dos cidadãos, equalizar as oportunidades de educação e resgatar uma dívida social com aqueles sujeitos que foram excluídos ou não tiveram acesso a um sistema escolar (PAIVA; MACHADO; IRELAND, 2005). Sendo assim, nos últimos anos, a EJA constituiu-se como um campo estratégico para se opor à exclusão e à desigualdade social e ela "assumiu novos contornos, sendo vista como modalidade educativa que transborda os limites do processo de escolarização formal, que abarca aprendizagens realizadas em diversos âmbitos e ao longo de toda a vida" (BRASIL, 2005, p. 13).

Essa modalidade de ensino se dá em um cenário de desafios que pedem uma concepção de educação que extrapole a escolarização formal e exija novas fronteiras para a construção do conhecimento, através de uma educação permanente e voltada para a vida. Como exemplo desse cenário de desafios, citamos uma pesquisa realizada na Região Metropolitana de Belo Horizonte, na qual Giovanetti (2009) apresenta uma grande variedade de oferta dessa modalidade da EJA por meios presenciais, semipresenciais e a distância, que acontecem via cursos, telecursos, projetos de educação continuada. Também foram encontradas diversas outras experiências na educação popular, ONG, sindicatos, igrejas, etc.

Nessa mesma direção, Haddad e Di Pierro (2000) apontam que a EJA sempre foi compartilhada no Brasil entre os órgãos públicos e as organizações societárias, que se constituem em espaços organizados pela sociedade civil como os sindicatos, as igrejas e as associações de bairros. Foi a partir da Constituição Federal de 1988, porém, que se reconheceu o direito a uma escolarização pública ofertada gratuitamente aos jovens e aos adultos.

Percebemos que a maior parte dos 15 trabalhos selecionados e organizados sob a temática da *escolarização*, do GT-18 da ANPEd, refere-se às experiências e aos entendimentos de educação que apontam para práticas institucionalizadas no âmbito da escola. Mas isso pode reduzir "as questões educativas a conteúdos mínimos, cargas horárias mínimas, níveis, etapas, regimentos, exames, verificação de rendimentos, competências, prosseguimentos de estudos etc." (ARROYO, 2001, p. 225).

Pelo menos em um ponto, as discussões em torno da escolarização apresentam consenso: esse diz respeito ao *locus* onde ela acontece, que é na instituição escolar. Contudo, em relação à EJA, há uma variedade de experiências que consideram as especificidades do educando, exigindo dessa modalidade uma oferta para além do espaço formal da escola, conforme encontramos em alguns dos textos sobre escolarização do GT-18 da ANPEd. Como vimos, existe uma "superação de resistências e o reconhecimento de que os processos educativos com pessoas jovens e adultas extrapolam o mundo escolar e do ensino (para que possam) desenvolver-se como ser humano [...] e construir projetos de vida também através da escola" (PAIVA; MACHADO; IRELAND, 2005, p. 78). Todavia, a instituição escola está presente na maior parte dos trabalhos analisados sob a temática *escolarização*. Buscaremos então, a partir das análises dos textos classificados nesse tema, perceber como os autores o veem.

### Reflexões sobre os trabalhos

Ao se relacionar com a Educação de Jovens e Adultos, o tema *escolarização* apresenta múltiplas facetas, uma vez que retrata diversos aspectos das especificidades inerentes a essa modalidade da educação básica. Assim, é necessário analisar os textos tendo como base as semelhanças e as diferenças que eles trazem para o leitor. Por isso é que, dentro da temática geral da escolarização, podemos encontrar subcategorias de trabalho em que os textos podem ser agrupados. Uma dessas categorias aborda a temática das especificidades das relações de gênero, e, dentro dela, encontramos três textos.

O primeiro texto é do ano 2000, intitulado "Escolarização tardia de homens e mulheres trabalhadoras: reconstruindo trajetórias escolares ocupacionais", de autoria de Maria Rosa Camargo, Deborah Mazza e Leila Ferreira Salles. É um texto oriundo da Universidade Estadual Paulista Júlio de Mesquita Filho (Unesp) de Rio Claro-SP, cuja pesquisa não contou com financiamento e tem por objetivo levantar os significados particulares que os sujeitos atribuem às expectativas, experiências de alfabetização tardia e quais as suas relações com o ensino regular e com o mundo do trabalho.

O público pesquisado foi de 12 mulheres e 19 homens educandos de alfabetização, funcionários de uma fábrica de balas que estudavam fora do turno de trabalho. Para o desenvolvimento da pesquisa, utilizaram-se como metodologia as entrevistas, os questionários padronizados e a observação.

As autoras concluíram que os sujeitos pesquisados traziam um capital cultural incorporado no qual as práticas da leitura e da escrita se efetivam na vivência familiar, objetivado na Bíblia, no boleto da fábrica, no jornal, nos livros dos filhos e nas receitas culinárias. Esses homens e mulheres mostram atribuir grande valor ao estudo porque sabem de seu valor social e investem nos estudos por exigência do mercado de trabalho e, ao retornar a escola, procuram sempre avançar dentro do processo educativo.

O segundo texto foi escrito em 2001, cuja autoria é de Rita de Cássia Curvelo da Silva, tendo como título "As aprendizagens escolares como objeto do desejo dos trabalhadores e trabalhadoras rurais sem-terra". O estudo foi desenvolvido na Universidade Estadual de Santa Cruz (UESC) e não contou com financiamento para a pesquisa. Os sujeitos da pesquisa foram 66 trabalhadoras rurais sem-terra que são discentes das classes de EJA, no assentamento Terra Vista, e a pesquisa tinha como objetivo saber quais motivos levavam os adultos, que viviam em assentamentos, a se empenhar na busca pela aquisição dos saberes escolares e quais os desafios enfrentados por homens e mulheres em relação aos seus processos de aprendizagem. Utilizou-se, para isso, a metodologia qualitativa, com procedimentos de entrevista e observação.

Concluiu-se que, mesmo os trabalhadores rurais tendo acumulado conhecimentos válidos e úteis, os entrevistados eram excluídos de muitas possibilidades de acesso às novas tecnologias, às diversas fontes e meios de informação e a uma grande parte do patrimônio cultural da humanidade. Com a frequência à escola, os sem-terra adquirem melhor compreensão da relação dos seres humanos entre si e desses com os outros componentes do ambiente social e natural. Desta forma, o processo de escolarização assume diferentes significados, tais como: quem estuda vence obstáculos e liberta-se das limitações impostas pelo baixo grau de escolarização; compreende-se mais e melhor o mundo, a si próprio e ao outro.

O último texto analisado dentro da categoria gênero, "Por que é tão difícil frequentar a escola? Escolarização e gênero feminino no EMJAT/ CEFET", foi apresentado na reunião da ANPEd em 2008, por Maria José Rezende Ferreira, realizado no Centro Federal de Educação Tecnológica do Espírito Santo (CEFET-ES). Foi um trabalho financiado pela Fundação de Amparo à Pesquisa do Estado do Rio de Janeiro (FAPERJ), que se desenvolveu de 2001 a 2005, utilizando-se da metodologia qualitativa, com procedimentos etnográficos, como a observação e a entrevista. A pesquisa tinha por objetivo analisar, sob a perspectiva de gênero, os fatores que influenciaram a trajetória das mulheres no curso de ensino médio para Jovens e Adultos Trabalhadores do Centro Federal de Educação Tecnológica (EMJAT/CEFET). Para isso, foram analisadas trajetórias de dez mulheres educandas do EMJAT/CEFET, com idade entre 22 e 46 anos, com renda familiar de dois a seis salários mínimos.

Segundo a autora, foram evidenciados indicadores que comprovam a existência de discriminação referente ao tratamento de gênero, pois persiste a desigualdade sexista nas relações familiares e no espaço educacional, além de as determinações de gênero dificultarem a inserção na escola desse segmento de mulheres das camadas populares. Constatou-se que a ausência de uma escolarização completa é uma barreira para a inserção dessas mulheres no mercado de trabalho, tornando assim o processo de escolarização um requisito fundamental para o crescimento delas em todas as esferas sociais, e também que o público feminino encontra muitos empecilhos para completar seu processo escolar em razão de fatores sociais. Assim, devemos considerar que na EJA também coexistem as diferenças nas relações de gênero e que essa se torna uma abordagem necessária nas pesquisas educacionais, tendo em vista que vivemos em uma sociedade diferenciada quanto ao acesso à educação, à cultura e aos bens materiais.

Verificamos que, dos textos analisados que trataram da temática das relações de gênero na EJA, apenas um constatou as relações de gênero como mais um obstáculo a ser enfrentado pelas mulheres, evidenciando as condições desiguais a que estão submetidos educandas e educandos para seu retorno e permanência na escola. Os demais textos mostram que, diante da questão da falta de estudo, homens e mulheres enfrentam os mesmos desafios, preconceitos e valorizam a escola da mesma maneira.

Outra subcategoria encontrada, de acordo com as temáticas apresentadas dentro do tema *escolarização*, é o ensino de Língua Portuguesa e EJA. Nela, encontramos dois textos.

O primeiro deles é o "Ensino de Português na EJA: os gêneros argumentativos", de Mariângela Tostes Innocêncio. Foi escrito em 2006, em pesquisa realizada na Universidade Federal de Juiz de Fora (UFJF), em Minas Gerais, e não obteve financiamento. Seu objetivo foi investigar de que modo os gêneros que envolvem a argumentação podem contribuir para o processo de ensino e aprendizagem dos educandos da EJA. Utilizou a metodologia de pesquisa qualitativa, com observação de uma sala de aula de EJA e com abordagem sócio-histórica, baseada em Bakhtin e Vygotsky.

Essa pesquisa constatou que, mesmo quando o discurso docente declara trabalhar os gêneros que envolvem a argumentação, na prática pedagógica o trabalho, quando existe, mostra-se incipiente. Isso se deve ao fato de o educador nem sempre participar de uma construção compartilhada do conhecimento junto com os educandos. Assim, os textos trabalhados pelos educadores que contribuíram para a pesquisa constituíam-se como objeto de uso, mas não como objeto de ensino. A autora percebe que as atividades propostas e praticadas nas aulas ainda não conseguiam atingir plenamente os usos sociais, as finalidades e especificidades dos gêneros textuais. Para ela, o educador deve assumir seu papel como mediador entre o sujeito e o objeto de conhecimento, mas nem sempre isso acontece.

Nessa subcategoria, o segundo texto intitula-se "Procedimentos metodológicos para abordar questões de variação linguística em uma turma de jovens e adultos", de Maria Auxiliadora da Silva Cavalcanti, escrito em 2006, na Universidade Federal de Alagoas (UFAL), e contou com o financiamento do CNPq. Seus objetivos foram identificar, descrever e analisar fenômenos de variação linguística que ocorrem nas diversas regiões brasileiras e, com isso, conhecer a diversidade linguística existente. A autora esperava que os educandos não somente conhecessem as variedades da língua materna, mas que também combatessem o preconceito que existe contra as formas populares. Para isso, realizou-se pesquisa qualitativa, usando como procedimentos a etnografia, com observação, por dois meses, de uma turma de 4ª série de EJA, com registros diários.

Nessa pesquisa, a autora verificou que o preconceito surge da parte de alguns educadores, que é demonstrado pelo modo de falar do personagem Chico Bento.[7] Segundo a autora, o que mais chamou a atenção da educadora e dos educandos foi a forma como as palavras estavam registradas no diálogo. Nas práticas de linguagem, em que os educadores simplesmente pedem aos

---

[7] Chico Bento (Carlos Antonio Felício Teodoro) é o personagem principal da Turma do Chico Bento, criada pelo cartunista brasileiro Maurício de Sousa. Chico foi criado em 1961, inspirado em um tio-avô de Maurício, morador de Santa Branca, no Vale do Paraíba, São Paulo. Estreou em 1963.

educandos que transformem o "errado" em "certo", sem uma discussão sobre os fatores que interferem naquela forma de falar, acarreta em um aumento do preconceito linguístico. Para a autora, é necessário que se abra uma discussão sobre questões de ideologia, discriminação racial, de poder, de história, de prestígio, de identidade, para que o educando possa refletir e discutir as diversas formas de falar e tomar consciência da sua identidade linguística.

Observamos que os textos categorizados como ensino de Língua Portuguesa e EJA apresentaram objetivos distintos, mas que, ao final, realizam as mesmas constatações sobre a forma que os educadores trabalham o ensino da língua. Um deles investigou como os gêneros envolvidos na argumentação contribuem para o processo de ensino e aprendizagem dos educandos da EJA; o outro estudou se os educandos apenas conhecem as variedades da língua materna ou se também combatem o preconceito que existe contra as formas populares. Os pontos de partida das pesquisas foram distintos, mas suas conclusões muito próximas, já que, segundo os achados, as atividades propostas e praticadas nas aulas ainda não conseguiam atingir plenamente os usos sociais da linguagem para o público pesquisado.

Outra subcategoria do tema *escolarização* é a Juventude, que é discutida em trabalho apresentado em 1999 por Carlos Antonio Giovinazzo Jr., "A produção acadêmica sobre a educação escolar do aluno-adolescente: 1981-1995". O estudo, desenvolvido na Pontifícia Universidade Católica de São Paulo (PUC-SP), realizou uma pesquisa documental sobre a adolescência no contexto escolar no período supracitado. Teve como objetivo contribuir no debate sobre o papel da escola na sociedade contemporânea e a formação cultural de seus estudantes. A principal fonte de pesquisa utilizada foi o catálogo da ANPEd organizado em CD-ROM, de onde foram selecionadas e lidas 23 dissertações e teses, no que diz respeito à formação dos sujeitos e às possibilidades de inserção social que a educação escolar oferece.

O autor verificou que há uma grande preocupação em entender como a escola exerce a função formadora de novas gerações e destacou: a escola se torna um obstáculo, que resigna os estudantes, afasta-os da leitura e diminui suas ambições, em razão do fracasso escolar e das práticas pedagógicas que não atendem às suas necessidades; os estudantes reagem à escola, com evasão e depredação, como resposta às promessas não cumpridas e à perpetuação da situação de exclusão vigente em nossa sociedade; há defasagem da escola, que não consegue adequar-se às novas exigências da sociedade; há importância do trabalho na formação das novas gerações, mas a escola não possibilita nem permite escolhas por parte dos estudantes e não cria identificação com o mundo do trabalho.

São apresentadas considerações sobre a adolescência no contexto escolar: a escola está distante da realidade e do cotidiano dos estudantes e defasada no que concerne às mudanças socioculturais; há desconhecimento do perfil dos educandos na significação da prática pedagógica, desconhecendo os desejos e as aspirações dos estudantes, e assim "o que se propõe é uma adequação da instituição escolar às necessidades concretas dos indivíduos e da sociedade" (p. 12); deve-se refletir na escola sobre os problemas enfrentados pela sociedade, como drogas, violência, trabalho alienado, etc.; é necessário fazer uma inserção na cultura, independentemente da classe social dos estudantes, para que a escola tenha vida própria e propicie uma formação cultural. Defende que, só depois de conhecer a própria lógica em que a escola está inserida, é que essa instituição poderá vir a desempenhar papel importante no processo de emancipação social em vez de ratificar a ordem estabelecida pela sociedade.[8]

Um segundo olhar sobre a juventude e a escolarização é lançado por Sheilla Brasileiro, em 2002, que tem ainda o tema

---

[8] Nessa perspectiva, mais uma vez nos remetemos à leitura do capítulo deste livro, cujo tema reflete sobre "Currículo e práticas pedagógicas: fios e desafios", tanto no subtítulo "Currículo e disciplinas" quanto em "Pelo olhar da matemática", que trata do afastamento entre os cotidianos da escola e da vida dos seus educandos.

*tecnologia* adicionado à sua investigação. Seu trabalho intitulado "Juventude e as novas tecnologias: implicações para a Educação de Jovens e Adultos" é uma síntese da dissertação de mestrado na Faculdade de Educação da Universidade Federal de Minas Gerais (FaE-UFMG), em que utilizou a metodologia qualitativa por meio de questionário, grupos focais e observação em duas escolas da Rede Municipal de Educação de Belo Horizonte (MG). O objetivo era compreender qual a influência das Tecnologias da Informação e da Comunicação (TICs) no perfil dos jovens do turno da noite dessas escolas; esse trabalho privilegiou o contato com jovens com idade entre 20 e 24 anos, em que havia 241 estudantes na faixa etária pesquisada.

A autora fala da importância da linguagem, da comunicação e dos elementos comunicacionais como eixos da proposta educativa que propicia aos sujeitos o desenvolvimento de uma capacidade crítico-reflexiva. Ela baseia-se na proposta de Paulo Freire para incorporar a informática à ação educativa e se refere à prática freiriana ao pensar a informática na escola para se ter qualidade, cidadania crítica e um conceito de escola cidadã, que produz conhecimento, leitura e escrita, dinamizados pelo computador. Complementa com Moacir Gadotti para tratar do processo de ensino e aprendizagem, fundamentado em Paulo Freire, por meio de ambientes interativos que utilizam recursos audiovisuais e tecnológicos, como o vídeo, a televisão e a informática.

A autora conclui que não se trata apenas da crescente penetração dessas tecnologias no processo de escolarização, mas da importância que as tecnologias e a cultura da informação trazem para a escolarização e para alterar as formas de currículo existentes. Daí a relevância dos estudos sobre o papel da cultura das novas tecnologias no mundo juvenil e a relação entre essa cultura e a sua escolarização. Falta, porém, o acesso às novas tecnologias pelos educandos da EJA nas instituições escolares, assim como falta o movimento das escolas para incluí-los na sociedade da informação e democratizar o uso das TICs.

Continuando com a categoria das tecnologias que abrangem não só a juventude, mas também os adultos, analisamos o trabalho de Suzana Lanna Burnier Coelho (2008), intitulado "Limites e possibilidades das tecnologias digitais na Educação de Jovens e Adultos", referente à pesquisa realizada no primeiro semestre de 2007 em uma escola privada, usando a metodologia qualitativa, com procedimentos de observação participante, diário de campo, questionários, entrevistas semiestruturadas e análise documental. O objetivo era identificar contribuições das tecnologias digitais no processo de ensino e aprendizagem em uma escola particular de EJA e como os educadores e os educandos têm utilizado essas tecnologias no cotidiano escolar.

Os sujeitos da pesquisa são 269 educandos, com idade entre 18 e 73 anos, em sua maioria moradores de duas favelas próximas à escola, e a equipe docente (onde 92% têm idade inferior a 40 anos).

A autora conclui que, mesmo em uma escola bem equipada, a utilização das tecnologias digitais ainda é incipiente, pois falta tempo, espaço e formação adequada aos docentes para que as práticas pedagógicas façam uso adequado da infraestrutura tecnológica disponível. Entende que o uso do computador pode facilitar no processo de alfabetização, quando comparado com a escrita manual, visto que esta exige mais da coordenação motora fina na fase inicial da escrita. Os recursos tecnológicos não são a panaceia para a educação e, dependendo do uso que deles se faz, eles podem libertar ou domesticar. Aponta ainda que seria interessante realizar um balanço das políticas públicas, dos projetos e dos programas relacionados à formação docente e à infraestrutura, identificando e corrigindo os problemas existentes nas escolas, para assegurar que haja condições técnicas adequadas nas instituições escolares e a formação docente necessária.

Sheilla Brasileiro, em 2002, e Suzana Coelho, em 2008, ressaltam que há pouco uso das tecnologias nas instituições escolares, mesmo quando essas estão disponíveis, e que é necessário que a sua utilização na escola se dê de forma crítica, sem deixar de se questionar seu uso e sua função na sociedade. Ambas utilizaram como fonte teórica e de reflexão o educador Paulo Freire. Segundo Suzana Coelho, devemos ficar atentos aos pressupostos filosóficos, políticos e pedagógicos relativos à introdução das TICs na escola, já que elas "não são neutras e de que incorporam e materializam interesses e características de sociedades e de grupos sociais hegemônicos" (p. 3).

A subcategoria *aprendizagem escolar* é tratada em 2003 no trabalho de Vânia Laneuville Teixeira: "Turma de Reorientação da Aprendizagem da Educação de Jovens e Adultos: refletindo a partir de Bourdieu". Essa pesquisa foi desenvolvida entre o início de 2001 e a metade de 2002, através da Universidade Federal do Rio de Janeiro (UFRJ), em uma escola municipal de Niterói (RJ) e na Fundação Municipal de Educação de Niterói (FME), utilizando a metodologia qualitativa, com entrevistas, observações e análise documental. Teve por objetivo investigar, em uma turma de suplência de EJA, a proposta do sistema municipal de ensino daquela cidade, realizada em parceria com o Instituto de Pesquisas Heloísa Marinho, que se chamava Turmas de Reorientação de Aprendizagem. Essa proposta priorizava a Matemática e a Língua Portuguesa para os educandos repetentes das fases iniciais dos 1º e 2º ciclos. Foram 15 educandos pesquisados, com idade entre 16 e 47 anos, todos reprovados em Língua Portuguesa, sendo três também em Matemática.

A autora usa, em sua pesquisa, referenciais teóricos como Pierre Bourdieu, Maria Alice Nogueira e Afrânio Catani. Ela apresenta um breve panorama da diversidade cultural e escolarização de jovens e adultos no Brasil, relacionando-o com a realidade dos educandos que são objeto de sua pesquisa e fala sobre os meios formais de educação, escolas e espaços culturais que procuram promover uma educação com base nos conhecimentos da classe dominante. O processo de escolarização da turma pesquisada levou a conclusão de que a ação escolar "poderá se configurar em um caminho para sair do engodo em que muitas vezes a escola supletiva tem se transformado" (p. 13). Outras conclusões apontam que a disponibilização de um tempo maior de escolarização nos anos iniciais do ensino fundamental é necessária, além de que a escola não realiza um trabalho de formação de leitores com a maior parte dos educandos, após os momentos iniciais da aquisição das habilidades básicas de leitura. Também destaca que há necessidade dos educadores se tornarem grandes leitores.[9]

Outro trabalho que trata da aprendizagem escolar é o de Valdenice Leitão da Silva, de 2006, intitulado "Números decimais: no que os saberes de adultos diferem dos de crianças", que contou com financiamento da CAPES e foi realizado na Universidade Federal de Pernambuco (UFPE) e na Rede Municipal de Ensino de Recife (PE). Utilizou a metodologia qualitativa, com entrevistas e testes com os estudantes, usando a Teoria dos Campos Conceituais de G. Vergnaud, que compara desempenhos de crianças e adolescentes, além de pesquisa documental. Teve por objetivos: estudar as peculiaridades dos processos cognitivos na formação de conceitos dos educandos da EJA; verificar se os processos de aprendizagem dos números decimais com adultos se distinguem das crianças; averiguar se as experiências profissionais e vivências diversas influenciavam no desempenho escolar.

Valdenice Leitão comparou desempenhos de crianças e adolescentes entre 9 e 15 anos com jovens e adultos entre 16 e 73 anos de idade. As conclusões fazem referências a estudos no campo da Psicologia e de autores que pesquisaram sobre o domínio conceitual dos números decimais e concluiu que "a escola tem enfatizado mais a manipulação de decimais e pouco tem trabalhado o significado deste campo numérico" (p. 3). Com base nos estudos que realizou, a autora avalia que a escola deve refletir sobre a necessidade de tratar de maneira diferente os estudantes de diferentes níveis de ensino. Aponta ainda que, na aula de Matemática, é preciso considerar os saberes e as

---

[9] No capítulo deste livro sobre "Alfabetização, letramento e Educação de Jovens e Adultos", no subtítulo "Construção da alfabetização", também é apontada a necessidade de um tempo maior para o processo de alfabetização.

práticas sociais dos estudantes de cada modalidade de ensino, com números decimais e outros conteúdos.[10]

O texto "Desenvolvimento do pensamento: um estudo sobre formação de conceitos em jovens e adultos em processo de escolarização", de autoria de Mayra Patrícia Moura, da Ação Educativa, é um estudo empírico que apresentava por objetivo identificar se ocorriam modificações no modo de pensar de jovens e adultos em processo de escolarização, no que diz respeito à aprendizagem de conceitos científicos. A pesquisa foi desenvolvida entre 1997 e 1999, contando com o financiamento da CAPES e do CNPq, e alguns resultados foram apresentados na reunião da ANPEd em 2000. Durante o estudo, a autora realizou entrevistas com educandos de cursos de suplência, tendo como ponto de partida o conceito dos educandos sobre ser vivo.

Na maior parte do trabalho, a autora discute autores e conceitos da psicologia da aprendizagem, descrevendo algumas teorias e testes que são utilizados na mensuração da aprendizagem das pessoas. Quando aborda o estudo, caracteriza os sujeitos da pesquisa como adultos trabalhadores, sem qualificação específica no mercado de trabalho, de baixo poder aquisitivo e, na sua maioria, migrantes ou filhos de migrantes de origem rural.

Apresenta uma comparação dos resultados obtidos nos três grupos nos quais foram aplicadas as entrevistas: um da 1ª série, um da 5ª série e outro da 8ª série da suplência. Mostra que o grupo da 1ª série, ao tratar a proposta da pesquisa, operava por pensamentos complexos, segundo Vygotsky, e os outros dois grupos operavam conceitualmente para realizar a classificação do que é ser vivo. Outro achado cita o fato de que o grupo da 1ª série possuía um conceito cotidiano do ser vivo, enquanto os outros dois grupos possuíam um conceito científico.

Daí, a autora concluiu que os resultados obtidos apontaram para diferenças nos modos de funcionamento cognitivo do grupo

---

[10] A esse respeito, encontramos mais informações no capítulo "Currículo e práticas pedagógicas: fios e desafios", subtítulo "Pelo olhar da Matemática".

da 1ª série ao ser comparado com os sujeitos das outras duas séries, que podem se relacionar à aprendizagem do conceito científico que só acontece nas séries finais do ensino fundamental. Isso significa que o processo de escolarização interfere na aquisição da aprendizagem pelos educandos, baseada em conhecimentos teóricos e sem vinculação com as experiências pessoais de cada um.

Outro ponto para o qual a autora chamou a atenção é quanto ao processo de reconstrução dos pensamentos dos educandos, que, em maior ou menor grau, ocorreu quando eles buscavam explicações e justificativas para suas respostas. Revelou que há complexidade entre as relações do funcionamento cognitivo e escolarização, indicando que existe uma organização de conceitos que é aberta às interações sociais e que se transforma. Em outras palavras, o pensamento parece possuir natureza dinâmica, podendo se modificar e se tornar mais consistente independentemente da aprendizagem do conceito científico.

Patrícia Conceição Parreiras, da Pontifícia Universidade Católica de Minas Gerais (PUC Minas), apresentou, em 2001, o trabalho intitulado "Jovens e Adultos em processo de escolarização: especificidades etárias e sócio-culturais", recorte de uma pesquisa maior que analisou a prática de educadores da EJA em uma escola da Rede Municipal de Educação de Belo Horizonte. O seu objetivo era a compreensão das especificidades da Educação de Jovens e Adultos que poderiam ser incorporadas nos cursos de formação dos educadores dessa modalidade da educação básica.

Para isso, ela utilizou-se de pesquisa qualitativa, realizando um estudo de caso, lançando mão de observação livre e participante, entrevista semiestruturada e também análise documental. Isso aconteceu no segundo semestre de 1999, quando da implantação da EJA na escola escolhida para a pesquisa. Os sujeitos da pesquisa foram educadores e educandos. Primeiramente, a autora faz uma breve descrição da proposta pedagógica desenvolvida pela escola. Depois discute conceitos de tempo relacionando-os com as etapas de vida do ser humano, buscando possíveis afinidades desses conceitos com a inserção dos educandos no projeto pedagógico. Prossegue apresentando algumas questões relativas às diferenças (físicas, psicológicas, culturais, etc.) que compõem os sujeitos jovens e adultos, sempre alertando sobre possíveis influências que essa diversidade traz para dentro da sala de aula.

Como conclusão, aponta a necessidade de a EJA considerar as especificidades da vida de cada educando, afirmando que isso não ocorre, já que a modalidade se preocupa em preparar os sujeitos para o futuro. Outro ponto é que a escola não deve ser concebida como um espaço para a transmissão do conhecimento, e sim para a sua construção, bem como para prover a interação social, o que motivaria a permanência dos educandos nas salas de aula.

Em 2002, Geovania Lúcia dos Santos apresentou o trabalho "Educação ainda que tardia: a exclusão da escola e a reinserção em um programa de EJA entre adultos das camadas populares". Esse trabalho é recorte da pesquisa de mestrado que tinha o mesmo título e foi defendida na Faculdade de Educação da UFMG, em 2001. A proposta do texto é o de, através do que dizem os sujeitos da EJA, compreender a exclusão precoce da escola e a reinserção de uma parcela deles por meio dessa modalidade da educação. Para isso a autora realizou pesquisa qualitativa com entrevistas, no qual buscou reconstituir a trajetória escolar dos educandos.

No início do trabalho, é descrito o lema contido seu no título, que é uma alusão ao dístico da bandeira do Estado de Minas Gerais. Prossegue analisando os temas da exclusão social e escolar, educação e cidadania, tomando por base os estudos de Dubet e Duschatzky. Utilizando-se das narrativas dos educandos, ela reconstituiu sua trajetória de escolarização, percebendo como ocorreu a exclusão, os seus motivos, como eles vivenciaram essa etapa e as implicações disso em sua vida. Em relação à reinserção, a autora buscou, além dos mesmos aspectos tratados na exclusão, compreender se o retorno aos bancos escolares contribuía para a efetivação da cidadania desses indivíduos.

Dentre os resultados apresentados, destaca-se o fato de que a escolarização, mesmo que tardia, proporcionou aos educandos o acesso a conhecimentos e informações que ampliou o entendimento deles enquanto cidadãos, assim como se reconhecerem como sujeitos de direito. Em relação ao processo de exclusão sofrido pelos entrevistados, foi possível perceber que essa saída precoce da escola provocou vários impactos, mas o mais significativo diz respeito aos constrangimentos sociais por eles sofridos por causa da pouca escolarização. Por outro lado, esses constrangimentos acabam por se configurar como um dos maiores motivadores da reinserção na vida escolar.

A pesquisa permitiu ainda concluir que somente a oferta de condições adequadas para estudo não é o suficiente para que eles permaneçam na escola; são necessários muito outros motivadores e facilitadores para que os educandos possam concluir seu curso. Quanto à escolarização tardia, a autora concluiu que se faz necessário um entendimento mais profundo do que seja a exclusão *na* e *da* escola no campo da Educação de Jovens e Adultos; existência da dificuldade de se somar à identidade de adultos a identidade de estudante; identificação da emergência, nos sujeitos educandos, do "senso de responsabilidade social"; e as diferenças de condições existentes para a retomada da escolarização para homens e mulheres. Ela finaliza com a impressão de que a escolarização tardia trouxe para os sujeitos uma ampliação dos horizontes e das perspectivas pessoais.[11]

Com o título "Para além das areias brancas: significados da escolarização e do alfabetismo para a população de São José do Norte/RS", Vanise dos Santos Gomes apresentou, em 2003, os resultados de sua pesquisa realizada na PUC-RS. Ela buscava compreender o significado da escolarização e do alfabetismo para

---

[11] Nesse sentido, indicamos a leitura do capítulo deste livro referente ao tema sobre a "EJA e o mundo do trabalho: uma análise dos trabalhos apresentados no GT-18 da ANPEd (1998 a 2008)", no subtítulo "Uma experiência formal de alfabetização", que trata da crença da ascensão profissional e do crescimento pessoal através da escolarização.

a população daquela cidade gaúcha que contava com alto índice de analfabetismo e o que ocorria para a construção desses significados. Para isso, a autora lançou mão de diversos instrumentos de pesquisa, tais como: documentos, fotos, jornais, entrevistas, filmagens e diário de campo.

A coleta dos dados foi realizada através de entrevista semiestruturada com sujeitos de alguns segmentos sociais além de pessoas analfabetas. Na análise dos dados, a autora baseou-se na metodologia de análise de conteúdo, quando elegeu três categorias de análise, optando por tratar, nesse trabalho, apenas de uma, que é a categoria que ela denominou "Do interior para o exterior: a fronteira, as vivências, a religião".

Na primeira parte do texto, Vanise dos Santos Gomes descreve o município de São José do Norte, apresentando aspectos históricos, demográficos e sociais. Em seguida, discute sobre a migração populacional na cidade, da zona rural para a zona urbana, e a construção da identidade dessa população, mostrando como se construiu a valorização da habilidade de ler e escrever para eles.

A autora analisa ainda algumas iniciativas de alfabetização que ocorreram na cidade, as relações existentes entre a educação e a religião, além da importância do trabalho para as pessoas da região. Ela conclui que sua investigação permitiu perceber que a sociedade de São José do Norte possui uma organização em que a escolarização não é tida como importante para o trabalho cotidiano. Além disso, a cultura local não valoriza as habilidades de leitura e escrita, e o uso dessas habilidades acontece, com mais frequência, em instituições religiosas, sobretudo no meio rural.

Em 2008, Elenice Camarosano apresentou o trabalho "Educação escolar de adultos em privação de liberdade: limites e possibilidades". Para a autora, a educação escolar apresenta como princípio o tempo-espaço da escola como possibilidade, ao mesmo tempo em que a cultura prisional leva a um tempo-espaço que determina, mecanicamente, as ações dos indivíduos. Enquanto a primeira é transformadora, a segunda caracteriza-se pela repreensão. Ela descreve, então, aspectos que relacionam a cultura escolar com a vida do aprisionado.

Para sua pesquisa, a autora lançou mão de um estudo de caso realizado entre 1997 e 1999, em um presídio no interior do Estado de São Paulo. Para isso realizou entrevistas e conversas informais, organizadas em diários de campo. A isso se juntaram as informações e reflexões da sua experiência pessoal em outros espaços escolares.

Foram encontradas muitas semelhanças entre a escola e as escolas "da rua" no que diz respeito a aspectos do trabalho educativo, à valorização do educador e às relações de poder. Mas, por outro lado, aparecem, de forma dissimulada, muitas diferenças nos discursos dos sujeitos privados de liberdade e dos educadores.

Para a autora, há um descompasso entre a proposta de educação nas prisões e o que se vive no cotidiano, surgindo daí diversos paradoxos. Na sua visão, a prisão nega possibilidade de ressocialização, mesmo que exista uma prática que procure trabalhar a autonomia intelectual dos aprisionados. Conclui dizendo que, apesar dos paradoxos, a educação nas prisões objetiva a melhoria das condições de vida dos encarcerados, sendo necessárias políticas públicas eficientes e específicas para que a prisão não seja também um lugar de reprodução das desigualdades sociais.

## Considerações

Após a análise dos textos apresentados, teceremos algumas considerações finais acerca do que entendemos ser relevante e que permita o aprofundamento nos pontos aqui tratados. Observamos, através da leitura dos trabalhos classificados dentro do tema "Escolarização na Educação de Jovens e Adultos", apresentados no GT-18 da ANPEd, que nem todos os textos informam se as pesquisas tiveram financiamento de alguma agência de fomento, impedindo uma análise mais pormenorizada sobre a existência ou não de verbas para sua realização. Nas poucas vezes onde acontece essa citação, encontramos referências ao CNPq, à CAPES e à FAPERJ. Percebemos que, muitas delas, também não apresentam quais foram os procedimentos metodológicos adotados durante a investigação, nem o local onde ela é realizada. Ainda assim, algumas análises que consideramos importantes puderam ser feitas, as quais apresentamos a seguir.

Verificamos em nossas análises que apenas um dos trabalhos apresentados não foi oriundo de pesquisa desenvolvida em uma universidade, e sim pela ONG Ação Educativa,[12] que está localizada no Estado de São Paulo, e dois outros não apresentaram informações a esse respeito. Os demais foram pesquisas realizadas em duas universidades estaduais (interior de São Paulo e da Bahia); três em Pontifícias Universidades Católicas (MG, RS e SP); sete em centros de educação e universidades federais (AL, ES, JF, MG, PE e RJ), das quais três são de Minas Gerais (uma da UFJF e duas da Faculdade de Educação da UFMG).

Em relação ao Estados nos quais foram feitas as investigações, dois artigos não apresentam essas informações, e não encontramos nenhum trabalho das regiões Norte ou Centro-Oeste, temos um trabalho do Sul do país (RS); três são do Nordeste (AL, BA e PE); e nove no Sudeste (ES, MG, RJ e SP), dos quais um é do Espírito Santo, um do Rio de Janeiro, três de São Paulo e quatro de Minas Gerais.

**Regiões do Brasil que apresentaram pesquisa sobre a Escolarização no GT-18 da ANPED**

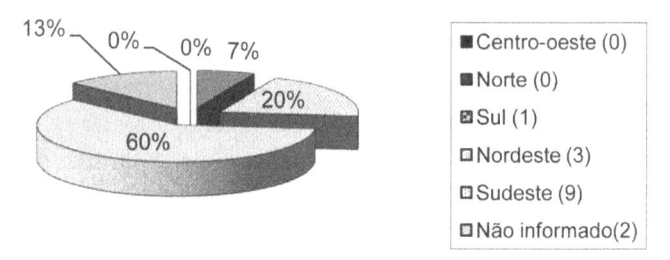

- Centro-oeste (0)
- Norte (0)
- Sul (1)
- Nordeste (3)
- Sudeste (9)
- Não informado (2)

Gráfico 1 – Regiões do Brasil que apresentam pesquisa sobre a escolarização no GT-18 da ANPEd

---

[12] A Ação Educativa é uma organização fundada em 1994, com a missão de promover os direitos educativos e da juventude, tendo em vista a justiça social, a democracia participativa e o desenvolvimento sustentável no Brasil.

Portanto, as pesquisas sobre esse tema se localizam na região Sudeste do Brasil, principalmente em Minas Gerais e em São Paulo.[13] O que esses dados poderiam representar no campo acadêmico e na sociedade brasileira? Será que isso representaria certa hegemonia do Sul sobre o Norte e o Nordeste, que divide nosso país entre os pobres e os ricos, também no meio das pesquisas acadêmicas? Deixamos aqui essas interrogações para que possamos refletir sobre esses fatos.

Quanto ao espaço de realização das pesquisas, vimos que elas foram desenvolvidas em um presídio do Estado de São Paulo; em um assentamento de trabalhadores rurais no interior da Bahia; em uma fábrica de balas no interior de São Paulo. Quanto àquelas que aconteceram dentro de escolas, vimos que uma se deu dentro de uma escola privada, em Belo Horizonte, e cinco foram em escolas públicas de redes municipais de ensino, das quais três eram da rede de Belo Horizonte, uma na rede da cidade de Niterói e outra na rede da cidade de Recife. Isso aponta, então, que existe interesse maior na investigação acadêmica pelas escolas da rede pública, sobremaneira nas redes municipais. Constatamos ainda que a maior concentração dos objetos de pesquisa se encontra entre as escolas de Belo Horizonte. Algumas das razões que poderiam justificar essa preferência seria a concentração de trabalhos oriundos de universidades dessa cidade, por essa já possuir um histórico no campo da EJA iniciado em sua rede municipal de educação desde 1971 e pelo acúmulo de discussões no campo da educação e, especificamente, da EJA na capital mineira, nas últimas décadas.

Quanto às escolhas dos procedimentos metodológicos e instrumentos de investigação adotados no processo de pesquisa dos trabalhos analisados, constatamos que 11, dos 15 trabalhos

---

[13] No capítulo referente ao tema "Educação de Jovens e Adultos: uma análise das políticas públicas a partir da leitura dos textos da ANPEd (1998 a 2008)", no subtítulo "Textos e contextos", os gráficos e as análises apresentados demonstram que também não houve apresentação de trabalhos sobre as políticas públicas na região Norte, e a maior quantidade de artigos foi da região Sudeste.

analisados, escolheram métodos qualitativos para a condução de suas investigações. Em relação aos instrumentos utilizados, dez pesquisas lançaram mão da realização de entrevistas; nove optaram por procedimentos de observação; cinco realizaram análise documental; e três utilizaram questionários. Encontramos também referências ao uso de testes do campo da Psicologia, de etnografia e diários de campo, de grupo focal, de estudo de caso e ainda de análise de conteúdo. Esses achados fornecem indícios pela existência de uma preferência maior pelo contato do pesquisador com o(s) sujeito(s) da pesquisa, nas investigações no campo das Ciências Humanas, dentro da temática da *escolarização*.

No tocante às conclusões apresentadas em uma parte dos trabalhos, encontramos reflexões acerca do interesse do educando da EJA pela escola e o que ele encontra nela (ou deixa de encontrar). De acordo com os trabalhos, muitos educandos buscam na escola um meio para compreender melhor o mundo e vencer os obstáculos que são causados pelas limitações sociais, muitas vezes oriundos da falta de escolarização. Eles investem nos estudos por exigência no mercado de trabalho, mas encontram uma escola distante do mundo do trabalho e longe de sua realidade. Em uma das pesquisas, o grupo investigado apontou que a escolaridade não era importante para o trabalho cotidiano e que esse grupo não valorizava as habilidades de leitura e de escrita. Outras pesquisas revelaram que a escolarização interfere na aprendizagem, proporciona o acesso a conhecimentos e informações e ainda amplia o entendimento de que os educandos da EJA são sujeitos de direitos.[14]

Como nosso foco, nos trabalhos encontrados no GT-18 da ANPEd, está na temática da *escolarização*, tivemos um olhar mais aprofundado sobre a forma como os autores e autoras encaram esse conceito e suas práticas escolares. Com isso,

---

[14] No capítulo deste livro sobre "Os sujeitos da EJA", no subtítulo "Os sujeitos para os autores em suas diversas abordagens", a busca de melhores condições de vida e oportunidades de trabalho, através da escola, também é tratada.

deparamo-nos com a escola como objeto central de pesquisa na modalidade de ensino da EJA, já que a instituição escolar estava presente na maior parte dos trabalhos analisados sob a temática. Apesar de a EJA ser uma modalidade educativa que permite uma variedade de experiências que consideram as especificidades do educando, exigindo dessa modalidade uma oferta para além do espaço formal da escola, as práticas dentro das escolas ainda foram o objeto de pesquisa maior dos trabalhos analisados.[15]

Desta forma, deixamos aqui a indicação de leitura de outros trabalhos, com um olhar investigativo, que procure problematizar o que apresentamos no início deste capítulo, onde fizemos uma reflexão sobre *Educação, escola e escolarização* no campo da EJA. Assim, perguntamo-nos: que outras experiências com a EJA podem ser encontradas fora da escola? Como essas experiências são desenvolvidas? Elas levam os educandos a obter sucesso na sequência da sua vida escolar e no seu cotidiano?

## Trabalhos analisados

BRASILEIRO, Sheilla. Juventude e as novas tecnologias: Implicações para a Educação de Jovens e Adultos. 16 p. In: 25ª Reunião Anual da ANPEd, 2002, Caxambu. *Anais* da 25ª Reunião Anual da ANPEd, 2002.

---

[15] No capítulo deste livro referente ao tema "Educação de Jovens e Adultos: uma análise das políticas públicas a partir da leitura dos textos da ANPEd (1998 a 2008)", no subtítulo Políticas, "Programas e projetos nos textos", poderá ser vista a relação de alguns projetos, políticas e programas no campo da EJA. O capítulo referente ao tema sobre a "EJA e o mundo do trabalho: uma análise dos trabalhos apresentados no GT-18 da ANPEd (1998 a 2008)", no subtítulo "A EJA como momento de formação contínua" apresenta diversas atribuições da educação permanente na contemporaneidade. No capítulo sobre "Currículo e práticas pedagógicas: fios e desafios", no subtítulo "Currículo e disciplinas", também encontramos uma análise panorâmica sobre várias práticas educativas na Educação de Jovens e Adultos. No capítulo sobre "Alfabetização, letramento e Educação de Jovens e Adultos", no subtítulo "Construção da alfabetização", também é apresentada uma experiência de escolarização ligada ao Programa Nacional de Educação na Reforma Agrária (PRONERA), do Instituto Nacional de Colonização e Reforma Agrária (Incra), com 460 alfabetizandos, em que é relatada a construção de práticas pedagógicas diferenciadas ao educando do campo.

CAMARGO, Maria Rosa; MAZZA, Débora; SALLES, Leila Maria Ferreira. Escolarização tardia de homens e mulheres trabalhadores: reconstruindo trajetórias escolares e ocupacionais. 14 p. In: 23ª Reunião Anual da ANPEd, 2000, Caxambu. *Anais* da 23ª Reunião Anual da ANPEd, 2000.

CAMAROSANO, Elenice. Educação escolar de adultos em privação de liberdade: limites e possibilidades. 14 p. In: 31ª Reunião Anual da ANPEd, 2008, Caxambu. *Anais* da 31ª Reunião Anual da ANPEd, 2008.

CAVALCANTE, Maria Auxiliadora da Silva. Procedimentos metodológicos para abordar questões de variação linguística em uma turma da Educação de Jovens e Adultos. 16 p. In: 29ª Reunião Anual da ANPEd, 2006, Caxambu. *Anais* da 29ª Reunião Anual da ANPEd, 2006.

COELHO, Suzana Lanna Burnier. Limites e possibilidades das tecnologias digitais na Educação de Jovens e Adultos. 16 p. In: 31ª Reunião Anual da ANPEd, 2008, Caxambu. *Anais* da 31ª Reunião Anual da ANPEd, 2008.

FERREIRA, Maria José Resende. Por que é tão difícil freqüentar a escola? Escolarização e gênero feminino no EMJAT/CEFET. 17 p. In: 31ª Reunião Anual da ANPEd, 2008, Caxambu. *Anais* da 31ª Reunião Anual da ANPEd, 2008.

GIOVINAZZO JR., Carlos Antônio. A produção acadêmica sobre a educação escolar do aluno-adolescente: 1981-1995. 21 p. In: 22ª Reunião Anual da ANPEd, 1999, Caxambu. *Anais* da 22ª Reunião Anual da ANPEd, 1999.

GOMES, Vanise dos Santos. Para além das areias brancas: significados da escolarização e do alfabetismo para a população de São José do Norte/RS. 13 p. In: 26ª Reunião Anual da ANPEd, 2003, Poços de Caldas. *Anais* da 26ª Reunião Anual da ANPEd, 2003.

INNOCÊNCIO, Mariângela Tostes. Ensino de língua portuguesa na EJA: os gêneros argumentativos. 18 p. In: 29ª Reunião Anual da ANPEd, 2006, Caxambu. *Anais* da 29ª Reunião Anual da ANPEd, 2006.

MOURA, Mayra Patrícia. Desenvolvimento do pensamento: um estudo sobre formação de conceitos em jovens e adultos em processo de escolarização. 17 p. In: 23ª Reunião Anual da ANPEd, 2000, Caxambu. *Anais* da 23ª Reunião Anual da ANPEd, 2000.

PARREIRAS, Patrícia Conceição. Jovens e adultos em processo de escolarização: especificidades etárias e sócio-culturais. 15 p. In: 24ª Reunião Anual da ANPEd, 2001, Caxambu. *Anais* da 24ª Reunião Anual da ANPEd, 2001.

SANTOS, Geovania Lúcia dos. Educação Ainda Que Tardia: a exclusão da escola e a reinserção em um programa de EJA entre adultos das camadas populares. 12 p. In: 25ª Reunião Anual da ANPEd, 2002, Caxambu. *Anais* da 25ª Reunião Anual da ANPEd, 2002.

SILVA, Rita de Cássia Curvelo. As aprendizagens escolares como objeto do desejo dos trabalhadores e trabalhadoras rurais sem-terra. 16 p. In: 24ª Reunião Anual da ANPEd, 2001, Caxambu. *Anais* da 24ª Reunião Anual da ANPEd, 2001.

SILVA, Valdenice Leitão da. Números decimais: no que os saberes de adultos diferem dos de crianças. 17 p. In: 29ª Reunião Anual da ANPEd, 2006, Caxambu. *Anais* da 29ª Reunião Anual da ANPEd, 2006.

TEIXEIRA, Vânia Laneuville. Turma de Reorientação da Aprendizagem da Educação de Jovens e Adultos: Refletindo a partir de Bourdieu. 15 p. In: 26ª Reunião Anual da ANPEd, 2003, Poços de Caldas. *Anais* da 26ª Reunião Anual da ANPEd, 2003.

## Referências

ARROYO, Miguel. A Educação de Jovens e Adultos em tempos de exclusão. In: *Construção coletiva: contribuições à Educação de Jovens e Adultos*. Coleção Educação para Todos. n. 3. Brasília: UNESCO, MEC, RAAAB, 2005. 362 p.

BRASIL. *Lei de Diretrizes e Bases da Educação Nacional 9.294/96*. Congresso Nacional. 1996.

BRASIL. Construção coletiva: contribuições à Educação de Jovens e Adultos. *Coleção Educação para Todos*. UNESCO, MEC, RAAAB. 362 p. Brasília: 2005.

BRASIL. Ministério da Educação. *Escolarização*. Thesaurus Brasileiro da Educação. Instituto Nacional de Estudos e Pesquisas Educacionais Anísio Teixeira. (s/d). Disponível em: <http://www.inep.gov.

br/pesquisa/thesaurus/thesaurus.asp?te1=122175&te2=36876& te3=142165>. Acesso em: 2 out. 2009.

CANÁRIO, Rui. *Estabelecimento de ensino: a inovação e a gestão de recursos educativos*. (s/d). Disponível em: <http://www2.dce.ua.pt/ docentes/ventura/ficheiros/documpdf/rui canário.pdf>. Acesso em: 17 nov. 2009.

COELHO, Araci Rodrigues. *Escolarização: uma perspectiva de análise dos livros didáticos da História*. Belo Horizonte: E. Fundamental do Centro Pedagógico/UFMG, 2002.

CUNHA, Antônio Geraldo. *Dicionário etimológico da língua portuguesa*. Rio de Janeiro: Lixikon Editora Digital, 2007.

FERREIRA, Aurélio B. de Hollanda. *Novo Dicionário da Língua Portuguesa*. 3. ed. Rio de Janeiro: Nova Fronteira, 2005. 1838 p.

FREIRE, Paulo. *Professora sim, tia não: Cartas a quem ousa ensinar*. 6. ed. São Paulo: Olhos D'Água, 1997.

GADOTTI, Moacir. Escola. In: STRECK, Danilo R.; REDIN, Euclides; ZITKOSKI, Jaime José (Orgs.). *Dicionário Paulo Freire*. Belo Horizonte: Autêntica, 2008.

GIOVANETTI, Maria Amélia Gomes de Castro. Juventude, escolarização e poder local: Região Metropolitana de Belo Horizonte (RMBH) – MG. *GT: Educação de Pessoas Jovens e Adultas*. n. 18. (s/d). Disponível em: <http://www.ANPEd.org.br/reunioes/27/gt18/p182.pdf>. Acesso em: 2 out. 2009.

HADDAD, Sérgio; DI PIERRO, Maria Clara. Escolarização de jovens e adultos. *Revista Brasileira de Educação*, ANPEd, São Paulo, n. 14, p. 108-130, maio-ago. 2000.

LAROUSSE, Ática. *Dicionário da Língua Portuguesa*. São Paulo: Ática, 2001.

MARCHESI, Reinaldo de Souza. *Educação escolarizadora: dos modos de governamento*. UNEMAT. Disponível em: <http://www.ie.ufmt. br/semiedu2009/gts/gt6/ComunicacaoOral/REINALDO%20DE%20 SOUZA%20MARCHESI%20_450_.pdf>. Acesso em: 28 out. 2009.

MONTEIRO, Rosemeire Selma. *A construção de um pacto pela alfabetização e Educação de Jovens e Adultos ao longo da vida*. Ceará, Universidade Federal do Ceará: 2008. Disponível em: <http://www.redeandibrasil.org.br>. Acesso em: 2 out. 2009.

PAIVA, Jane. Educação de Jovens e Adultos: movimentos pela consolidação de direitos. *REVEJ@ - Revista de Educação de Jovens e Adultos*, v. 1, n. 0, p. 1-108, ago. 2007.

PAIVA, Jane; MACHADO, Maria Margarida; IRELAND, Timothy (Orgs.). Educação de Jovens e Adultos: uma memória contemporânea 1996-2004. *Coleção Educação para Todos*. Ministério da Educação, UNESCO. Brasília: 2005.

ROMÃO, José Eustáquio. Educação. In: STRECK, Danilo R.; REDIN, Euclides; ZITKOSKI, Jaime José (Orgs.). *Dicionário Paulo Freire*. Belo Horizonte: Autêntica, 2008.

# Currículos e práticas pedagógicas: fios e desafios

Ana Paula Ferreira Pedroso
Juliana Gouthier Macedo
Marcelo Reinoso Faúndez

Este capítulo é uma análise realizada com base na leitura dos 24 trabalhos relacionados à categoria *Currículos e Práticas Pedagógicas* do GT 18 da ANPEd, apresentados no período de 1998 a 2008. Nosso objetivo foi construí-lo a partir dos principais elementos emergentes identificados nessa temática, além dos aspectos convergentes e/ou divergentes verificados entre os referidos trabalhos.

O debate acerca dessa temática vem ganhando cada vez mais espaço nos contextos educacionais, uma vez que têm sido recorrentes as discussões sobre o aprimoramento de práticas pedagógicas que possam ser adequadas a grupos determinados de educandos. No que se refere à Educação de Jovens e Adultos (EJA), estudos têm apontado que, para se alcançar uma práxis que possibilite uma aprendizagem significativa, é imprescindível que sejam consideradas, no processo educativo, informações que desvelem o contexto no qual os educandos estão inseridos.

Um exemplo claro dessa evolução é a concordância de um princípio pedagógico que preconiza a incorporação da cultura e da realidade vivencial dos estudantes como conteúdo ou ponto de partida do processo educativo, de modo a não direcionar a forma de o educando compreender o mundo e atuar sobre ele (PEDROSO, 2008). Tal princípio tem como base fundamental a concepção de alfabetização conscientizadora, postulada por Paulo Freire, que "implica na negação do homem abstrato, isolado, solto e desligado do mundo, e na negação do mundo como uma realidade ausente dos homens" (FREIRE, 1978, p. 81). Ao contrário, tal concepção enreda um esforço permanente através do qual os sujeitos vão percebendo, criticamente, como estão inseridos no mundo em que se encontram.

Mas, antes de enveredarmos por análises mais específicas dos trabalhos, ressaltamos que não há como descolar as discussões desse eixo temático das questões gerais que perpassam a maioria das pesquisas *em* e *sobre* a EJA. Se por um lado as fronteiras são fluidas, o que reafirma o caráter subjetivo em qualquer categorização, por outro os recortes são pertinentes na medida em que auxiliam análises mais aprofundadas para uma compreensão mais ampla desse campo da educação. Mas, nesse *moto continuum,* há pontos que dizem respeito à EJA numa abordagem mais complexa, que consideramos importante contextualizar neste capítulo, uma vez que nos parecem fundamentais para tornar mais claro o debate configurado como *Currículos e Práticas Pedagógicas.*

Nesse sentido, propomos inicialmente abarcar dois pontos que nos parecem imprescindíveis – entre tantos outros possíveis. O primeiro é o de localizarmos o perfil dos educandos de EJA que nortearam e norteiam as concepções curriculares e as práticas pedagógicas, trazendo à tona o sujeito e as suas especificidades. O outro ponto é a importância de situar historicamente o eixo temático que estamos analisando. Ou seja, como se configuravam a construção curricular e as práticas pedagógicas nas primeiras iniciativas dessa modalidade de ensino.

Quando focamos na EJA, não estamos tratando de qualquer jovem e qualquer adulto. São jovens e adultos com histórias, trajetórias socioetnorraciais, do campo, da periferia. A "EJA nomeia os jovens e os adultos pela sua realidade social: oprimidos, pobres, sem terra, sem teto, sem horizonte" (ARROYO, 2006, p. 223). E foi na perspectiva de mudar essa condição marginal na sociedade que, nos anos 1950 e 1960, a EJA se fortaleceu como um movimento de educação popular, num modo amplo de lidar com a educação, pautado nos processos de humanização, libertação, emancipação humana, como coloca Arroyo. E isso reverberou na concepção de currículo e práticas pedagógicas em diálogo com as práticas cotidianas, os saberes e a cultura popular, num percurso alternativo aos modelos escolares:

> Temos que reconhecer que muitas experiências de EJA acumularam uma herança riquíssima na compreensão dessa pluralidade de processos, tempos e espaços formadores. Aprenderam metodologias que dialogam com esses outros tempos. Incorporam nos currículos dimensões humanas, saberes e conhecimentos que forçaram a estreiteza e a rigidez das grades curriculares escolares (ARROYO, 2006, p. 229).

Partindo dessa contextualização, Arroyo defende a necessidade de se abordar o campo temático analisado para além das referências escolares, que ainda carregam noções como grades, conteúdos mínimos, disciplinas, cargas horárias, áreas específicas e níveis de aprendizado, entre outros. Esse percurso, do qual emerge permanente tensão entre maior ou menor regulação, autonomia e controle, homogeneização e diversidade, pode ser percebido explícita ou implicitamente nas abordagens, referências e reflexões da maioria das pesquisas do campo do currículo e das práticas pedagógicas na EJA.[1]

---

[1] Essa discussão está presente em Fávero, que aborda a legislação que regula a EJA. O autor reconhece os avanços do Parecer CEB/CNE nº 11/2000, mas questiona a normatização reconhecendo que não se "conseguiu superar os estreitos limites de equivalência dessa nova modalidade de ensino com as formas regulares do ensino fundamental e médio", que contam com uma ênfase excessiva na regulação como padrão de enquadramento (RIVERO; FÁVERO, 2009, p. 174). Em um tom muito mais enfático, Arroyo também critica fortemente essa legislação, convocando-nos a lembrar da herança da EJA na história brasileira, chamando a atenção para o risco que

Diante desse cenário, chama-nos a atenção o fato de que, apesar da grande importância do tema, após realização do estado da arte das pesquisas em EJA, Haddad (2000) constatou a carência de estudos sobre o currículo, voltados especificamente para essa modalidade de ensino. Tal assertiva já havia sido colocada por Soares (1999), ao apontar algumas temáticas que demandam investigação:

> [...] a necessidade de se estabelecer um perfil do aluno mais aprofundado, a tomada da realidade em que está inserido como o ponto de partida das ações pedagógicas, o repensar dos currículos com metodologias e materiais didáticos adequados às suas necessidades e a formação de professores condizentes com a especificidade da EJA (SOARES, 1999, p. 28).

Após essas constatações, tanto de Haddad (2000) quanto de Soares (1999), percebe-se maior investimento dos pesquisadores em torno do currículo em EJA. Até 2000 foram apresentados cinco trabalhos no GT 18 da ANPEd, sendo os outros 19 produzidos a partir de 2001, ano em que houve quatro estudos nesse grupo de trabalho. E, nesses 10 anos, entre os 24 trabalhos, percebem-se abordagens que incluem discussões conceituais sobre o tema, como a de se pensar o currículo de forma mais abrangente, considerando os procedimentos metodológicos e avaliativos, uma atenção para o reflexo das escolhas dos educadores e a flexibilidade conquistada na construção dos currículos buscando-se uma aproximação com as especificidades do grupo sociocultural para o qual se dirigem.

Ainda dentro dos principais assuntos apresentados pelos pesquisadores, há recortes na percepção do currículo a partir do envolvimento dos educandos no processo de aprendizagem e também dos resultados conquistados por esses. Não faltou quem

---

se corre ao tentar enquadrar a EJA a um modelo de ensino fundamental ou médio. "Ou os ensinos se redefinem radicalmente ou esse legado perde sua radicalidade" (UNESCO, MEC, RAAAB, 2005, p. 222).

dirigisse o olhar para os educadores como produtores de currículo e seu reconhecimento como sujeitos de aprendizagem nem quem investigasse educandos e educadores sem dissociá-los, ou seja, imbricados um com o outro. Nos trabalhos há abordagens que dialogam, tendo em vista a concepção freiriana de sujeito histórico, com a experiência de vida de cada um e a diversidade cultural e a tensão latente entre essa e a tendência normatizadora da educação.

Estudos voltados para a EJA desenvolvidos por empresas discutem a sutileza da fronteira entre os objetivos de uma formação crítica e uma educação voltada para o aumento da produtividade. Aparecem também questionamentos sobre a afetividade, vista como positiva, desde que desvinculada de uma relação de subordinação. Outros aspectos que aparecem nos textos são a ausência nos currículos e a persistência, muitas vezes escamoteada, de modelos de uma organização escolar tradicional, como, por exemplo, a disciplinarização. Como contraponto, há discussões desencadeadas por rearranjos de tempos, conteúdos e formatos.

## Premissas

Considerando-se tais apontamentos, o desafio de se discutir o currículo, não só na EJA, é, em primeiro lugar, o de responder à questão sobre o que estamos entendendo por currículo e de que modo essa compreensão vai influenciar o cotidiano da sala de aula. É importante ressaltar aqui que há, na maioria dos trabalhos, uma aderência às teorias críticas ou pós-críticas como referencial teórico, que, como coloca Silva (1999, p. 147), marcaram, de maneira significativa, a concepção de currículo:

> Depois das teorias críticas e pós-críticas do currículo, torna-se impossível pensar o currículo simplesmente através de conceitos técnicos como os de ensino e eficiência ou de categorias psicologizantes como as de aprendizagem e desenvolvimento ou ainda de imagens estáticas como as de grade curricular e de lista de conteúdos. Num cenário

pós-crítico, um currículo pode ser todas essas coisas, pois ela é também aquilo que dela se faz, mas nossa imaginação está agora livre para pensá-lo através de outras metáforas, para concebê-lo de outras formas, para vê-lo de perspectivas que não se restringem àquelas que nos foram legadas pelas estritas categorias da tradição.

Historicamente, a mais tradicional e utilizada forma de se entender um currículo é aquela que o percebe como o conjunto dos conteúdos programáticos estabelecidos para as disciplinas e os segmentos escolares, ideias já incorporadas ao senso comum. Entretanto, embora presente ainda nos dias de hoje, essa visão não considera as práticas concretas daqueles que desenvolvem esses conteúdos cotidianamente, bem como o caráter dinâmico e singular dos currículos efetivamente desenvolvidos no contexto escolar, como coloca Oliveira (2005).

Conforme salientado pela autora, na tentativa de ampliar e aproximar-se da realidade, estudos curriculares mais recentes evidenciam tendências a considerar os procedimentos metodológicos e avaliativos preconizados nas propostas curriculares e nos planejamentos específicos também como currículo, o que corresponderia a levar em consideração os processos reais de condução dos conteúdos e de avaliação da aprendizagem como elementos dos currículos. Tal concepção é corroborada por Saul (2008, p. 120), ao afirmar que: "Currículo é, na acepção freiriana, a política, a teoria e a prática do que-fazer na educação, no espaço escolar, e nas ações que acontecem fora desse espaço, numa perspectiva crítico-transformadora".

## Percursos

O que eleger na construção de um currículo e nas práticas pedagógicas voltados para a EJA? Por onde passam ou deveriam passar essas escolhas? As pesquisas na área apontam a conquista da flexibilidade como um dos fundamentos que pauta qualquer projeto nesse sentido. Vale ressaltar que essa flexibilidade se contextualiza no cenário dos movimentos de redemocratização e é institucionalizada pela LDB 9.394/96, visando libertar essa modalidade de ensino das rígidas referências curriculares, metodológicas, de tempo e espaço, com vistas a possibilitar a organização escolar necessária ao atendimento das especificidades desse grupo sociocultural (HADDAD; DI PIERRO, 2000).

Entretanto, se por um lado a prescrição parece superada, por outro o desafio se coloca na autonomia, que, por sua vez, evoca a necessidade de um diálogo e atuação compartilhados por todos os sujeitos envolvidos nos processos educativos de jovens e adultos.

A maioria dos trabalhos apresentados no GT 18 aborda discussões a partir do aluno, questionando os currículos e as práticas pedagógicas que vêm sendo adotadas na EJA, contemplando análises de processos e resultados. Todavia, Paiva (2002) deslocou as questões para os professores. Ao atuar como consultora no processo de reformulação curricular do ensino fundamental, com professores da rede estadual da Bahia, essa autora destacou o fato de "os professores não se reconhecerem como produtores de currículos, nem o fato de considerarem como expressão curricular as suas práticas pedagógicas" (p. 1).

Se os professores responsáveis pela articulação curricular e práticas pedagógicas foram formados dentro de uma tradição de controle ou de um currículo prescritivo, em que o outro é quem define, questiona-se se esses mesmos professores se percebem como sujeitos de sua aprendizagem. A pesquisa de Paiva dialoga com os demais trabalhos na medida em que trata de questões comuns a boa parte deles, mas, quando remete o foco para os professores, chama-nos a atenção para um pensamento efetivamente em rede, na qual educandos e educadores não podem estar dissociados. Ou melhor, as questões que emergem ao se pensar no aluno, seja em sua subjetividade, nas referências culturais, nas experiências de vida, seja no desenvolvimento do pensamento crítico, dizem respeito também aos professores.

Essa proposição de Paiva também se vincula a um aspecto recorrente nos trabalhos do GT 18, nos quais há forte ênfase na valorização dos saberes e conhecimentos dos grupos envolvidos. A experiência de vida entra com um peso determinante para o professor – pela sua trajetória como aluno –, como pontuado acima, e também para os educandos, como sintetiza Nürhrich (2005, p. 15): "É ver esse aluno e essa aluna como um sujeito histórico: um ser que produz história, produziu história e que pela história vai e vem sendo constituído".

Nessa mesma perspectiva, ao investigar a conexão existente entre subjetividade e produção textual, Nóblega (2001, p. 3) ressalta que o trabalho a partir das histórias dos adultos/as possibilita "um campo fecundo para a problematização de como os adultos/as se constituem (se narram) enquanto grupo de idade e de como as histórias narradas sobre as experiências de si apontam para uma multiontologia de pertencimento".

Outra abordagem mais específica nos trabalhos apresentados, e que também traz questionamentos relacionados com a área como um todo, é a análise do discurso "que vem estatuindo a interculturalidade como um objeto de saber-poder-ser no campo específico do currículo da Educação de Jovens e Adultos (EJA) no Brasil" (CARVALHO, 2004, p. 1). A autora trabalha elementos históricos, contextualizando o discurso sobre a diversidade cultural, articulando-os com as práticas discursivas e não discursivas. Em suas considerações finais, destaca a interculturalidade como um discurso *multifacetado* (gerado em diversos campos do saber), *móvel* (há uma redefinição permanente nos elementos que o compõem) e fundamentalmente *problemático* pela tensão latente entre a diversidade cultural e a normalização que a educação tende a estabelecer, com base nas ideias de Foucault (1995).

Esses conceitos discutidos por Carvalho (2004) comunicam-se com a maioria das pesquisas apresentadas, nas quais há grande recorrência de se pensar as práticas curriculares em EJA considerando a perspectiva de interculturalidade, pressupondo o diálogo com o universo cultural dos alunos, como um desdobramento da valorização das singularidades de grupos e pessoas e da inclusão. E, ao problematizar o discurso da interculturalidade, a autora traz contribuições significativas que podem sustentar com maior clareza as propostas curriculares para esses sujeitos que se constroem e são construídos em suas tramas históricas e em suas relações culturais.

Paralelamente à intenção de valorização dos conhecimentos culturais dos alunos na construção dos currículos, alguns pesquisadores, como Viegas (2007), chamam a atenção para a tensão que pode emergir nos projetos de EJA desenvolvidos por empresas. Estas, ao incentivarem práticas pedagógicas que por um lado potencializem o desenvolvimento das capacidades subjetivas dos alunos/trabalhadores com o investimento na autonomia do sujeito, por outro "expressam a intenção declarada na formação de um trabalhador flexível" (p. 15), mas pressupostamente afinado com os interesses das empresas.

Ao analisar projetos de EJA para trabalhadores, o autor ressalta a percepção da diferença, muitas vezes sutil, do que se espera com o estímulo à participação desencadeada pela valorização do indivíduo. Ou seja, se os alunos são provocados a "inserir-se ativamente na luta por melhores condições de vida para si", ou se "visam apenas formar saberes que serão apropriados para a maior produtividade do capital" (p. 16).

Outro componente curricular também abordado por alguns autores é a afetividade, discutida numa relação horizontal, mas que também pode ser construída como submissão. O acolhimento de pessoas que foram excluídas da escola é apontado por Loureiro (1998) como fundamental na construção do conhecimento. Mas, com base na pesquisa que desenvolveu, Loureiro percebeu que as relações afetivas entre aluno e professor ainda guardam "resquícios de uma crença generalizada segunda a qual o professor é aquele que sabe tudo, é aquele que tem o poder de conhecer, portanto, alguém a ser necessariamente respeitado e admirado" (LOUREIRO, 1998, p. 17). Nesse sentido, ele defende a construção de relações afetivas como um terreno fértil para práticas pedagógicas, como problematização da própria sala de aula e discussões críticas.

Ainda sob essa ótica, Caldeira e Gorni (2008) fazem referência à relação educador-educando como um apoio importante para o estudante. Sob essa ótica, o respeito, a admiração e a cooperação são mencionadas como preponderantes para a realimentação da EJA como resgate social.

## Currículo e disciplinas

Um dado intrigante e que não pode ser desconsiderado é de que mais de um terço do total dos trabalhos apresentados na categoria *Currículos e Práticas Pedagógicas* se referem ao ensino de Matemática. Outros quatro se relacionam mais diretamente com o aprendizado da Língua Portuguesa. Apenas um trabalho traz questões referentes a outro campo disciplinar, a Sociologia (MOTA, 2003), que não entrou nesse estudo por se relacionar ao ensino médio escolar. Essa constatação impõe uma questão para reflexão: a que se deve essa predominância? Isso poderia ser considerado como uma resistência implícita à EJA de não se submeter a uma categorização disciplinar? Numa proposta de educação e alfabetização num sentido mais amplo – que contempla o pensamento matemático –, como propõe alguns autores, o que pode indicar o maior investimento de determinados campos?

Na tentativa de avançar nesses questionamentos, alguns apontamentos vêm à tona: o primeiro se refere ao fato de a Matemática, como disciplina, ocupar na cultura escolar um lugar socialmente validado dentro do currículo. Outra inferência possível diz respeito à efetiva presença de pesquisadores da área que têm se debruçado sobre pesquisas relativas a esse tema. Uma terceira hipótese, levantada por Haddad (2000), é a progressiva incorporação da aprendizagem do cálculo a um conceito ampliado de alfabetização. Tal assertiva é corroborada pelo Indicador de

Alfabetismo Funcional (Inaf),² que considera "alfabetizada funcional a pessoa capaz de utilizar a leitura e escrita e habilidades matemáticas para fazer frente às demandas de seu contexto social e utilizá-las para continuar aprendendo e se desenvolvendo ao longo da vida".³

A predominância de determinados campos do conhecimento se explicita nas definições/escolhas de currículos e nas práticas educativas propostas e, claro, nas pesquisas realizadas e legitimadas institucionalmente. Percebe-se que ainda é forte o vínculo com disciplinas e campos de conhecimento específicos – em nome da demanda de alfabetização –, numa clara aproximação com concepções educativas escolares. Mas, antes de nos atermos aos trabalhos que partem de campos de conhecimento mais específicos, recortamos algumas discussões propostas sobre a construção curricular em diferentes contextos de EJA, sinalizando as tensões concretas entre o discurso, a história de proposições alternativas e uma prática contaminada pela sutil dicotomia entre o ensinar e o educar, que se revela nos textos quando ainda se percebe, por exemplo, a presença significativa de expressões como "transmissão de conteúdos", "assimilação e aquisição".

Essas escolhas, do que desenvolver nas práticas educativas, aparecem em pesquisas, como a que explora ou revisita a

---

[2] O Indicador de Alfabetismo Funcional (Inaf) é um indicador que revela os níveis de alfabetismo funcional da população adulta brasileira. Criado em 2001, o Inaf pesquisa a capacidade de leitura, escrita e cálculo da população brasileira. Entre 2001 e 2005, o Inaf foi divulgado anualmente, alternando as habilidades pesquisadas. Assim, em 2001, 2003 e 2005, foram medidas as habilidades de leitura e escrita (letramento) e, em 2002 e 2004, as habilidades matemáticas (numeramento). A partir de 2007, a pesquisa passou a ser bienal, trazendo simultaneamente as habilidades de letramento e numeramento e mantendo a análise da evolução dos índices a cada dois anos. Disponível em: <http://www.ipm.org.br/ipmb_pagina.php?mpg=4.02.00.00.00&ver=por>. Acesso em: 2 dez. 2009.

[3] A temática da *alfabetização* é tratada de forma mais aprofundada no capítulo "Alfabetização, Letramento e Educação de Jovens Adultos – uma análise a partir de textos do GT 18 da ANPEd".

pergunta: o que eles e elas devem ser ou se tornar? Gatto e Veit (1999) vão pela necessidade de olhar o currículo da EJA pelas suas ausências, analisando possíveis mudanças organizacionais da escola num curso de suplência no Estado do Rio Grande do Sul. Os temas identificados como parte do mundo dos jovens e dos adultos trabalhadores e considerados ausentes do currículo oficial, como a sexualidade e a cultura das diferentes etnias, permeiam o estudo.

Tal questionamento, ressaltam as autoras, não está isento de contradições e resistências pelas relações de poder envolvidas no jogo de ruptura entre a tradição e possíveis alterações na organização escolar. Entretanto, a pesquisa dá conta de mudanças significativas especialmente nas dimensões que relacionaram o discurso escolar e o não escolar (aportado pelos temas do trabalho, sexualidade e cultura), no sentido de atenuar as fronteiras discursivas pela integração.

Os currículos como espaço de discussão e propostas também são trabalhados tendo em vista estudos que tratam diretamente da construção de um currículo próprio sobre a base de um projeto de intervenção, como o de Gomes (2007). Suas bases epistemológicas são a partir das teorias críticas e têm como intenção "fazer com que o conhecimento esteja conectado com a realidade, ou seja, parta da realidade e a ela retorne, com a possibilidade de transformá-la" (p. 11). O desejo explícito da autora vai numa direção "capaz de contribuir para superar a força hegemônica do projeto neoliberal, contrapondo-a com a valorização da força da cultura popular" (p. 13).

A pesquisa se desenvolveu numa escola da Rede Municipal de Goiânia, analisando as mudanças substantivas detectadas na implementação de um *Currículo Paritário*, que conseguiu igualar o peso das disciplinas de estudo. As alterações no tempo das aulas reestruturaram a organização escolar. Algumas disciplinas tiveram sua carga horária reduzida e, em contrapartida, outras tiveram a carga horária aumentada, exigindo uma revisão do entendimento de currículo e uma reorganização dos conteúdos propostos por cada professor, gerando

> [...] incompreensões e muita resistência. Enquanto alguns professores se alegravam por passarem a ter todas as suas aulas concentradas na mesma escola, como os de Artes, por exemplo, outros, os de Matemática e Português, principalmente, contestavam a necessidade de complementar a carga horária em outro turno, às vezes em outra escola, para não terem o salário reduzido (GOMES, 2007, p. 10).

Além das mudanças analisadas no estudo de Gomes (2007), que de alguma forma valida a disciplinarização curricular, ao rediscutir pesos e valores dos tradicionais campos de conhecimento presentes na escola, há também discussões como a proposta por Caldeira e Gorni (2008), que tentaram contrastar precisamente as políticas oficiais da EJA e o cotidiano escolar numa experiência semipresencial. Ou seja, partem de uma mudança focada numa prática pedagógica alternativa do ensino a distância. O ponto de partida é "a dificuldade para fazer um acompanhamento mais aproximado da aprendizagem do aluno", o que chamam de "ponto problemático no ensino semipresencial, trazendo à tona a necessidade de construção de alternativas para solucioná-lo" (CALDEIRA; GORNI, 2008, p. 9).

As autoras desenvolvem uma crítica ao formato semipresencial analisado, constatando a falta de qualidade, por ter como pressuposto ser caracterizado como um caminho fácil para a conclusão dos estudos. Nesse sentido, é dramática a fala de um adolescente que diz:

> Eu entrei aqui mesmo por causa do curso e já que eu tô atrasado [...] as escolas ensinam mais, tem diploma que vale mais pra entrar nas firmas, no caso aqui [...] eles já não valorizam tanto [...] você não aprende aqui não. Por causa que aqui eles não explica nada. Eles dá a apostila assim e: "Estuda". Mais estudar quê? "Lê". Elas não fala nada. Aí você lê, faz a prova e do nada você já passa (CALDEIRA; GORNI, 2008, p. 14).

Se projetos e políticas públicas de ensino a distância ou semipresenciais são práticas educativas que vêm ocupando espaços colados em um discurso de democratização de acesso à educação, também por sua potente capilaridade, na análise de Caldeira e Gorni (2008), a construção de um projeto curricular nesse campo, que possa responder às demandas de jovens e adultos excluídos da educação regular, requer uma revisão das práticas à luz de se garantir uma qualidade suficiente às necessidades que pretende satisfazer. Na análise das autoras, refletindo com base em avaliações dos estudantes, as experiências de EJA em propostas semipresenciais também apontam "relações de contradições e mediações, proximidades e distanciamentos entre as perspectivas em estudo, revelando fragilidades nas metas presentes no discurso oficial e precarização de suas condições de produção" (p. 15).

Partindo dessa prática educativa estudada, as autoras deixam claro que há questões fundamentais que dizem respeito à EJA e à educação de maneira geral, que acabam se evidenciando quando se buscam alternativas pretensamente inovadoras sem que haja mudanças conceituais. Ou seja, uma prática educativa semipresencial, por princípio, não garante novas relações nas construções curriculares:

> A visão de educação encontrada nas perspectivas estudadas tende a reduzi-la à escolarização, ao invés de expandi-la num panorama de formação humana. A partir dessa visão reducionista, constatamos que, ao sujeito professor tem sido delegada a função de instruir e esperar resultados, deixando de lado a tarefa de ensinar (p. 16).

Mudam-se algumas ferramentas, mas as questões de base continuam pendentes. Persiste a busca por currículos e práticas educativas sintonizados com um tipo de sujeito que, seguindo a maioria dos trabalhos analisados, o mundo contemporâneo exige ser uma pessoa consciente, crítica, com condições de opinar, agir, desconstruir e construir a história, o lugar que ocupa, o tempo em que vive.

Nessa perspectiva e na relação com o mundo do trabalho, tema recorrente na discussão dos currículos propostos em

EJA, chama-nos a atenção algumas das questões levantadas por Nührich (2005) relativas à construção de conhecimentos significativos, analisados em duas dimensões: a vida pessoal e a vida profissional. O estudo sugere que os estudantes tecem relações importantes entre a experiência vivenciada na EJA com sua vida pessoal. Já na relação com a vida profissional, os depoimentos estão mais voltados a questões de reconhecimento e valorização, não chegando a uma postura crítica a respeito do mundo do trabalho.

> No que diz respeito à vida profissional, tanto os professores e professoras, como os alunos e alunas têm consciência de que não vão mudar radicalmente sua vida profissional, (com algumas exceções) nem vão ter um aumento substancial em seus salários. Sabem perfeitamente que os conhecimentos que adquiriram e que ainda estão adquirindo servem para facilitar o desenvolvimento de seu trabalho, para tornar mais prazeroso o seu fazer, para melhorar o relacionamento com colegas e com os superiores no local de trabalho (NÜHRICH, 2005, p. 10).

Se as relações das construções curriculares e das práticas educativas com o trabalho devem fomentar maior postura crítica do educando, isso merece mais investigação e discussão. Nos projetos de EJA desenvolvidos por empresas, há discursos de construção de cidadania e de solidariedade, mas também a intenção de investimento na produtividade é revelada por Veiga (2007, p. 2), através da fala de um diretor de uma empresa extrativista:

> [...] é verdade isso, espero que as pessoas cresçam como pessoas, um ambiente melhor, todo mundo amigo [...] mas a gente quer também que esse conhecimento possa ser aplicado em benefício dos setores de produção, que a gente possa ter um ganho em relação a isso [...] fazer efetivamente um melhor produto, com qualidade melhor, com um menor preço.

Sem perder de vista o sujeito como trabalhador, no seu estudo focado nos trabalhadores rurais, Silva (2005) faz um recorte em torno do movimento, da comunicação e da linguagem em um projeto de EJA para o Movimento dos Trabalhadores Rurais Sem Terra (MST). Percebe-se que o homem e a mulher do campo apresentam "um jeito próprio e característico na sua maneira de se comunicar, na qual o uso de linguagem é muito mais verbal e gestual do que linguagem escrita" (p. 1). O autor destaca a importância da corporeidade na significação e realização da comunicação. No caso do MST, os corpos que se movimentam carregam uma expressividade que não pode ser desconsiderada e que fica evidente como linguagem, que agrega fala e gestos, principalmente nos momentos de luta pela ocupação de terras, praças, prédios e órgãos públicos.

Ao fazer referências à diversidade de linguagens presentes no MST, o autor destaca a mística como possibilidade de múltiplas linguagens. A celebração da mística, segundo Silva, busca revigorar sua força de luta, manter a unidade e a consciência política e ideológica:

> Os atores participantes da mística produzem um cenário [...] nele desenham o mapa do Brasil, usam a bandeira do MST e, sobre o mapa colocam seus produtos, ferramentas e alguns materiais usados para o estudo como livros, jornal do MST, canetas, lápis, no sentido de resgatar a linguagem ideológica, na qual as questões da terra se entrelaçam às questões da educação, da saúde, da moradia (p. 9).

Nesse sentido, o autor destaca a necessidade de uma melhor compreensão da mística como instrumento pedagógico, assim como a corporeidade. Para ele, o corpo precisa ser compreendido como instrumento de trabalho, de produção, mas também como condição de dignidade, com direito a descanso, ao lazer e ao lúdico. Isso, de acordo com Silva, é um olhar que precisa ser enfatizado e uma discussão que precisa ser amadurecida nas práticas educativas do/no MST, que demanda uma conscientização e percepção do corpo como componente ativo do sujeito. Para Silva, tanto o conhecimento da mística do movimento quanto o desenvolvimento da percepção corporal permitiriam aprofundar uma proposta curricular particular centrada em práticas significativas de conscientização com o objetivo de transformação da realidade.

Já numa perspectiva da linguagem como oralidade, Souza e Mota defendem práticas pedagógicas que promovam o desenvolvimento da competência comunicativa em ambientes fora da escola e que definem como pedagogia da oralidade em EJA. A partir da escuta de alunos de EJA, eles perceberam uma demanda de muitos em superar as dificuldades de se expressarem adequadamente em situações sociais várias, como, por exemplo, em uma entrevista de emprego, em idas a agências de serviços públicos para tirar documentos, em conflitos com vizinhos ou colegas de trabalho e em muitos outros eventos de fala. Diante dessa constatação, construíram propostas focadas em

> [...] situações simuladas por meio de diálogos situacionais – retirados de textos escritos ou orais encontrados na literatura, no cinema, no teatro, na televisão, na música – na intenção de analisar os conteúdos sociolinguísticos, incorporar estratégias comunicativas linguísticas e extralinguísticas que colaborem com a intencionalidade do discurso, e ampliar seu repertório discursivo e sua competência comunicativa integral (SOUZA; MOTA, 2007, p. 8-9).

Assim, buscando inserir esses desafios nas práticas pedagógicas, apostam numa "afirmação dos direitos linguísticos do aluno como parte essencial do fortalecimento de identidades sociais, de formação de cidadania em uma sociedade democrática" (p. 9).

Outro estudo com esse foco é o de Vóvio (2000). Através de autobiografias orais e escritas elaboradas por jovens e adultos em processos de escolarização, a autora buscou "compreender explicar o desenvolvimento, o impacto e a disseminação das práticas sociais de uso da linguagem escrita em diferentes contextos e sociedades" (p. 1). Entre as constatações que chegou, destaca a de que fatores culturais e sociais são determinantes no letramento, que ela caracteriza como "fenômeno multifacetado". Além disso, segundo Vóvio, "a situação comunicativa impõe problemas de diversas ordens àqueles que dela participam, independentemente se oral ou escrita" (p. 15). Ou seja, a experiência em ambientes do cotidiano de cada pessoa "também promove aprendizagens" (p. 15).

## Pelo olhar da Matemática

Se, como citamos anteriormente, há um predomínio dos estudos de Currículos e Práticas Pedagógicas nessa área temática a partir da Matemática, propomos que os recortes feitos sejam ampliados para um contexto maior, tencionados nas questões iminentes da EJA, abordadas na introdução deste texto, principalmente a ideia de conteúdos e disciplinas, e nos pressupostos que podem carregar.

Especificamente em relação ao campo da *educação matemática*, muitas pesquisas apontam que existe uma contradição entre o sucesso no desempenho de adultos em situações da vida cotidiana que envolvem habilidades matemáticas, como a administração do orçamento doméstico ou no exercício profissional, e algumas dificuldades apresentadas na aprendizagem da linguagem matemática formal (CARRAHER; CARRAHER; SCHLIEMAN, 1989; CARVALHO, 1995; 1997 *apud* FANTINATO, 2003).

Esses estudos revelam ainda diferenças entre esses dois tipos de conhecimento matemático. Por exemplo, quanto à forma, uns são predominantemente baseados no cálculo mental, enquanto outros se fundamentam no uso da linguagem matemática escrita como principal ferramenta. Diante desse contexto, ao procurar compreender como a matemática escolar e a matemática da vida cotidiana se relacionam entre um grupo de jovens e adultos da classe trabalhadora, Fantinato (2003) verificou que, apesar do distanciamento existente entre eles, os conhecimentos matemáticos do cotidiano são ricos, complexos, lógicos e precisam ser legitimados pela escola, para facilitar a aprendizagem desses outros conhecimentos matemáticos, os formais, que os jovens e os adultos também buscam acessar.

Sobre esse aspecto, a autora argumenta ainda que o afastamento entre o mundo da vida cotidiana e o mundo da escola talvez viesse a ser menor, se professores e profissionais da educação compreendessem os motivos que levam os adultos a resistirem a uma simples passagem dos conhecimentos matemáticos práticos para os conhecimentos matemáticos escolares. Segundo ela, não se trata de uma ponte, mas, antes, de um diálogo que deve ser respeitoso de parte a parte. Se há respeito, há troca. Se há horizontalidade, há menos resistência (FANTINATO, 2003).

Outra questão que tem se mostrado bastante relevante é a negociação de significados no ensino e na aprendizagem da Matemática, sobretudo na EJA. Essa discussão foi abordada nos estudos de Fonseca (2002b), Porto e Carvalho (2000) e Carvalho (1999). Para fins de esclarecimento, esta última elucida que a negociação de significados visa sobretudo a reelaboração dos procedimentos matemáticos construídos na prática, de modo a torná-los mais gerais e menos dependentes de variáveis contextuais (CARVALHO, 1999).

A abordagem etnomatemática foi mencionada por Fantinato (2003) e Wanderer (2001). Nas palavras de Fonseca (2002a, p. 80), essa proposta educativa:

> [...] pode ser vista como uma proposta para o ensino da matemática que procura resgatar a intencionalidade do sujeito manifesta em seu fazer matemático, ao se preocupar com que a motivação do aprendizado seja gerada por um situação-problema por ele selecionada, com a valorização e o encorajamento às manifestações das idéias e opiniões de todos e com o questionamento de uma visão um tanto maniqueísta do certo/errado na matemática (escolar).

Ainda na perspectiva da etnomatemática, o ensino da Matemática ganha contornos e estratégias específicas, peculiares ao campo perceptual dos sujeitos aos quais se dirige. A Matemática vivenciada pelos meninos em situação de rua e a Geometria na cultura indígena, por exemplo, são completamente distintas entre si em função do contexto cultural e social nos quais estão inseridas.

Tal abordagem surge como uma fecunda possibilidade pedagógica. Contudo, não se pode desconsiderar que, conforme salientado por Fantinato (2003), trabalhar dentro de uma proposta etnomatemática com um universo multicultural, como é uma turma de jovens e adultos, representa um grande desafio. Isso porque se busca entender as formas culturais de pensamento matemático de um outro, quando na realidade, devido à diversidade de origem geográfica, faixa etária, ocupação, entre outras características dos educandos, existem diversos outros naquele contexto.

Vale destacar que um tema pouco recorrente entre os trabalhos apresentados nessa categoria se refere ao material didático de Matemática voltado para o público da EJA. Essa discussão é especialmente significativa ao considerarmos que esse material não pode se eximir das atribuições que a modalidade de ensino exige.

Pelo que se tem observado, as iniciativas de educação escolar para a EJA, em todos os níveis, convivem constantemente com o desafio de construir um currículo que contemple as especificidades desses sujeitos, suas demandas e potencialidades. Entretanto, conforme verificado por Araújo (2002), para o ensino médio parece ser mais forte a opção por adaptar o currículo construído histórica e socialmente para o ensino regular.

Araújo constatou ainda que, em relação aos conteúdos, o currículo expresso nesses material é composto predominantemente do conhecimento escolar, e outros interesses e necessidades dos alunos não aparecem de forma explícita. Além disso, segundo a autora, "o básico tem-se traduzido como mínimo, não somente por meio dos conteúdos selecionados, mas principalmente pela forma como esses conteúdos são abordados" (ARAÚJO, 2002, p. 14).

Tais apontamentos se revelam na contramão do que se espera em relação ao material didático para a EJA. Conforme defendido por Fonseca (2002a), uma proposta educativa precisa procurar saber com seus alunos sobre suas expectativas, demandas e desejos para indagar-se a si mesma sobre a sinceridade de sua disposição e sobre a disponibilidade de suas condições para atender aos anseios dos educandos ou com eles negociar. Num estudo posterior, Fonseca (2003) vai além ressaltando o risco iminente de os estudantes de EJA – oriundos de um processo de exclusão escolar – se tornarem candidatos a nova exclusão por causa da fragilidade e das tensões no estabelecimento do diálogo entre seu universo cultural e o da escola. Ademais, reforça a demanda de atitudes corajosas de reavaliação e transformação de princípios, propósitos e estratégias do pensar e do fazer educativo.

Essas relações, mediadas pelo consenso – pelo menos no discurso –, de se valorizar os conhecimentos construídos pelo educando ao longo de sua vida, são corroboradas por Ávila (1995, p. 130), ao argumentar que:

> Devemos considerar que, os adultos, especificamente os alunos da Educação de Jovens e Adultos (EJA), são portadores de conhecimentos e procedimentos de cálculos já organizados, fruto de suas experiências com o mundo e que nas mais diversas situações encontram-se diante de problemas que precisam de respostas compatíveis com as responsabilidades de uma vida adulta. Daí, a relevância de as propostas curriculares e metodológicas da EJA reconhecerem e acolherem esses fatos.

Essa ideia é também defendida por Ribeiro, ao colocar que, para qualquer proposta educacional voltada para o público jovem/adulto, o ensino/aprendizagem dos conteúdos matemáticos deve partir dos "conhecimentos prévios dos educandos" (RIBEIRO, 1997, p. 100). Corroborando tal assertiva, Toledo (2001) defende que a releitura desses é fundamental, uma vez que permite uma articulação do que ficou na lembrança dos educandos para a construção de conhecimentos. Para ela, essa mobilização permite aos indivíduos a realização de uma atividade mental ativa facilitadora da aprendizagem, pela qual eles constroem e incorporam significados e representações relativos ao novo conteúdo à sua estrutura mental. Uma das formas pelas quais essa mobilização pode ocorrer é através da utilização de estratégias metacognitivas de pensamento, pelas quais o sujeito é capaz de identificar o que já é sabido e criar meios para a utilização desse conhecimento. Diante desse contexto, a autora defende que, quanto maior a capacidade do sujeito de utilizar estratégias metacognitivas de pensamento, maior será sua facilidade de registrar os processos utilizados para a solução de problemas matemáticos.

Se alguns autores não relacionam o conhecimento prévio com experiências escolares dos educandos, mas o fazem com a vida cotidiana, Fonseca (2001) focaliza a importância de se resgatar na EJA as reminiscências da Matemática escolar. Para ela, o aluno adulto, ao buscar o que já teria aprendido em experiências escolares anteriores, além de poder transitar com mais facilidade na disciplina Matemática, pode exibir certa intimidade com o gênero discursivo próprio daquela instituição (que tem nos enunciados didáticos de Matemática uma expressão típica), intimidade que é elemento decisivo para justificar ou forjar sua inclusão nela. Em outras palavras: é como se falar um pouco de "matematiquês escolento" legitimasse a inserção daquele aluno adulto na escola, revelando que, por ele compartilhar dos modos de expressar o pensar e o fazer da Matemática escolar, não seria apenas *justo*, mas também *adequado* ocupar ali o lugar de sujeito.

## Considerações

Com base na análise dos trabalhos relacionados à categoria *Currículos e Práticas Pedagógicas* do GT 18 da ANPEd, foi possível apreender alguns elementos importantes emergentes nessa temática e que permeiam a maioria dos textos lidos.

No que se refere às discussões conceituais acerca desse tema, verificou-se que ainda é forte o vínculo com disciplinas e campos de conhecimento específicos, numa clara aproximação com concepções educativas escolares. Entretanto, foi possível perceber que o currículo tem sido pensado de forma mais abrangente, contemplando também procedimentos metodológicos e avaliativos, para além dos conteúdos a serem desenvolvidos. Considerando-se ainda esse olhar mais amplo, tem-se enfatizado o quão fundamental é que os professores se reconheçam como produtores desse instrumento e compreendam que suas práticas pedagógicas são uma expressão desse.

Pelo que se pôde observar, a flexibilidade conquistada na construção do currículo é refletida na valorização dos saberes e conhecimentos prévios dos educandos, ressaltando a necessidade não só de se resgatar as experiências e as histórias de vida desses sujeitos sócio-históricos, mas também de conectá-las com os conteúdos a serem desenvolvidos. Para que a aprendizagem seja significativa, é fundamental que o conhecimento construído parta da realidade dos estudantes, mas principalmente a ela retorne.

Partindo dessa perspectiva, o currículo é um espaço importante para o reconhecimento da interculturalidade, ao instaurar a possibilidade do diálogo com o universo sociocultural dos educandos, como um desdobramento da aceitação das singularidades dos indivíduos e de seus grupos. A afetividade também é abordada como um componente curricular significativo, uma vez que a horizontalidade na relação educador-educando tem se mostrado como um instrumento de apoio para o estudante, sobretudo no diz respeito ao seu acolhimento.

Num cômputo geral, pode-se considerar que as premissas supracitadas revelaram-se como aspectos convergentes, mais ou menos explícitos, na maioria dos trabalhos analisados. A única exceção diz respeito ao estudo de Araújo (2000), que, ao avaliar determinado material didático para o ensino médio da EJA, constatou uma tendência à simples adaptação do currículo construído para o ensino regular, uma vez que os conteúdos expressos nesse material constituem-se predominantemente de conhecimentos escolares, e outros interesses e necessidades dos alunos não aparecem de forma nítida.

## Trabalhos analisados

ARAUJO, Denise Alves. O ensino médio na Educação de Jovens e Adultos: o material didático e o atendimento às necessidades básicas de aprendizagem. In: 25ª Reunião Anual da ANPEd, 2002, Caxambu. *Anais* da 25ª Reunião Anual da ANPEd, 2002.

CALDEIRA, Liliam Cristina; GORNI, Doralice Aparecida Paranzini. Ensino semipresencial na EJA: leituras de cotidiano escolar. In: 31ª Reunião Anual da ANPEd, 2008, Caxambu. *Anais* da 31ª Reunião Anual da ANPEd, 2008.

CARVALHO, Dione Lucchesi de. Diálogo cultural e negociação de significados em aulas de Matemática para jovens e adultos: um caso de multiplicação. In: 22ª Reunião Anual da ANPEd, 1999, Caxambu. *Anais* da 22ª Reunião Anual da ANPEd, 1999.

CARVALHO, Rosângela Tenório de. Interculturalidade: objeto de saber no campo curricular da EJA. In: 27ª Reunião Anual da ANPEd, 2004, Caxambu. *Anais* da 27ª Reunião Anual da ANPEd, 2004.

FANTINATO, Maria Cecília de Castelo Branco. Representações quantitativas e espaciais entre jovens e adultos do morro de São Carlos. In: 26ª Reunião Anual da ANPEd, 2003, Poços de Caldas. *Anais* da 26ª Reunião Anual da ANPEd, 2003.

FONSECA, Maria da Conceição Ferreira Reis. Estratégias retóricas, linguagem matemática e inclusão cultural na Educação de Jovens e Adultos. In: 26ª Reunião Anual da ANPEd, 2003, Caxambu. *Anais* da 26ª Reunião Anual da ANPEd, 2003.

FONSECA, Maria da Conceição Ferreira Reis. Aproximações da questão da significação no ensino-aprendizagem da Matemática na EJA. In: 25ª Reunião Anual da ANPEd, 2002, Caxambu. *Anais* da 25ª Reunião Anual da ANPEd, 2002b.

FONSECA, Maria da Conceição Ferreira Reis. Discurso, memória e inclusão: reminiscências da Matemática escolar de alunos adultos do ensino fundamental. In: 24ª Reunião Anual da ANPEd, 2001, Caxambu. *Anais* da 24ª Reunião Anual da ANPEd, 2001.

GATTO, Carmen Isabel; VEIT, Maria Helena Degani. Educação de Jovens e Adultos: o currículo a partir de suas ausências. In: 22ª Reunião Anual da ANPEd, 1999, Caxambu. *Anais* da 22ª Reunião Anual da ANPEd, 1999.

GIOVANETTI, *Maria Amélia* Gomes de Castro. A relação educativa na Educação de Jovens e Adultos: suas repercussões no enfrentamento das ressonâncias da condição de exclusão social. In: 26ª Reunião Anual da ANPEd, 2003, Caxambu. *Anais* da 26ª Reunião Anual da ANPEd, 2003.

GOMES, Dinorá de Castro. A Escola Municipal Flor do Cerrado: uma experiência de educação de adolescentes, jovens e adultos em Goiânia. In: 30ª Reunião Anual da ANPEd, 2007, Caxambu. *Anais* da 30ª Reunião Anual da ANPEd, 2007.

LOUREIRO, Teresa Cristina. Afetividade, conteúdo e metodologia: diagnosticando as relações que se constroem em sala de aula na visão do aluno adulto. In: 21ª Reunião Anual da ANPEd, 2001, Caxambu. *Anais* da 21ª Reunião Anual da ANPEd, 1998.

MOTA, Kelly Cristine Corrêa da Silva. Os lugares da Sociologia na formação escolar de estudantes do ensino médio: a perspectiva de professores. In: 26ª Reunião Anual da ANPEd, 2003, Caxambu. *Anais* da 26ª Reunião Anual da ANPEd, 2003.

MOURA, Tânia Maria de Melo; FREITAS, Marinaide. Processos interativos em sala de aula de jovens e adultos: a utilização do livro didático em questão. In: 30ª Reunião Anual da ANPEd, 2007, Caxambu. *Anais* da 30ª Reunião Anual da ANPEd, 2007.

NÓBLEGA, Jorge Geraldo. Cultura, currículo e histórias de adultos/as. In: 24ª Reunião Anual da ANPEd, 2001, Caxambu. *Anais* da 24ª Reunião Anual da ANPEd, 2001.

NÜHRICH, Soraia Liége. Educação de pessoas jovens e adultas: um olhar investigativo sobre uma proposta curricular. In: 28ª Reunião Anual da ANPEd, 2005, Caxambu. *Anais* da 28ª Reunião Anual da ANPEd, 2005.

PAIVA, Jane. Proposições curriculares na EJA: formação continuada como metodologia de pesquisa. In: 25ª Reunião Anual da ANPEd, 2002, Caxambu. *Anais* da 25ª Reunião Anual da ANPEd, 2002.

PORTO, Zélia Granja; CARVALHO, Rosângela Tenório. Educação matemática na Educação de Jovens e Adultos - sobre aprender e ensinar conceitos. In: 23ª Reunião Anual da ANPEd, 2000, Caxambu. *Anais* da 23ª Reunião Anual da ANPEd, 2000.

SILVA, Samuel Ramos da. Movimento, comunicação e linguagem na EJA do MST. In: 28ª Reunião Anual da ANPEd, 2005, Caxambu. *Anais* da 28ª Reunião Anual da ANPEd, 2005.

SOUZA, Janine Fontes de; MOTA, Kátia Maria Santos. O silêncio é de ouro e a palavra é de prata? Considerações acerca do espaço da oralidade em EJA. In: 29ª Reunião Anual da ANPEd, 2006, Caxambu. *Anais* da 29ª Reunião Anual da ANPEd, 2006.

TOLEDO, Maria Elena Romam de Oliveira. As estratégias metacognitivas de pensamento e o registro matemático de adultos pouco escolarizados. In: 24ª Reunião Anual da ANPEd, 2001, Caxambu. *Anais* da 24ª Reunião Anual da ANPEd, 2001.

VIEGAS, Moacir Fernando. Currículo e Educação de Jovens e Adultos nas empresas: apropriação de saberes e mudança no conteúdo prescritivo. In: 30ª Reunião Anual da ANPEd, 2007, Caxambu. *Anais* da 30ª Reunião Anual da ANPEd, 2007.

VÓVIO, Cláudia Lemos. Impactos da escolarização: pesquisa sobre a produção de textos em EJA. In: 23ª Reunião Anual da ANPEd, 2000, Caxambu. *Anais* da 23ª Reunião Anual da ANPEd, 2000.

WANDERER, Fernanda. Educação de Jovens e Adultos e produtos da mídia: possibilidades de um processo pedagógico etnomatemático. In: 24ª Reunião Anual da ANPEd, 2001, Caxambu. *Anais* da 24ª Reunião Anual da ANPEd, 2001.

## Referências

ARROYO, Miguel. Formar educadores e educadoras de jovens e adultos. In: SOARES, Leôncio (Org.). *Formação de educadores de jovens e adultos*. Belo Horizonte: Autêntica, 2006. p. 17-32.

ÁVILA, Alicia. Um curriculum de Matemática para a Educação Básica de Adultos: dúvidas, reflexões, contribuições. In: BRASIL, Ministério da Educação e do Desporto. *Jornada de reflexão e capacitação sobre a Matemática na educação básica de jovens e adultos*. Brasília: MEC/SEF, 1995. p. 121-140.

BRASIL. *Lei de Diretrizes e Bases da Educação Nacional (9.394/96), de 20 de dezembro de 1996*. Apresentação por Carlos Roberto Jamil Cury. 6. ed. Rio de Janeiro: DP&A, 2003. 176 p.

BRASIL. Conselho Nacional de Educação/Câmara de Educação Básica. *Parecer nº 11/2000, de 10 de maio de 2000*. Diretrizes Curriculares Nacionais para a Educação de Jovens e Adultos. 2000.

FONSECA, Maria da Conceição Ferreira Reis. *Educação Matemática de Jovens e Adultos*. Belo Horizonte: Autêntica, 2002a.

FOUCAULT, Michel. *A arqueologia do saber*. Rio de Janeiro: Forense Universitária. 1995.

FREIRE, Paulo. *Pedagogia do oprimido*. 6. ed. Rio de Janeiro: Paz e Terra, 1978. 218 p.

HADDAD, Sérgio. *O estado da arte das pesquisas em Educação de Jovens e Adultos no Brasil (1986-1998)*. São Paulo: Ação Educativa, 2000.

HADDAD, Sérgio; DI PIERRO, Maria Clara. Escolarização de jovens e adultos. *Revista Brasileira de Educação*, São Paulo, n. 14, p. 108-130, maio/ago. 2000.

OLIVEIRA, Inês Barbosa de. Tendências recentes dos estudos e das práticas curriculares. In: *Construção coletiva: contribuições à educação de jovens e adultos*. Brasília: UNESCO, MEC, RAAAB, 2005. p. 231-242.

PEDROSO, Ana Paula Ferreira. *Informação e prática pedagógica: possibilidades e desafios no contexto da EJA*. 165 f. Dissertação (Mestrado em Ciência da Informação) – Escola de Ciência da Informação, Universidade Federal de Minas Gerais, Belo Horizonte, 2008.

RIBEIRO, Vera Maria Masagão. *Educação de Jovens e Adultos: proposta curricular para o $1^o$ segmento do ensino fundamental*. São Paulo: Ação Educativa; Brasília: MEC, 1997.

RIVERO, José; FÁVERO, Osmar. *Educação de Jovens e Adultos na América Latina: direito e desafio de todos.* UNESCO Fundação Santillana. Brasil, 2009.

SAUL, Ana Maria. Currículo. In: STRECK, Danilo Romeu; REDIN, Euclides; ZITKOSKI, Jaime José (Orgs.). *Dicionário Paulo Freire.* Belo Horizonte: Autêntica, 2008.

SILVA, Tomaz Tadeu da. *Documentos de identidade: uma introdução às teorias do currículo.* Belo Horizonte: Autêntica, 1999. 156 p.

SOARES, Leôncio J. Gomes. Processos de inclusão/exclusão na Educação de Jovens e Adultos. *Revista Presença Pedagógica*, Belo Horizonte, v. 5, n. 30, 1999.

# Educação de Jovens e Adultos no contexto do mundo do trabalho

Ana Paula B. de Oliveira
Flávio de Ligório Silva

A proposta deste capítulo é fazer uma análise reflexiva de 11 artigos apresentados na categoria *Mundo do Trabalho* do GT 18 da ANPEd. O que se pretende é observar nos textos como se estabelece o possível diálogo entre a educação, aqui delimitada à educação de pessoas jovens e adultas, e a categoria analítica *trabalho*.

Podemos citar neste artigo a argumentação de Enguita (1989) que diz: "[...] salta aos olhos a necessidade de compreender o mundo do trabalho para poder dar a devida conta do mundo da educação". O autor convida para a compreensão do mundo do trabalho, já que o trabalho, como se apresenta no pensamento de Marx, é a essência do homem, no qual tudo está relacionado ao trabalho, é o ponto de partida das nossas relações sociais. O trabalho é intrínseco à condição humana. Pelo trabalho o homem efetua uma mudança de forma natural, ao mesmo tempo efetiva o próprio objetivo; o trabalho não alienado é uma efetivação de uma vontade transformadora da natureza, segundo pensadores como Hegel e Marx.

Explorando um pouco mais a temática a ser analisada, podemos citar um conceito sobre o *mundo do trabalho*. Segundo Fidalgo e Machado (2000, p. 219):

> A expressão em questão procura englobar todo o universo do trabalho, refere-se ao contexto e às relações que o mesmo se realiza. O mundo do trabalho seria a realização e a efetivação desta atividade através das suas mais diversas formas, incluindo todos os fenômenos articulados como a legislação do trabalho; as formas alternativas de trabalho, que correm por fora das relações assalariadas, o trabalho desregulamentado, o trabalho precário; os investimentos do capital; a formação dos trabalhadores; a tecnologia presente [...] Todos esses fenômenos formam um complexo muito bem articulado, chamado mundo do trabalho.

Pelos expostos acima, entende-se a aproximação que se estabelece entre o trabalho e um *fazer* humano. O trabalho, porém, não se restringe apenas ao exercício de uma atividade por um ser humano. Para além disso, o trabalho se estabelece num contexto de *relação*, uma vez que se situa em um tempo e espaço específicos.

De acordo com Guareschi (1998, p. 150-151),

> A partir da reflexão filosófica, costuma-se conceituar relação como *ordo ad aliquid*, isto é, "relação" seria o ordenamento (intrínseco) de uma coisa em direção a outra. "Intrínseco", isto é, aqui, entende-se o ordenamento do próprio ser, de algo essencial a esse ser. Em outras palavras, relação é uma realidade que para poder ser necessita de outra, senão não é.

Dessa forma, o conceito de relação passa a ser predicado de uma dada realidade. Encarar o trabalho como relação envolve percebê-lo como característica inerente à realidade existencial de um ser humano em simultaneidade não apenas com outros homens e mulheres, mas também com a natureza. Ele é aquilo que ordena – e nesse sentido coordena, estabelece a posição – e marca o lugar que o indivíduo ocupa na trama social. Em resumo, o trabalho é um ordenamento intrínseco que direciona um indivíduo a outros em um ambiente que faz parte da natureza, mas é também social.

E Guareschi (1998, p. 151) explica mais:

> Um adjetivo que provém de relação é "relativo". E relativo é o contrário de "absoluto". Nesse sentido, sempre que falo em relação, estou falando de um ser que, como tal, necessita de outro, isto é, que é aberto, incompleto, por se fazer. Falar de "relações" é falar de incompletudes, é pensar em algo aberto, em algo que pode ser ampliado ou transformado.

O trabalho não deve, pois, ser visto como algo absoluto em si mesmo, mas relativo à forma como se estabeleceu e se estabelece o fazer humano ao longo das situações históricas. Dessa forma, ele é continuamente transformado pelo desenvolvimento técnico presente em uma realidade situada.

Podemos, então, considerar que o mundo do trabalho não se restringe exclusivamente às funções laborais, de aspecto físico, mecanizadas e repetitivas. Para além disso, devem ser incluídas tanto as atividades materiais, produtivas, como os processos sociais que lhe dão forma e sentido no tempo e no espaço.

Pelo exposto, identificamos a dificuldade de conceituação e entendimento do termo. A complexa expressão *mundo do trabalho* vem ganhando novas configurações e significados desde a consolidação do modelo econômico globalizado e a implantação do neoliberalismo.

O neoliberalismo surge a partir do fim da Segunda Guerra Mundial como crítica teórica e política às intervenções de bem-estar social feitas pelo Estado (SOARES, 2007). Constitui-se numa política econômica que deriva diretamente dos princípios do Liberalismo Clássico do "Século das Luzes" e caracteriza-se pela redução do papel do Estado de implementar diversos setores, inclusive o educacional, transferindo parte de sua responsabilidade para o setor privado. Em vez disso, a burocracia estatal atuará apenas como gestora e avaliadora dos serviços prestados, enfatizando a regulação imposta pelo mercado sobre a economia. Assim, reduzem-se os gastos governamentais, o déficit fiscal, a inflação, as taxas de câmbio e as tarifas, enfatizando as exportações e a internacionalização da economia como fatores de desenvolvimento de um país (SOARES, 2007).

Dessa forma, a educação atual está inserida nesse contexto de políticas públicas e econômicas – conforme o leitor pode observar noutro texto da coletânea sobre Políticas Públicas e EJA. De acordo com Lima (2007),

> O processo da educação ocorre sempre dentro de um contexto de relações sociais, o que permite afirmar que o fenômeno educativo não ocorre no vazio, não concorre, simplesmente, para o estabelecimento de princípios universais, tais como o desenvolvimento do ser humano. A educação, de modo geral e de forma institucionalizada, serve como instrumento do aparato estatal para atingir os objetivos estabelecidos pelas instâncias políticas e é de certa forma fortemente influenciada pela instância econômica.

No contexto neoliberal, a educação para o trabalho se torna uma ferramenta que busca aperfeiçoar e qualificar jovens e adultos para o mercado, e a inserção deles em algum emprego está em grande medida condicionada a sua prévia preparação intelectual e técnica. No entanto, a articulação entre educação e mundo do trabalho, sobretudo no que se refere à EJA, mostra-se muitas vezes presente, mas também de modo fragmentado, incompleto e quando não, inexistente. Tal discussão se faz necessária graças ao fato de que os textos apresentam como tema principal a articulação existente entre o mundo do trabalho e a educação de pessoas jovens e adultas, já que assim foram categorizados no GT 18 da ANPEd.

## Caracterização dos textos

Iniciamos apresentando uma breve descrição dos textos, escrita com base na leitura de cada um deles, procurando enfatizar os objetivos propostos pelo(s) autor(es) nas introduções:

"Uma análise do discurso de alunos adultos trabalhadores da UFRGS" (Gustavo, 1998):

Análise de discurso aplicada sobre o pronunciamento de 18 alunos pertencentes a um curso de EJA da UFRGS visando identificar nas falas como tais sujeitos se posicionam socialmente e que formações discursivas (marcas linguísticas) se apresentam.

"As noções de educação permanente e competência: um diálogo entre os campos educação de pessoas jovens e adultas e trabalho e educação" (Parenti, 1999): Texto de caráter teórico em que se discutem as noções de educação permanente e competência.

"Trabalhadores da construção civil e a experiência escolar: significados construídos" (Parenti, 2000): Artigo em que se discutem os significados construídos por trabalhadores da construção civil em relação à experiência de aperfeiçoamento profissional desenvolvida no curso de Encarregado Geral de Obras, dentro do programa de extensão CIPMOI, promovido pela UFMG.

"Concepção de educação da CUT: uma análise" (Fischer, 2000): Análise documental em que se procurou obter a concepção de educação da CUT, tendo por fio condutor do referencial teórico o conceito de *práxis crítica*.

"A atuação das centrais sindicais nas políticas de Educação de Jovens e Adultos" (Deluiz, 2002): Trabalho cujo objetivo é analisar a participação das centrais sindicais (CUT, CGT e FS) nos programas implementados no campo da Educação de Jovens e Adultos, desenvolvidos no âmbito de uma das linhas de ação – Parcerias Nacionais – do Plano Nacional de Educação Profissional (Planfor) do Ministério do Trabalho e Emprego (MTE).

"O diálogo entre trabalho e Educação de Jovens e Adultos: e a formação do cidadão?" (Fernandes, 2004): Texto em que se pretende apresentar reflexões sobre a configuração dos processos de formação do cidadão trabalhador obtidas numa pesquisa empírica sobre um projeto de alfabetização com prática educacional desenvolvida em local de trabalho – o *Alfabetizar é Construir* – desenvolvido por algumas empresas de construção civil do Rio de Janeiro através da parceria entre o Sindicato da Construção Civil (Sinduscon-Rio), o Serviço Social da Indústria (SESI) e a Fundação Roberto Marinho.

"A relação trabalho e EJA na década de 1990: expectativas e perspectivas presentes nos discursos dos operários da construção civil" (FERNANDES, 2005): Texto em que se pretende apresentar reflexões sobre o discurso do cidadão trabalhador obtidas numa pesquisa empírica sobre um projeto de alfabetização com prática educacional desenvolvida em local de trabalho – o *Alfabetizar é Construir* – desenvolvido por algumas empresas de construção civil do Rio de Janeiro através da parceria entre o Sindicato da Construção Civil (Sinduscon-Rio), o Serviço Social da Indústria (SESI) e a Fundação Roberto Marinho.

"Os novos desafios da Educação de Jovens e Adultos: a educação e o trabalho dos cortadores de cana no contexto da reestruturação produtiva" (PRESTES, 2005): Estudo em que se busca responder às questões de como conceitos relativos à educação, ao trabalho, ao desenvolvimento e à sustentabilidade são apropriados pelos jovens e pelos adultos de pouca ou nenhuma escolaridade e reconvertidos nas suas práticas cotidianas de vida e de trabalho e ainda de que forma os processos de escolarização e de qualificação para o trabalho melhoram as suas condições e qualidades laborais e de vida.

"Vida de jovens: educação não formal e inserção socioprofissional no subúrbio" (LARANJEIRA; BARONE; TEIXEIRA, 2006): Texto em que se discutem os limites e as possibilidades da educação não formal no processo de inserção socioprofissional de jovens moradores de um subúrbio de Salvador.

"Alfabetização de jovens e adultos em espaços não formais e interfaces com as políticas neoliberais em educação – uma reflexão sobre a década de 1990" (FERNANDES, 2007): Texto em que se pretende apresentar as relações estabelecidas entre trabalhadores e empresários que, por sua vez, são potencialmente traduzidas por algumas formas de exclusão da classe trabalhadora do saber escolar formal e sua inserção – ou retorno – posterior a outro espaço de conquista do direito de ser alfabetizado.

"O Programa Nacional de Integração da Educação Profissional com a Educação Básica na modalidade de Educação de Jovens e Adultos (Proeja) no Centro Federal de Educação Tecnológica de Goiás (CEFET-GO): uma análise a partir da implantação do Curso Técnico Integrado em Serviços de Alimentação" (VITORETTE; CASTRO, 2008): Trabalho em que se procura explicitar como se deu o processo de implantação do Curso Técnico Integrado em Serviços de Alimentação e as implicações dele decorrentes para o CEFET-GO, na unidade de Goiânia, buscando identificar as suas características e as manifestações internas em relação ao Proeja, no momento da assunção do programa pela instituição.

Inicialmente, perguntamo-nos pelos motivos que levaram o GT-18 Educação de Jovens e Adultos da ANPEd a agrupar tais textos na categoria Mundo do Trabalho, e não nas demais. A análise do material nos suscitou aproximações analíticas entre eles, de tal forma que os agrupamos em subcategorias de análise. Outros grupamentos entre os textos poderiam ser possíveis, e reconhecemos que qualquer forma de enquadramento rígido do material é arbitrária e passível de críticas. Entretanto, com o objetivo de tornar mais fácil a resolução da questão, optamos por fazê-lo tal como se apresenta a seguir. Pela presente análise, percebemos que se enquadram nessa categoria os artigos que:

- Apresentam experiências públicas formais de alfabetização/escolarização desenvolvidas para trabalhadores que pouco ou nenhum contato tiveram com o ensino formal escolar. Trata-se de casos em que se faz um resgate de uma dívida social histórica acumulada com uma parcela significativa de jovens e adultos que não tiveram acesso à escolarização na idade considerada adequada e que conquistam o término do ensino fundamental como exercício de um direito público para todas as pessoas, independentemente de sua faixa etária. Enquadra-se nesta subcategoria o texto de Gustavo (1998).

- Exibem experiências de alfabetização/escolarização para trabalhadores que também tiveram pouco ou nenhum contato com a escolarização formal e que também exercitam seu direito à educação de maneira semelhante à descrita anteriormente. Entretanto, tais experiências se veem vinculadas à iniciativa privada, sendo os empresários os atores educacionais principalmente responsáveis pelo seu desenvolvimento. Para as empresas a que pertencem tais trabalhadores, tal atitude representa investimento em recursos humanos e se converteu em benefícios, como aumento de sua produtividade e melhoria de sua competitividade em tempos de capitalismo avançado e reestruturação produtiva. Além de conhecimentos tipicamente escolares, essas experiências objetivam também treinar os trabalhadores no exercício de suas funções laborais, evitando acidentes e fazendo com que as desempenhem de forma melhorada, mais ágil e dinâmica. Situam-se nesta subcategoria os textos de Fernandes (2004, 2005, 2007) referentes a uma experiência de alfabetização para trabalhadores da construção civil desenvolvida por empresários das empresas em que trabalham em parceria com o Sindicato da Construção Civil (Sinduscon-Rio) e a Fundação Roberto Marinho, e o texto de Prestes (2005) referente à educação de cortadores de cana desenvolvida pelos empresários de uma usina.

- Expõem de forma empírica ou teórica a EJA não como momento de resgate de uma dívida social com os que não se escolarizaram no momento considerado adequado, mas como um momento de formação contínua para os trabalhadores mediantes as novas dimensões do trabalho, a reestruturação produtiva e os avanços tecnológicos, as mudanças no capitalismo e as dificuldades de manutenção da empregabilidade. Para alguns, a educação de pessoas jovens e adultas seria uma necessidade permanente e constante dos tempos atuais. Emergem desse discurso as noções de educação permanente e competência, que impregnam não apenas as seções de recursos humanos das empresas, mas também os teóricos da educação. Agrupam-se nesta subcategoria o ensaio teórico de Parenti (1999) sobre educação permanente e competência e também outro texto da mesma autora, desta vez de caráter empírico, sobre o aperfeiçoamento profissional de trabalhadores da construção civil ocorrido na UFMG (PARENTI; 2000). Temos ainda o texto de Vitorette e Castro (2008) sobre um Curso Técnico de Alimentação desenvolvido no CEFET-GO, e o artigo de Laranjeira, Barone e Teixeira (2006) sobre as experiências não formais de educação numa fundação de moradores de um bairro periférico de Salvador. O primeiro diferencia-se do segundo por apresentar caráter formal e desenvolver-se numa escola técnica federal.

- Mostram concepções educacionais de diferentes centrais sindicais, bem como sua atuação nas políticas de Educação de Jovens e Adultos. Situam-se nesta subcategoria os trabalhos de Fischer (2000) e Deluiz (2002).

Cabe ressaltar que elementos analíticos comuns atravessam os textos, de tal forma que características que se apresentam em uma subcategoria também perpassam textos de outras. Pelo exposto, os textos nos apresentam experiências de escolarização e de formação que se desenvolvem em diferentes espaços educacionais – mas não somente nos espaços escolares – e estão diretamente relacionadas com a profissionalização em uma atividade específica que já é ou ainda vai ser desenvolvida por esses sujeitos. Por esse aspecto, trata-se de um ensino que está sempre, nesse caso, vinculado ao mundo do trabalho em que vivem estes sujeitos.

Desse modo, trata-se de uma formação que, antes de ser propedêutica em relação ao trabalho que será desempenhado por esses sujeitos, já se coaduna ao labor doravante exercido. Claro está, portanto, que tais experiências serão substancialmente divergentes umas das outras, haja vista que as necessidades desses profissionais são bastante diferentes entre si, como se pode exemplificar pela distinção entre as competências necessárias ao trabalho de profissionais do setor de alimentação e as necessárias às atividades dos construtores civis.

Em sua diversidade, os textos nos trazem um panorama multifacetado de perspectivas temáticas, conceitos e aspectos analíticos. Preocupam-se em expor o pronunciamento dos alunos trabalhadores sobre os aspectos diversos da realidade que os cercam, seja em suas vivências cotidianas em casa e na escola, seja nos locais de trabalho. Atentam-nos para a grande influência que os aspectos econômicos vêm tendo nas políticas educacionais e nos mostram maneiras como os trabalhadores têm contornado e enfrentado diversos problemas e desigualdades sociais, impactando diretamente seus processos de trabalho e sua vida.

Avançando em nossas observações a respeito dos textos, e diante desse complexo panorama conceitual, faremos mais considerações sobre cada uma das subcategorias analíticas anteriores.

## Uma experiência formal de alfabetização

Verificamos no artigo do Gustavo (1998) concordâncias quanto à identificação dos sujeitos da EJA e sua relação com o mundo do trabalho. Adentrando o primeiro eixo, encontramos características singulares quanto ao perfil de seus educandos, quais sejam, são alunos adultos, trabalhadores da Universidade Federal do Rio Grande do Sul (UFRGS) em diversas profissões de apoio – carpinteiros, marceneiros, serralheiros, pedreiros, serventes de limpeza e porteiro – que não concluíram o ensino fundamental em tempo hábil e que agora voltam à escola quase sempre incentivados por um outro com poder de autoridade sobre o sujeito. Esse "voltar à escola" ocorre dentro da própria universidade através de seu Programa de Ensino Fundamental para Jovens e Adultos Trabalhadores (PEFJAT), desenvolvido numa parceria entre a Faculdade de Educação e a Pró-Reitoria de Recursos Humanos (PRORHESC).

O material de análise consiste em textos produzidos por tais alunos em aulas de Língua Portuguesa cuja temática se ancorava em duas questões fundamentais suscitadas pela autora/pesquisadora: "Por que voltei a estudar?" e "Como eu era antes de ter voltado a estudar?".

Os pronunciamentos e as justificativas para o retorno aos estudos, apesar de uma fala singular, no sentido de que há um lugar comum de classe menos favorecida presente nos textos, devem-se à crença de que a escolarização possibilita ascensão profissional em sua maioria, mas também por um desejo de crescimento pessoal ou um bem-estar familiar e social.

O que pode ser percebido por essas leituras é que a identidade do aluno trabalhador está diretamente relacionada com o mundo do trabalho, ou seja, pelo trabalho, o aluno se identifica e se situa como ser social. Em seu pronunciamento, eles hierarquizam as funções, de tal forma que o trabalho intelectual é supervalorizado em detrimento do trabalho manual (Gustavo, 1998).

Fica para nós a consideração que as atividades por eles exercidas são de grande importância para a UFRGS, apesar de existir um desprestígio em relação a sua prática. Explicita-se, no texto, a contradição entre a falta de estudo e a qualificação de diversos profissionais que atuam no seio de uma instituição de ensino das mais importantes do país e que forma com grau de excelência, em nível de graduação e pós-graduação, diversos trabalhadores de diferentes profissões, o que procura ser revertido por tal instituição. Nos próprios discursos, percebe-se a marca da exclusão, numa demonstração de que tais sujeitos carregam inscritos em seu sistema simbólico representações de uma posição subalterna perante a alteridade.

## A educação desenvolvida pelo setor privado

Neste segundo eixo temático, relatamos duas experiências educacionais desenvolvidas por empresários, num total de três textos de autoria de Fernandes (2004, 2005, 2007) e um texto de Prestes (2005).

O que diferencia este segundo eixo do anterior é o fato de que as atividades educacionais desenvolvidas para os trabalhadores são promovidas pelos empresários contratantes de suas funções, o que deixará sua marca no ensino que está sendo oferecido na modalidade EJA, a ser mais bem detalhada logo abaixo.

Um aspecto que perpassa os quatro textos diz respeito ao desenvolvimento de políticas neoliberais na atualidade da reestruturação produtiva e desenvolvimento técnico-científico, o que desloca a função estatal na implantação e manutenção de políticas públicas de bem-estar social.

Prestes (2005, p. 2) vem nos provocar inquirindo-nos: "No contexto da reestruturação produtiva e da sociedade do conhecimento, como os processos de escolarização e de qualificação para o trabalho melhoram as suas (dos trabalhadores) condições e qualidade de vida e de trabalho?".

Essa não é uma pergunta fácil de ser respondida. Quebrar formas tradicionais de vivência, mesmo que não muito prazerosas, é destruir ou esmaecer o universo simbólico dos trabalhadores que durante toda a sua vida desenvolveram unicamente certas atividades, muitas vezes herdadas de seus pais, aliado ao fato de que são jovens e adultos de baixa escolarização, o que se lhes dificulta novos voos, novas buscas e oportunidades de emprego e constitui um desafio, muitas vezes não devidamente equacionado, pensado e relacionado pela EJA. Novas percepções e oportunidades de vida são opções pelas quais talvez valha a pena se "arriscar" (Prestes, 2005). Mais restritamente, os trabalhadores que aprendem a ler, mesmo que inicialmente devido ao interesse da empresa de que ele possa acessar a gama de informações escritas disponíveis por ela, obterão um saber que lhes será útil para o resto da vida. Tais operários melhoram suas condições de vida e de trabalho, diminuindo a quantidade de acidentes, e ressignificando as relações afetivas e pessoais, correspondendo a uma expectativa de si mesmo ou de seus familiares, conforme apontado nas próprias falas que foram analisadas por Fernandes (2005).

Nessas experiências, fica evidenciada uma concepção de educação tida como um direito, que é muitas vezes negado, mas que deve ser agora recuperado como expressão da melhoria que pode oferecer para a vida dos trabalhadores. Trata-se, portanto, de uma visão teórica que vê a educação influenciando diretamente a prática cotidiana dos trabalhadores, de tal forma que permite até mesmo a troca de certas atividades profissionais por outras, possibilitando, assim, sua ascensão econômica e social (PRESTES, 2005). Cabe-nos, entretanto, fazer a crítica de que tais concepções educacionais se configuram muitas vezes como expectativas que não se efetivam plenamente no mundo da prática laboral e vivências cotidianas de inúmeros trabalhadores.

Retomando ainda a ideia de educação como um direito do indivíduo, apesar de a Constituição Brasileira de 1988 estabelecer como lei o acesso à educação para todos e todas (FERNANDES, 2007), ela não nos aponta caminhos para sua plena realização, sobretudo para aqueles que cursam a EJA, muitos vezes sem recursos, financiamento ou apoio estatal. Neste caso, várias são as oportunidades de estabelecimento da EJA enquanto política pública de educação; no entanto, com uma incoerência: essa multiplicidade significa que muitas possibilidades não possuem um responsável direto pela sua implementação.

O que se observa, entretanto, é um crescente aumento da preocupação por parte de entidades governamentais e não governamentais com a qualificação dos trabalhadores ante a reestruturação produtiva e as transformações hodiernas pelas quais passou e ainda passa o mundo do trabalho (PRESTES, 2005) na pós-modernidade. Para os empresários, investir em capital humano é garantir sua competitividade, haja vista que quase a totalidade das empresas tem acesso aos mesmos equipamentos, tecnologias e serviços, diferenciando-se apenas por sua equipe de funcionários. Para Fernandes (2004, p. 8):

> As empresas chegaram à conclusão que deveriam ter chegado há muito tempo: a partir do momento em que não se pode mais competir em tecnologia, já que com o desenvolvimento tecnológico todo mundo pode concorrer no mesmo nível, deve-se competir na qualidade de profissionais.

Mais que simplesmente filantropia, o investimento em ações solidárias por parte do empresariado pode lhes render inúmeras benesses, haja vista que a obtenção do lucro continua a ser primordial, e tais investimentos retornam para as empresas. Muitos são os trabalhadores que sabem que as empresas não fazem tudo isso "de graça" (FERNANDES, 2005). Nas falas eles relatam que seu processo de escolarização constitui via de mão dupla em que tanto eles quanto as empresas obtêm benefícios.

As ações educativas são, então, muito variadas, sendo implementadas por diversos planos de ações governamentais – como, por exemplo, o Planfor[1] e o PNQ[2] do governo federal e os PEQs[3] estaduais, conforme nos aponta Prestes (2005), cuja finalidade é oferecer condições de "inserção e reinserção no mercado de

---

[1] Plano Nacional de Qualificação do Trabalhador. Política do Ministério do Trabalho e Emprego (MTE), vigente de 1995 a 2003, cujo objetivo era a formação em massa da mão de obra brasileira.

[2] Plano Nacional de Qualificação. Substituiu o Planfor, a partir de agosto de 2003, sob o principal argumento da necessidade de ampliação do sentido da qualificação profissional do trabalhador, a qual deve ganhar um caráter de qualificação social, vinculada à cidadania, e deve ser compreendida como uma relação social, um campo de disputa onde os sujeitos sociais envolvidos (governo, empresários e trabalhadores) se fazem representar.

[3] Planos Estaduais de Qualificação, circunscritos a uma unidade federativa, sob responsabilidade das Secretarias Estaduais de Trabalho (STbs), sujeitas à aprovação dos Conselhos Estaduais de Trabalho (CETs) e negociações com os Conselhos Municipais de Emprego (CMTs). Consistia em um dos dois mecanismos principais de implantação do Planfor, ao nível dos Estados.

trabalho, melhoria da qualidade e da produtividade na produção de bens e serviços e elevação da renda pessoal e familiar" (PLANFOR, l996, p. 24, *apud* PRESTES, 2005). As modalidades e os níveis de ensino são bastante diferentes entre si e pretendem resolver demandas específicas de trabalhadores que ainda nem contato têm com as primeiras letras e que, portanto, devem participar de processos de alfabetização e letramento, como nos exemplifica Fernandes (2004, 2005, 2007) e Prestes (2005), referindo-se a trabalhadores que estão perdendo suas funções laborais desde tenra idade exercidas por causa da modernização da organização produtiva. Para a autora,

> No contexto das mudanças e das inovações tecnológicas o ato de ler e escrever passou a ser uma condição de liberdade, um requisito para a sobrevivência. Articulada, a condição de trabalho, essa necessidade adquire a dimensão de necessidade humana básica. A ausência de escolaridade e sua influência na ausência do trabalho significa negar ao ser humano o direito dele se relacionar com o mundo e com a natureza, dando utilidade e sentido ao seu próprio processo de existência. Se educação propicia ao ser humano capacidade para entender e transformar o mundo onde está inserido, de forma intencional; se a educação propicia condições ao ser humano de pensar e viver o trabalho; esse, por sua vez, oferece condições ao ser para pensar e viver a vida nas suas formas mais concretas, para pensar e, inclusive modificar os processos educativos, em benefício da sua condição e qualidade de vida. Assim que, no atual contexto da sociedade da comunicação e da transformação da produção, provocador de desestabilização e novas vivências, são a educação e o trabalho, de formas inter-relacionadas e indissociadas, fatores que propiciam condições para os seres humanos ampliarem as suas possibilidades de liberdade: de desenvolvimento e de sustentabilidade (PRESTES, 2005, p. 15).

A autora faz no parágrafo acima a necessária conexão entre a educação e o trabalho, articulando-os numa situação de influência recíproca entre si, com consequências para a vida dos trabalhadores. Sem a educação em seu estado mais fundamental (a alfabetização), inúmeros serão os trabalhadores que perderão seus postos de trabalho.

## A EJA como momento de formação contínua

Nesta subcategoria temática, a EJA vem se constituir não como momento de resgate de dívidas sociais historicamente acumuladas, mas como espaço próprio e adequado para uma educação contínua e permanente a ser desenvolvida pelos trabalhadores da contemporaneidade. Encontram-se aqui quatro artigos, quais sejam: os de Parenti (1999, 2000), Vitorette e Castro (2008) e Laranjeira, Barone e Teixeira (2006).

Iniciemos com as observações de Parenti (1999), já que se trata de um artigo de caráter teórico que serve de fundamentação para as nossas análises dos outros textos desta subcategoria. O texto de Parenti (1999) apresenta-nos uma visão de EJA como um processo de educação permanente. Essa representação é extraída de diversos termos que caracterizam e denominam a EJA extraídos da literatura corrente que trata do assunto: educação ao longo da vida, aprendizagem permanente, educação contínua, formação contínua de adultos, entre outros.

Através de uma literatura rica e extensa, conforme se exemplifica pelos autores e documentos referenciados no artigo – CONFINTEA V, Plano de Ação para o Futuro, Korsgaard (1997), Osório (1996), Malglaive (1995), Rivero (1997), Flecha (1997) –, o texto procura mostrar diversos sentidos e atribuições da educação permanente na contemporaneidade, conforme descrito a seguir:

- **CONFINTEA V:** Embasamento da ideia de educação permanente. A educação de adultos serve para desenvolver suas capacidades, enriquecer seus conhecimentos, melhorar suas competências técnicas e profissionais; capaz de configurar a identidade e dar sentido à vida, promover o desenvolvimento da autonomia das pessoas e das comunidades, o reforço da capacidade de enfrentamento das transformações sociais, e permitir a promoção da coexistência, da tolerância e da participação na comunidade.

- **Plano de Ação para o Futuro:** O documento apresenta a mundialização, as novas tecnologias, a precariedade do emprego e o aumento do desemprego como os novos desafios para a Educação de Adultos.
- **Korsgaard (1997):** Educação permanente como aprendizagem ao longo da vida.
- **Osório (1996):** Educação de adultos na América Latina inserida na educação contínua para criação de competências e desenvolvimento de capacidades. Deve haver dois tipos de educação: a básica, para desenvolver habilidades culturais básicas e substituir escolarização por domínio de competências, e a educação de adultos, como equipamento de ação individual.
- **Malglaive (1995):** Divide a educação permanente em dois focos principais: a formação inicial para a necessidade social de formação das novas gerações e a formação contínua, cuja vocação é satisfazer novas necessidades ligadas à múltipla evolução da sociedade e aos itinerários pessoais dos indivíduos que têm de enfrentá-la.
- **Rivero (1997):** Educação de adultos tanto educação formal quanto educação e formação contínua. Oposição à educação compensatória.
- **Flecha (1997):** Concepção diferente de educação compensatória. "Nessa visão as demandas por Educação de Adultos não se fazem por insuficiência da escolarização passada, mas por exigências atuais de renovação contínua dos saberes" (PARENTI, 1999, p. 7).

O discurso da educação permanente vincula-se ao da competência, noção que remonta ao discurso empresarial cuja pretensão é representar um conjunto de práticas sociais pelas quais o mercado de trabalho e as empresas têm feito a gestão da força de trabalho. A autora se utiliza de Machado (1998) para afirmar que "a noção de competência é pragmática e utilitarista, e pressupõe a adaptação da educação à lógica mercantil, reduzindo os trabalhadores a instrumentos do capital, além de estar ligada a uma concepção individualista e competitiva de sujeito" (PARENTI, 1999, p. 12). Todas essas reflexões de Parenti em seu ensaio apresentado na ANPEd em 1999, fizeram parte do referencial teórico da pesquisa da autora que teve seus resultados apresentados no mesmo GT, de 2000.

Nesse artigo, a autora analisa um curso de qualificação para a mão de obra empregada da construção civil. Diferentemente de outras situações, trata-se de um curso que não é de alfabetização, mas que se caracteriza por procurar aperfeiçoar a vida profissional de tais trabalhadores. Trata-se do caso específico do encarregado geral de Obras, viés do Curso Intensivo de Preparação de Mão de Obra Industrial (CIPMOI), de caráter mais geral, ou seja, um Projeto de Extensão da Universidade Federal de Minas Gerais promovido pela Escola de Engenharia. Dessa forma, de acordo com a autora,

> As exigências de escolaridade e conhecimentos sobre a área presentes na seleção dos alunos do CIPMOI impedem a participação de trabalhadores com uma inserção muito incipiente no setor ou com nível muito baixo de escolaridade. Na turma abordada não havia serventes, apenas oficiais e encarregados (PARENTI, 2000, p. 3).

O que se oferece nesse curso é, portanto, ensino para trabalhadores da construção civil articulado ao mundo de suas experiências laborais, mas diferente dos demais por essa sua característica mesma de se apresentar como formação continuada com impacto direto na vida dos trabalhadores.

Quanto aos alunos do referenciado curso, figuram-se em seu imaginário representações contraditórias das funções que exercem, como se pode constatar nas falas que ora reconhecem o desprestígio da profissão, já que exercitam muito a força física em detrimento do intelecto, ora se expressam com sentimento de orgulho de ser construtor (PARENTI, 2000).

Diferentemente das características antes apontadas por Gustavo (1998), em que os sujeitos da EJA se caracterizam por uma personalidade passiva ante o ensino tido como dádiva ofertada pelo outro – incentivo de parentes e/ou superiores hierárquicos institucionais, ajuda de caráter assistencialista oferecida por seus professores, Parenti (2000) nos apresenta estudantes com características proativas, "eles procuravam acompanhar e intervir em diferentes questões relativas às aulas, aos instrutores, à turma, ao CIPMOI. Tal posicionamento ativo no curso fazia também com que os alunos criticassem e buscassem interferir na atitude dos colegas e instrutores e no planejamento das disciplinas" (PARENTI, 2000, p. 10).

Esses dois textos se coadunam às apresentações de Vitorette e Castro (2008) e Laranjeira, Barone e Teixeira (2006). O primeiro faz referência à implantação de um Curso Técnico em Serviço de Alimentação no CEFET-GO. Já o segundo apresenta experiências educacionais não formais desenvolvidas numa associação comunitária pertencente a um bairro periférico de Salvador, o Plataforma.

Em tais experiências educacionais, os trabalhadores buscam adquirir/aperfeiçoar suas competências profissionais necessárias ao desempenho de novas/atuais funções, o que se relaciona com os escritos de Parenti (1999/2000). A educação ganha, então, caráter de permanência – trabalhadores que não se contentam apenas em ser alfabetizados, mas que desejam um curso técnico de nível médio ou outros cursos e oportunidades oferecidas por essas diversas instituições.

## A concepção de Educação de Jovens e Adultos das centrais sindicais

A subcategoria é formada pelos textos de Deluiz (2002) e Fischer (2000).

Deluiz (2002) inicia seu artigo situando temporalmente a questão educacional atual ao contexto da reestruturação produtiva e implantação de políticas neoliberais, o que podemos relacionar com os textos de Fernandes (2004, 2005 e 2007) e Prestes (2005).

Quantos aos objetivos da autora presentes no texto,

> Este trabalho tem como propósito analisar a participação das Centrais Sindicais – Central Única dos Trabalhadores (CUT), Confederação Geral dos Trabalhadores (CGT) e Força Sindical (FS), nos programas implementados no campo da educação de jovens e adultos, desenvolvidos no âmbito de uma das linhas de ação - Parcerias Nacionais – do Plano Nacional de Educação Profissional (Planfor) do Ministério do Trabalho e Emprego (MTE) (Deluiz, 2002, p. 1).

Acreditamos que tais finalidades se relacionam também com o texto Políticas Públicas e EJA, desta coletânea. Desse modo, o artigo nos explicita que, com a redemocratização do país na década de 1980, se passa a observar a participação do movimento sindical em espaços abertos à negociação no interior do aparelho de Estado (Deluiz, 2002). Na década de 1990, os trabalhadores passam a apresentar propostas concretas para os problemas educacionais então emergentes, cujas discussões são encaminhadas pelo movimento sindical. Tais propostas efetivar-se-ão em experiências de educação a serem implantadas nas centrais sindicais acima mencionadas.

O trabalho de Fischer (2000) nos apresenta a concepção de educação presente em documentos, bem como no dia a dia de uma das centrais sindicais estudadas por Deluiz (2002), qual seja, a Central Única dos Trabalhadores (CUT). Por esse aspecto, digamos que os trabalhos desenvolvidos pelas duas autoras se tornam complementares, uma vez que uma apresenta a concepção de educação da central e a outra mostra as proposições educacionais dessas, e tais proposições se originam dessas concepções.

Encontramos discordâncias sobre a concepção de educação pela CUT e os trabalhadores. Conforme apresenta Fischer (2000), a CUT afirma que o objetivo fundamental da educação deve ser o desenvolvimento com os trabalhadores, de uma percepção crítica da realidade. A realidade é passível de conhecimento, mas somente através de um esforço de teorização, já que não se revela diretamente. Esse processo é descrito assim:

> O ponto de partida de todo processo educativo deve ser a prática social dos trabalhadores: seus problemas concretos, necessidades e desafios. De cada situação particular devem ser considerados os aspectos objetivos e subjetivos que a compõe. A teorização deve ser um processo sistemático de ordenamento das idéias a partir da reflexão sobre a prática social analisada, fazendo então conceituações que permitam enxergar a essência para além da aparência e que permitam realizar um salto do conhecimento empírico para o conhecimento científico. A teoria produzida no movimento anterior deve servir de guia para a ação transformadora, o que remete novamente à prática social, porém com potencial e capacidade para analisar situações concretas e empreender ações com efetividade (SECRETARIA NACIONAL DE FORMAÇÃO DA CUT, 1994c, p. 54-55 *apud* FISCHER, 2000, p. 7).

Para os trabalhadores, a concepção de educação se confunde com estudo, significando a passagem para outro lugar – possibilidade de ascensão profissional, a educação como um degrau para novas e melhores oportunidades de trabalho, distanciando da concepção de educação para formação do ser social, ser humano como ser integral.

Tal fato, qual seja o da complementaridade de propostas de pesquisa e artigos aceitos para apresentação, se mostra de particular importância aos nossos olhares, haja vista que compreendemos a situação pelo viés da continuidade, do aprofundamento e da extensão do pensamento em um dos aspectos EJA. O que se apresenta para nós é o fato de que o GT 18 tem procurado consolidar alguns pensamentos e noções a respeito da Educação de Jovens e Adultos através da manutenção de artigos que se relacionem e explorem sobre diferentes abordagens um aspecto da realidade educacional.

Cabe, aqui no momento, perguntarmo-nos o que há de "Mundo do trabalho" nesses dois textos. Como possível resposta, o fato de que tais proposições, experiências e concepções educacionais têm se originado no seio da organização sindical dos trabalhadores, expressando a força de seu pensamento e do seu desejo. Entretanto, a forma como se elaboraram as discussões em ambos os textos os aproximam mais da seção referente a "políticas públicas" do que "mundo do trabalho", haja vista a quantidade de vezes em que a primeira noção aparece no texto de Deluiz (2002), em detrimento da segunda. Dessa forma, uma análise mais acurada de tais textos seria mais bem explicitada em conjunto com os demais que acompanham aquela categoria.

## Considerações

A diversidade é categoria fundamental que demarca os artigos, demonstrando quão diferentes podem ser as experiências de formação, as concepções educacionais ou mesmo os objetivos que se pretende alcançar com a EJA.

Quanto aos trabalhadores, figura-se em seu imaginário representações contraditórias das funções que exercem, como se pode exemplificar pelas falas de trabalhadores da construção civil que ora reconhecem o desprestígio da profissão, já que exercitam muito a força física em detrimento do intelecto, ora se expressam com sentimento de orgulho de ser construtor (PARENTI, 2000).

Outras questões que se apresentam são as alterações ocorridas nas funções laborais da contemporaneidade no contexto mais amplo de profunda ressignificação das formas de vivência da humanidade. Essas alterações dizem respeito à globalização e a grandes mudanças culturais ocorridos desde os anos 70 do século XX, quando da explosão dos meios de comunicação de massa e sua crescente difusão e disseminação entre os diversos lócus de existência, facilidade de locomoção e acesso à produção de bens e serviços numa escala nunca antes imaginada.

Vive-se um momento de intenso movimento, seja no sentido da sustentabilidade do planeta diante da demanda por seus recursos naturais, seja no sentido da implantação de novas políticas econômicas – o neoliberalismo. E a educação oferece ferramentas necessárias ao seu enfrentamento? Possibilita um aumento da qualificação dos trabalhadores? Essas alterações, portanto, provocam uma reação em cadeia que se desemboca na educação em geral e na Educação de Jovens e Adultos mais especificamente, as quais são vistas como possíveis formas de solucionar tais demandas, no processo de escolarização, nas experiências de vida, nas relações sociais e no mundo do trabalho.

Fernandes (2004, 2005, 2007), Vitorette e Castro (2008), Prestes (2005), Laranjeira *et al.* (2006) vêm nos apontar a influência que a política econômica neoliberal e a globalização exercem sobre a escolarização, com a redução, na contemporaneidade, do papel do Estado nas áreas sociais. Tal função é, então, muitas vezes assumida pela iniciativa privada. Nessa transferência de responsabilidades, os empresários (FERNANDES, 2004) e outros atores educativos, outras instâncias fora do circuito institucionalizado (LARANJEIRA *et al.*, 2006) assumem a expansão de ações educativas, seja formais, seja não formais, o que não deixa de ser indicado pelo desenvolvimento de atividades em inúmeros centros educacionais (escolas formais) pertencentes à rede pública de ensino, como exemplificado por Vitorette e Castro (2008).

Há uma corrente teórica, também mostrada nos textos, que percebe a própria dimensão educativa do trabalho. Para além do fato de que alguém deve frequentar a escola para ter conhecimentos e conseguir um emprego melhor, ou mesmo manter-se empregado, essa perspectiva vê o trabalho em si como algo que educa aqueles que o exercem. Trata-se, por conseguinte, de um aprendizado que se efetua no seio das dinâmicas sociais laborais de diversos trabalhadores. Esse "aprender fazendo" ganha um sentido de sedução e prazer, contrariamente à aprendizagem que se realiza nos espaços formais das escolas, que acontece por obrigação (LARANJEIRA *et al.*, 2006).

Outros sujeitos, no extremo oposto, pretendem concluir o ensino médio através de um curso técnico profissionalizante, como nos aponta Vitorette e Castro (2008), referindo-se ao ensino no CEFET-GO. A educação vem para oferecer novas oportunidades de emprego e renda aos trabalhadores e garantir sua empregabilidade perante um mercado que se torna cada vez mais competitivo e ante a maior tecnologização da produção (reestruturação produtiva), que exclui milhares de trabalhadores de seus postos de trabalho (FERNANDES, 2004, 2005, 2007). Vem também contribuir para a superação das desigualdades e da exclusão sociais, "num momento em que a educação para o mundo do trabalho tem se constituído em fundamento para a inserção social" (VITORETTE; CASTRO, 2008) ou conforme aponta Laranjeira et al. (2008, p. 1), "a educação é fator estratégico na inserção sócio-profissional do jovem".

O impacto na vida desses sujeitos diz respeito à manutenção de seus postos de trabalho, ao aumento de sua empregabilidade ou mesmo à ascensão social e econômica com a possibilidade de conseguirem um emprego melhor.

Consideramos que os textos apresentaram de forma generalista a relação existente entre o mundo do trabalho e a Educação de Jovens e Adultos. Apresentaram experiências de escolarização a nível fundamental e curso de formação profissional em diferentes espaços, análises de discurso de trabalhadores acerca das experiências dos cursos, significados por eles construídos e a participação das centrais sindicais em discussões e conceitos sobre educação.

Muitos veem a EJA exclusivamente como uma preparadora de jovens e adultos para o mundo do trabalho, para a mão de obra técnica, instrumental. A proposta da Educação de Jovens e Adultos pode sim relacionar com o mundo do trabalho e estar próximo dele, mas vai muito além dessa proposição, de forma que temos de pensar no contexto de exercício da cidadania, promoção do bem-estar individual e coletivo, e que também é construtora de conhecimento e troca de experiências.

Pela leitura dos artigos, visualizamos uma lacuna no que diz respeito às discussões relacionadas ao trabalho. Os artigos não contemplam a discussão referente à forma como os sujeitos da EJA lidam com o seu processo de aprendizagem, bem como a maneira como eles relacionam o processo educacional que participam com o seu mundo de trabalho, refletindo sobre as atividades por eles exercidas. No entanto, a EJA se faz presente e junto dela a importância e o reconhecimento da necessidade da ampliação do espaço e da temática relacionada ao mundo do trabalho, desde o espaço da sala de aula às políticas públicas.

## Trabalhos analisados

DELUIZ, N. (2002). A atuação das centrais sindicais nas políticas de educação de jovens e adultos. In: 25ª Reunião Anual da ANPEd – Educação: Manifestos, Lutas e Utopias, 2002, Caxambu. *Anais* da 25ª Reunião Anual da ANPEd – Educação: Manifestos, Lutas e Utopias. Rio de Janeiro: Vozes, 2002. v. 1. 16p.

DELUIZ, N. A atuação das centrais sindicais nas políticas de Educação de Jovens e Adultos. ANPEd. 16 p. In: 25ª Reunião Anual da ANPEd, 2002, Caxambu. *Anais* da 25ª Reunião Anual da ANPEd, 2002.

FERNANDES, A. P. (2004). O diálogo entre trabalho e Educação de Jovens e Adultos: e a formação do cidadão? ANPEd. In: 27ª Reunião Anual da ANPEd, 2004, Caxambu. (Sociedade, democracia e Educação: qual Universidade?) *Anais* da 27ª Reunião Anual da ANPEd, 2004.

FERNANDES, A. P. (2005). A relação trabalho e EJA na década de 1990: expectativas e perspectivas presentes nos discursos dos operários da construção civil. ANPEd. In: 28ª Reunião Anual da ANPEd, 2005, Caxambu. *Anais* da 28ª Reunião Anual da ANPEd, 2005.(40 anos da Pós-Graduação em Educação no Brasil).

FERNANDES, A. P. (2007). Alfabetização de jovens e adultos em espaços não-formais e interfaces com as políticas neoliberais em educação – uma reflexão sobre a década de 1990. ANPEd. In: 30ª Reunião Anual da ANPEd, 2007, Caxambu. *Anais* da 30ª Reunião Anual da ANPEd, 2007. (ANPEd: 30 anos de pesquisa e compromisso social. v. 01.)

FISCHER, M. C. B. (2000). Concepção de educação da CUT: uma análise. ANPEd. In: 23ª Reunião Anual da ANPEd, 2000, Caxambu. *Anais* da 23ª Reunião Anual da ANPEd, 2000. (v. único).

GUSTAVO, S. M. S. (1998). Uma análise de discurso de alunos adultos trabalhadores da UFRGS. ANPEd. In: 21ª Reunião Anual da ANPEd, 1998, Caxambu. Anais da 21ª Reunião Anual da ANPEd, 1998.

LARANJEIRA, D. H. P.; BARONE, R. E. M.; TEIXEIRA, A. M. F. (2006). Vida de jovens: Educação não formal e inserção sócio-profissional no subúrbio. ANPEd. 18 p. In: 29ª Reunião Anual da ANPEd, 2006. *Anais* da 29ª Reunião Anual da ANPEd, 2006. (Educação, Cultura e Conhecimento na Contemporaneidade, 2006, Caxambu. 29 Reunião da ANPEd Educação Cultura e Conhecimento na Contemporaneidade, 18 p.)

PARENTI, M. G. F. (2000). Trabalhadores da construção civil e a experiência escolar: significados construídos. ANPEd. In: 23ª Reunião Anual da ANPEd, 2000, Caxambu. *Anais* da 23ª Reunião Anual da ANPEd, 2000.

PARENTI, M. G. F. (1999). As noções de Educação Permanente e Competência: um diálogo entre os campos de Educação de Pessoas Jovens e Adultas e Trabalho e Educação. ANPEd. In: 22ª Reunião Anual da ANPEd, 1999, Caxambu. *Anais* da 22ª Reunião Anual da ANPEd, 1999.

PRESTES, E. M. T. Os novos desafios da Educação de Jovens e Adultos: A educação e trabalho dos cortadores de cana no contexto da reestruturação produtiva. ANPEd. In: 28ª Reunião Anual da ANPEd, 2005, Caxambu. *Anais* da 28ª Reunião Anual da ANPEd, 2005.

VITORETTE, J. M. B.; CASTRO, M. D. R. O Proeja no Centro Federal de Educação Tecnológica de Goiás (CEFET-GO): Uma análise a partir da implantação do Curso Técnico Integrado em Serviços de Alimentação. Cadernos ANPEd, 2008.

## Referências

ENGUITA, Mariano F. A face oculta da escola. *Educação e Trabalho*. Porto Alegre: Artes Médicas, 1989.

GUARESCHI, P. Alteridade e relação: uma perspectiva crítica. In: ARRUDA, A. *Representando a alteridade*. Petrópolis: Vozes, 1998.

MACHADO, Lucília de S.; FIDALGO, F. (Org.). *Dicionário da Educação Profissional*. Belo Horizonte: NETE/SETASCAD, 2000. 416 p.

# Revisitando estudos sobre a formação do educador de EJA: as contribuições do campo

Fernanda Rodrigues Silva
Rosa Cristina Porcaro
Sandra Meira Santos

O presente artigo busca refletir sobre a formação dos educadores[1] de jovens e adultos (EJA), tomando como base o conjunto dos relatos de estudos e pesquisas apresentados na ANPEd nos últimos dez anos, especificamente no que se refere a essa temática. O debate sobre a formação do educador de EJA não é novo. Ele tem sido recorrente, tanto na literatura quanto na LDB 9.394/96, nos acordos internacionais em que o Brasil é signatário, nos Encontros Nacionais de Educação de Jovens e Adultos (ENEJA), nos cursos de Pedagogia, nos seminários e eventos de educação, enfim, a formação do educador de EJA é um dos temas que aparecem indexados à qualidade da oferta de EJA.

Ainda assim, definir o que se pretende delinear sobre formação de educadores de EJA é uma tarefa complexa. Carvalho (2006, p. 184) nos ajuda a pensar o verbete *formação* da seguinte maneira:

---

[1] Levando em conta o debate sobre o uso dos termos "educador" e "professor", optamos por utilizar aqui "educador" com o sentido de englobar tanto o professor da educação formal quanto o educador da educação não formal.

Formação tem a ver com formar, com forma. Processo ou conjunto de ações ou de procedimentos que dão forma. Que constituem algo. Processo constitutivo de uma configuração. Ação ou processo de formar ou de constituir. O verbo constituir apresenta-se, amiúde, quando se pensa em formação, pois formar é o mesmo constituir algo. É dar forma a algo.

Nessa perspectiva, estamos à frente do processo constitutivo do educador de EJA, dos procedimentos, tipos ou etapas que dão forma a esse profissional. Em se tratando das etapas nas quais acontece a constituição do educador de EJA, encontramos em Fidalgo e Machado (2000) o verbete "formação", de maneira geral, associado a integral, prática, politécnica, polivalente, profissional, sindical, entre outros –, e também o verbete *educação* como seu sinônimo, de modo que recorremos à educação para esclarecermos a questão. Isso porque os Seminários Nacionais sobre a Formação de Educadores de EJA ocorridos em 2006 e 2007, em Belo Horizonte e Goiânia, respectivamente, levantaram algumas ressalvas quanto ao uso corrente das terminologias "formação inicial" e "formação continuada",[2] comumente utilizadas para delimitar os momentos formativos do educador. As dúvidas aparecem porque, para alguns educadores, o início da formação já acontece no lócus que seria da formação continuada, ou seja, no exercício profissional. Isso significa dizer que, dado o contexto, não se pode garantir o sentido da terminologia "inicial" como tempo de estudos e de preparação prévios antecedendo à prática, já que essa formação, que deveria ser a continuada, passa a ser a inicial para alguns educadores.

Sobre essa questão, as experiências de Barreto (2006, p. 94) nesse campo levam-na a definir que "formação inicial é a primeira etapa do processo de formação a ser desenvolvido com um grupo que atua ou pretende atuar na educação de jovens e adultos".

---

[2] Cada um dos seminários resultou em uma publicação. Para mais detalhes, ver SOARES (2006) e MACHADO (2007).

Mais adiante, a autora acrescenta que esses educadores, no momento desta formação, em "grande parte (deles) ainda não realiza trabalho em sala de aula" (BARRETO, 2006, p. 95). É recorrente encontrarmos nessa situação aqueles que atuam na alfabetização de jovens e adultos, uma vez que, historicamente, tal nível de educação ainda não recebeu tratamento adequado nas políticas públicas do setor. A título de exemplo, podem ser citadas as iniciativas de educação popular dos anos 60 e, guardando as devidas proporções, os atuais projetos e programas governamentais – Programa Nacional de Educação na Reforma Agrária (PRONERA), Movimento de Alfabetização (MOVA) – como tentativas de formação de agentes sociais em alfabetizadores.

A análise dos relatos de estudos que compõem este ensaio permitiu identificar pelo menos três designações correspondentes aos processos de formação do educador de EJA: a inicial, a continuada e a autoformação. Essa delimitação nos parece situar a temática adequadamente mediante o cuidado de não torná-la generalista, uma vez que o diálogo com cada um desses momentos formativos acontece de maneira multifacetada, sob diferentes olhares e continua em construção quando se trata da EJA.

Na tentativa de nos acercarmos de uma definição sobre "formação inicial", corroboramos com Diniz-Pereira (2006, p. 193) quando ele usa a designação "formação inicial/acadêmica", entendendo esta como a formação desenvolvida nos cursos de Pedagogia ou nas licenciaturas, ou seja, nas instituições de nível superior. Fidalgo e Machado (2000, p. 125) denominam o período como de "formação pré-profissional" por ser "o ponto de partida e o momento das primeiras incursões no mundo do trabalho e das descobertas dos interesses e motivações pessoais em relação aos campos profissionais". Incluem-se nessa delimitação a participação discente nos projetos e nos programas desenvolvidos pela via da extensão universitária nas escolas e os estágios supervisionados.

Diferentes experiências de formação inicial[3] foram realizadas tentando superar o que Paiva (2006, p. 26) chamou de "professor generalista", ao se referir àquele professor que ganhou um verniz para trabalhar pela manhã com crianças e adolescentes e à noite, com jovens e adultos. Após a reestruturação do curso de Pedagogia, a habilitação em EJA sofreu os efeitos do redimensionamento da função do pedagogo, cabendo às instituições formadoras a tarefa de garantirem o espaço para a EJA nos currículos, tal como apontou Soares (2005). Os relatos que se encaixam nessa categoria são: Fonseca *et al.* (2000), Zasso *et al.* (2001) e Soares (2006).

Uma vez tendo apresentado o que se pretende ao designar por "formação inicial", cabe levantar os pressupostos da "formação continuada", entendendo a aproximação entre o contexto de trabalho e o contexto da formação. Neste sentido, os dispositivos formativos passam a ser não apenas a produção de competências que se somam às adquiridas anteriormente, mas sim uma formação que se situa no "entre lugar", isto é, entre a formação inicial e a prática. Em outras palavras, em situações de trabalho, a "formação permanente ou continuada", para Barreto (2006, p. 93), coincide com a "formação em serviço" de Fidalgo e Machado (2000, p. 128) no que diz respeito aos diferentes cursos, minicursos, palestras, oficinas pedagógicas, programas de capacitação, reuniões pedagógicas, estudos coletivos, que são oferecidos de forma variada aos educadores, em função da própria atividade que exercem nos distintos contextos das redes de ensino do país, presenciais ou não, e nos movimentos sociais. Os autores identificados na abordagem dessa temática são Nobre (1998), Fávero *et al.* (1999), Campos (1999), Bandeira e Farias (2007) e Pinheiro (2008).

O terceiro viés compreende a autoformação, ou seja, a formação que acontece no cotidiano do educador, durante sua

---

[3] Sobre o tema, ver SOARES (2005), DALLEPIANE (2006), PAIVA (2006) e RIOS (2006).

vivência como tal. A autoformação, também denominada de "formação pela prática", possui sentido polissêmico de acordo com a situação usada, como nos alertam Fidalgo e Machado (2000, p. 66), pois pode designar também "aquele (conhecimento) que é adquirido através da experiência." Os autores incluem na definição o corolário "saber-fazer" e explicam que "a expressão saber-fazer é utilizada para designar o produto de uma aprendizagem do trabalhador e sua disposição para mobilizar os seus saberes no trabalho, sempre que necessário". Esse eixo é composto dos trabalhos de Lopes (2006), Laffin (2006), Leitão (2002), Lenzi (2005), Oliveira (1999) e Vieira (2007).

Em se tratando de um universo temático tão rico, o nosso interesse em adentrarmos nessa produção é, então, o de dialogar com os eixos investigados nessas; perceber que tais contribuições temáticas aportam ao campo da formação e, se possível, verificar a incidência de um *corpus* teórico e se os fundamentos expressos nas produções podem se constituir como princípios da formação do educador de EJA. Sabe-se que, após dez anos do GT 18 da ANPEd e de dois seminários nacionais sobre a formação do educador de EJA, os fundamentos para a formação desse educador ainda permanecem em discussão.

Na opinião de Arroyo (2006, p. 18), "o perfil do educador de EJA e sua formação encontram-se ainda em construção". Portanto, esperamos que este ensaio possa contribuir com o campo no que concerne aos avanços dos focos de análise, aos autores que embasam as temáticas e aos conceitos construídos acerca da formação inicial, da formação continuada e da autoformação. Para tanto, apresentaremos uma visão do conjunto dos relatos de estudos, dialogando com o campo da formação de maneira geral e depois, nas três categorias apontadas, para, enfim, avaliarmos as tendências da construção dos fundamentos da formação do educador de jovens e adultos. Ao mesmo tempo, buscaremos apontar pistas para novas investigações do que considerarmos como lacunas e desafios ainda prementes.

## A formação do educador e a EJA

A luta pela formação do educador se trava em um contexto de "crise" da educação brasileira, o qual reflete as condições econômicas, políticas e sociais de uma sociedade marcada pelas relações capitalistas de produção – desiguais, excludentes e injustas –, as quais colocam a maioria da população em situação de desemprego, exploração e miséria (TORRES, 1998). O desafio que se coloca, então, é o de entender qual o perfil do educador para uma sociedade em mutação, uma vez que a percebem como propostas para o campo da formação docente as velhas tendências, remoçadas pelas novas políticas educativas.

Diniz-Pereira (2006) aponta um silêncio quase total de pesquisas nessa área e uma grande lacuna no que se refere ao estudo investigativo sobre o processo de formação do educador de jovens e adultos. Segundo o autor, no período de 2000 a 2005, apenas 19 trabalhos de pesquisa foram apresentados na ANPEd e, desses, somente dez estão diretamente relacionados à formação do educador. Além disso, o que se percebe nessas pesquisas é a existência de uma lacuna no estudo da formação inicial/acadêmica e uma ênfase maior na formação continuada.

O país está vivendo hoje um momento de configuração do processo de formação do educador de jovens e adultos e, de acordo com Arroyo (2006), devemos, neste momento, ser capazes de inventar uma pedagogia da educação de adultos, construindo um pensamento pedagógico que vá além da pedagogia infantil. Ainda, segundo ele, a pedagogia de jovens e adultos tem de partir do jovem e do adulto, sendo necessário se construir uma teoria da educação daquele que pensa e tem voz e vinculando a construção dessa teoria pedagógica aos movimentos sociais, à cultura e à pedagogia do trabalho. Portanto, o contexto social do país nos apresenta um panorama propício a pensar um projeto de formação de educadores de jovens e adultos.

Machado (2000), investigando sobre a produção científica ocorrida no período de 1986 a 1998, na área da EJA, constata que a vida profissional do docente não possibilita seu aperfeiçoamento por meio de estudos ou de cursos e que, quando de alguma forma existe esse aperfeiçoamento, a formação recebida é insuficiente e inadequada para atender às demandas. A autora afirma que:

> [...] as pesquisas relacionadas à formação de professores também ressaltam em suas conclusões a necessidade de um processo de formação continuada, primando pela articulação entre teoria e prática, que inclua a superação da desarticulação entre as propostas pedagógicas de formação e os objetivos específicos da Educação de Jovens e Adultos, quer seja oferecida por secretarias de estado e municípios ou por universidades (MACHADO, 2000, p. 24).

Para a autora, há uma fragilidade na formação desse professor, na medida em que ele acaba por aprender junto com os educandos, vivenciando grande dificuldade para colocar em prática os princípios político-pedagógicos defendidos para a EJA. Machado (2000) aponta ainda os treinamentos esporádicos, os cursos aligeirados e os programas de alfabetização sem continuidade garantida como "instrumentos de desserviço à EJA", por criarem expectativas que não serão correspondidas, frustrando educandos e educadores e reforçando a concepção negativa de que não há o que fazer nessa modalidade de ensino.

## A formação inicial/acadêmica ou pré-profissional do educador de jovens e adultos

Nos trabalhos voltados para a formação acadêmica/inicial, foram identificados três eixos discursivos: o surgimento da habilitação de EJA em Instituições de Ensino Superior (IESs), a metodologia utilizada na formação do educador de EJA e os significados atribuídos pelos estudantes a essa formação. Utilizaremos essa divisão para apresentar o que destacamos como contribuições dos autores para a reflexão sobre o campo de estudo, lembrando que o exercício de buscar similitudes entre os trabalhos estudados e os outros autores passa necessariamente por escolhas subjetivas que não têm a intenção de esgotar o assunto.

Ao se tratar da formação acadêmica do educador da EJA, faz-se necessário apontar que esse tema se insere em uma área maior, que é a da discussão sobre a formação docente em geral. A leitura dos trabalhos nos mostrou que, na maior parte dos casos, os autores não fazem referência à formação docente mais ampla, o que é apontado por Diniz-Pereira (2006, p. 192) como indicação da "quase inexistência de um diálogo entre as produções acadêmicas sobre a formação de educadores de jovens e adultos e a formação docente em geral". A necessidade desse diálogo fica evidente, quando se busca retomar o percurso histórico dos cursos acadêmicos voltados para a EJA. Nesse sentido, o trabalho de Soares (2006) traz preciosa contribuição através dos relatos de professores entrevistados sobre o contexto de surgimento da habilitação em EJA, no interior de uma IES federal.

Há três décadas, o Brasil passava por um momento que ficou conhecido como o de "retomada da democracia". Após um longo período de cerceamento dos direitos individuais e políticos, começa a bancarrota do governo militar instalado em 1964. Nos anos de totalitarismo, as diretrizes para a educação brasileira e a formação docente foram estabelecidas pela LDB 5.692/71. Retirando do currículo escolar seu caráter propedêutico – entre outras coisas, suprimindo disciplinas como Filosofia e Sociologia –, e a lei demarca o modelo de educação tecnicista, voltada principalmente para a preparação para o trabalho. É criada a Licenciatura Curta (três anos) e a Licenciatura Plena (quatro anos), para a graduação dos professores em nível superior. O curso de Pedagogia, além da preocupação com o profissional para o magistério, formaria os especialistas em educação: diretor e supervisor escolar, orientador educacional e inspetor de ensino (SAVIANI, 2009). Buscava-se, então, preparar o técnico de ensino. Soares (2006, p. 5-6) confirma esses dados:

> Na época da criação da habilitação em educação de jovens e adultos, o currículo era composto pelas habilitações de

administração, supervisão, orientação e inspeção escolar, as quais eram marcadas por uma forte dimensão técnica.

Com a intensificação dos movimentos de organização da sociedade civil, no início dos anos 1980, as instituições de ensino se mobilizam "pela reformulação dos cursos de pedagogia e licenciatura" e passam a assumir, como princípio para a formação, a "docência como a base da identidade profissional de todos os profissionais da educação" (SAVIANI, 2009, *apud* SILVA, 2003, p. 68-79). Assim, o contexto de manifestações sociais e de fortalecimento dos movimentos populares indicou a necessidade de formar um educador para lidar com essa realidade. Nesse sentido, Soares (2006, p. 6) aponta que:

> [...] uma nova concepção de pedagogo era construída à medida que a própria Faculdade, em semelhança ao que ocorria em outras universidades brasileiras em um contexto de redemocratização do país, realizava um movimento em direção às classes populares [...] Segundo Dayse Garcia, ex-professora da habilitação, havia uma crítica aos conteúdos técnicos, uma visão técnica da pedagogia, o pedagogo enquanto um especialista. Ao mesmo tempo, demonstrava-se a preocupação em formar um profissional inserido mais próximo dos movimentos sociais, ou como pondera a professora Maria Amélia: queríamos configurar uma educação crítica, uma educação colada muito nos princípios da educação popular.

As mudanças políticas e sociais vivenciadas na década de 1980 – o retorno das eleições diretas para presidente, a elaboração de uma nova Constituição Federal – resultam, entre outras coisas, na necessidade de se elaborar uma nova Lei de Diretrizes e Bases para a educação brasileira. No entanto, o final da década e o início dos anos 1990 são marcados por mudanças no cenário internacional – unificação da Alemanha e crise do socialismo. Assim, sobre o momento em que a LDB 9.394/96 foi aprovada, Diniz-Pereira (1999, p. 110-111) nos diz que:

> [...] na época, particularmente na América Latina, respirava-se uma atmosfera hegemônica de políticas neoliberais,

de interesse do capital financeiro, impostas por intermédio de agências como Banco Mundial e Fundo Monetário Internacional (FMI), que procuravam promover a reforma do Estado, minimizando o seu papel, e favorecer o predomínio das regras do mercado em todos os setores da sociedade, incluindo as atividades educacionais.

A despeito de toda movimentação em torno de sua elaboração, a LDB foi aprovada com ressalvas por parte dos educadores. Saviani (2009), nesse sentido, explica que a mobilização dos educadores alimentou a expectativa de que, ao final do regime militar, o problema da formação docente no Brasil fosse mais bem equacionado, o que não aconteceu – a nova LDB, promulgada em dezembro de 1996, não correspondeu a essa expectativa.

Por outro lado, Diniz-Pereira (1999, p. 110) aponta que a LDB foi a grande responsável por reacender os debates acerca das políticas de formação docente, afirmando que, "antes mesmo da aprovação dessa lei, o seu longo trânsito no Congresso Nacional suscitou discussões a respeito do novo modelo educacional para o Brasil e, mais especificamente, sobre os novos parâmetros para a formação de professores". Segundo o mesmo autor, as mudanças nas políticas de formação buscavam romper com o modelo então vigente, ao mesmo tempo em que existia a necessidade de formar um grande número de professores para atender a uma *população escolar crescente,* pressuposto que aparece nas falas dos professores, apresentadas por Soares (2006, p. 7):

> Se na época da implementação da habilitação havia uma forte preocupação de formar o pedagogo para se inserir em espaços não escolares, na reforma de 2000 ganha força a necessidade da formação do profissional para atuar na escola. Segundo Conceição, tal configuração é resultado da luta pela democratização do acesso à escola. Nas entrevistas, os professores concordam que atualmente a formação de EJA está muito colada com a formação de um profissional para atuar na escola (Amélia).

Com isso, podemos ter uma breve ideia do contexto social e de algumas razões que levaram os professores de então a se mobilizarem para criar a habilitação em EJA dentro do curso de Pedagogia. A instituição em que Soares realizou a pesquisa certamente foi uma das pioneiras nessa empreitada, visto que os dados apresentados mostram que, ainda em 2005, é pequeno o número de instituições que oferecem a habilitação em EJA (Anexo 1).

## A trajetória da habilitação em EJA

Uma vez instalada a habilitação para formar o educador de jovens e adultos, dentro do curso de Pedagogia, vão surgindo as dúvidas quanto à estruturação das disciplinas curriculares. Havia um modelo de organização dos cursos de formação de professores, com o qual se queria romper, que trazia em seu bojo a dualidade teoria/prática na estruturação dos currículos de formação. A presença do pensamento dualista, que separa a teoria da prática, vinculado a uma escala de valor, em que aqueles que trabalham com uma têm mais importância do que os que trabalham com a outra, segundo Barreto e Barreto (2008, p. 81), *impregna toda a sociedade brasileira.*

Ainda, segundo os autores:

> [...] este equívoco se sustenta na necessidade de justificar o autoritarismo vigente. Separando teoria e prática, a sociedade separa os que têm a teoria, isto é, que trabalham com o pensamento, dos que trabalham com as mãos e têm a prática. Como uma das características da sociedade autoritária é transformar toda diferença em desigualdade, os que têm a teoria são superiores aos que têm a prática e a dominação está justificada.

O processo formativo que estabelecia uma relação de supremacia da teoria sobre a prática era, então, apontado por Diniz-Pereira (1999, p. 111) como *modelo da racionalidade técnica:*

> Nesse modelo, o professor é visto como um técnico, um especialista que aplica com rigor, na sua prática cotidiana, as regras que derivam do conhecimento científico e do conhecimento pedagógico. Portanto, para formar esse profissional,

é necessário um conjunto de disciplinas científicas e um outro de disciplinas pedagógicas, que vão fornecer as bases para sua ação. No estágio supervisionado, o futuro professor aplica tais conhecimentos e habilidades científicas e pedagógicas às situações práticas de aula.

Em contraposição a essa visão, surgiu o que o autor definiu como modelo da *racionalidade prática,* em que essa é redimensionada e deixa de ser apenas o lugar onde se aplicará os conhecimentos previamente adquiridos, passando a ser também o lugar onde se possa gerar e modificar tais conhecimentos através da reflexão/ação:

> Com base na crítica ao modelo da racionalidade técnica e orientadas pelo modelo da racionalidade prática, definem-se outras maneiras de representar a formação docente. [...] As propostas curriculares elaboradas desde então rompem com o modelo anterior, revelando um esquema em que a prática é entendida como eixo dessa preparação. Por essa via, o contato com a prática docente deve aparecer desde os primeiros momentos do curso de formação (DINIZ-PEREIRA, 1999, p. 113).

A preocupação em superar modelos extremistas e buscar caminhos que apontem para uma integração dos campos teóricos e práticos, nos cursos de formação, aparece em dois dos trabalhos sobre a formação acadêmica, realizados sobre aquele período. Em pesquisa sobre o "significado de um projeto de extensão universitária na formação de Educadores de Jovens e Adultos", Fonseca *et al.* (2000), ao analisar os resultados sobre os indicadores da contribuição do projeto analisado, distingue três núcleos: "inserção no campo da educação de jovens e adultos, ampliação das perspectivas da prática pedagógica e a dimensão teórico-prática da formação de educadores". No momento, vamos nos deter neste último ponto, que também aparece como foco de reflexão no trabalho de Zasso *et al.* (2001, p. 1) sobre a "formação da aluna/professora – acadêmica do curso de Pedagogia". As autoras apresentam o resultado de uma pesquisa que se baseia prioritariamente no processo de formação que se dá *na* e *com a experiência*. Trazem à tona questões que permeiam a discussão sobre o que vem primeiro: a formação ou a ação, a teoria ou a prática. Apontam que tais questões se levantam, principalmente, quando se trata de formar alfabetizadores.

Os dois trabalhos apresentam dados em que aparece a relevância de se articular a teoria e a prática no processo de formação, demonstrando preocupação em superar essa dicotomia no interior dos cursos de formação. A fala dos entrevistados, alunos dos cursos de Licenciatura e de Pedagogia, também revela a importância que esses atribuem à articulação da prática com a teoria, no processo de formação:

> Ao mesmo tempo que eu vinha para a FaE à tarde e via a teoria, ia para a CP à noite e estava vendo aquilo na prática e estava praticando aquilo. Acho que essas duas coisas somadas ajudaram muito [...] contribuíram para formar em mim esse desejo de estar trabalhando no campo da Educação. Eu acho que foram as duas coisas juntas (Ex-monitora de História) (FONSECA *et al.*, 2000, p. 12).
> 
> A acadêmica, ao ingressar na universidade e ao participar deste projeto, teve a oportunidade de buscar alternativas para conhecer melhor, não só os conteúdos a serem trabalhados em sala de aula com as alunas, como também as pessoas com quem trabalhou. Vejamos a seguir um depoimento ilustrativo: "Aprendi a ter humildade diante da limitação de meu próprio saber; modifiquei muitos de meus hábitos já estabelecidos em relação à busca do conhecimento, perguntando, duvidando, dialogando com muitas pessoas e comigo mesma" (P) (ZASSO *et al.*, 2001, p. 6).

Vivenciar a prática educativa, concomitantemente ao embasamento teórico, dentro do processo de formação, possibilitou aos estudantes um conhecimento real da área de atuação em que poderia trabalhar após a conclusão do curso, e mais, aproximou os estudantes de uma realidade social, às vezes, desconhecida. A articulação teoria/prática norteou a opção dos licenciandos pela profissão, conforme veremos a seguir.

## Os significados atribuídos à formação

Os trabalhos apresentados por Fonseca *et al.* (2000, p. 3) e Soares (2006, p. 11) trazem resultados de pesquisas realizadas em uma mesma Instituição de Ensino Superior. Apesar de abarcar períodos semelhantes em suas pesquisas, os autores enfocam aspectos distintos. Fonseca *et al.* buscam ouvir os monitores/ professores, das disciplinas "Ciências, Geografia, História, Matemática e Português que trabalharam no 'Projeto', *no período que vai de sua implantação (1986) ao ano de início dessa investigação (1997)"*. Soares aponta que, para a realização da pesquisa, se fez um "levantamento do universo dos egressos do curso desde sua criação, em 1986, até 2002...". Foram entrevistados professores que atuaram e, em alguns casos, ainda atuam, no curso", e também estudantes egressos selecionados entre os que responderam ao questionário que lhes foi enviado. Para a pesquisa, trabalhou-se com três categorias de análise: "a inserção profissional e o campo da EJA; a escolha da habilitação e o seu lugar na faculdade e a avaliação da habilitação".

É interessante notar que esses dois trabalhos tornam explícitos a diversidade de sujeitos e seus olhares sobre um mesmo curso de formação docente. Para a maior parte do grupo de estudantes egressos entrevistados por Soares, a opção para a habilitação em EJA se dava em decorrência de alguma experiência com movimentos sociais ou com educação de adultos. Pode se dizer que já havia uma escolha sobre o campo de atuação:

> Quando optaram, sabiam que o campo de trabalho era difícil, mas persistiam em sua escola: "Mas eu queria fazer uma habilitação que eu saísse daqui, pelo menos assim, com aquele sentimento de realização, de tá fazendo uma coisa que eu gostava de fazer e não tá querendo fazer alguma coisa só por que era o melhor pro mercado [...]" (SOARES, 2006, p. 9).

Para os licenciandos entrevistados por Fonseca *et al.*(2000, p. 6), o que se percebe é uma transformação na percepção sobre

Educação de Jovens e Adultos. Se em um primeiro momento "ser educador/a de jovens e adultos não se configura para a maior parte dos/as licenciandos/as como uma opção para a vida profissional", em função de sua "desvalorização social, salarial e, digamos, acadêmica", o que aparece na pesquisa é a mudança de posição, a partir da participação no projeto de extensão universitária. O trabalho junto a pessoas das camadas populares, com trajetórias de exclusão social e escolar, e que encaravam o desafio de voltar a estudar após o trabalho, foi para os estudantes uma oportunidade de avaliar o modelo escolar tradicional e de entender a necessidade de um planejamento pedagógico que considerasse as especificidades daqueles sujeitos e seus conhecimentos:

> A participação no "Projeto" é apontada pela maior parte dos/das ex-monitores/as como decisiva em sua opção pela profissão de professor em função de uma maior *respeitabilidade* que passam a conferir ao trabalho docente ao experimentar a complexidade dos desafios do fazer pedagógico, e da descoberta do prazer proporcionado pelas relações pessoais que a dinâmica de sala de aula oportuniza (FONSECA *et al.* 2000, p. 6).

Outro relato que aparece na pesquisa de Soares (2006, p. 10) se refere à lacuna apontada pelos egressos, no que diz respeito à "distância sentida entre a teoria discutida no curso e a prática na EJA [...] Nesse sentido sugere algumas inserções, ainda durante o curso, em projetos, no interior da própria universidade, voltados para a educação de jovens e adultos":

> Se fosse uma condição para você fazer o curso, fazer o estágio permanente ali no PAJA,[4] não seria interessante? Eu acho isso muito importante para haver este diálogo [...] Uma pessoa que faz a habilitação, mas não passa por uma prática refletida, ela também vai ficar com uma lacuna na formação (Maria Lúcia) (SOARES, 2006, p. 11).

Por outro lado, a importância que os entrevistados por Fonseca *et al.* (2000, p. 1), "alunos dos respectivos Cursos de

---

[4] Projeto de Alfabetização de Jovens e Adultos.

Licenciatura", atribuem à vivência prática dentro do Projeto pesquisado, já apontada neste texto, dá-nos conta da existência de percepções antagônicas. Através dos trabalhos, não é possível levantar como o curso de Pedagogia se organizava internamente, no que se refere aos projetos desenvolvidos. Fica a dúvida quanto às circunstâncias que geraram a diferença de olhares para a articulação teoria/prática, apresentada pelos sujeitos das duas pesquisas.

Levantar as questões que os três trabalhos apresentam para a discussão sobre a formação acadêmica/inicial não é tarefa fácil, dadas as inúmeras possibilidades de análise. Buscamos, nesta breve exposição, dar apenas um pequeno passo, que não pretende ser o primeiro, mas que esperamos possa contribuir para constituição desse campo de pesquisa.

### A formação contínua dos educadores de EJA

Uma vez localizada a formação inicial do educador de EJA, cabe aqui adentrar na questão da formação contínua. O interesse por esse momento de formação, apesar de não ser novo, ganha atenção maior nas últimas décadas, quando associado à efetivação da Educação de Jovens e Adultos, concebida, então, na Lei de Diretrizes e Bases da Educação Nacional (LDB n° 9.394/1996) como modalidade da educação básica.

Se algumas universidades contemplaram a nova modalidade, instituindo a EJA como disciplina obrigatória nos currículos dos cursos de Pedagogia e optativa para as Licenciaturas (FÁVERO *et al.*, 1999), outras chegaram a criar habilitações em EJA, restando perceber como tem sido o atendimento aos educadores nos sistemas de ensino e nos movimentos sociais. Isso porque, enquanto a alfabetização ancora-se nos pressupostos da educação popular, a continuidade, por sua vez, alicerça-se nos conceitos do ensino fundamental. Tal dualidade pode trazer certa tensão nos programas de formação contínua dos educadores de EJA.

Dois trabalhos retratam essa questão: o de Fávero *et al.* e o de Campos, ambos de 1999. Para Fávero *et al.*, "os municípios não estão nem administrativa, nem tecnicamente capacitados para atender as demandas crescentes"[5] e, por outro lado, "as instituições escolares também não estão para trabalhar com um alunado que tem características próprias e necessidades específicas". Os autores comentam que a Faculdade de Educação da Universidade Federal Fluminense se empenhou "em produzir conhecimento e atuar junto aos sistemas de ensino e aos movimentos sociais". Uma dessas tentativas foi a realização do Curso de Especialização para a Formação do Educador de Jovens e Adultos Trabalhadores,[6] no ano 1998, organizado para atender aos professores da área, no Estado do Rio de Janeiro. Sobre o recorte "jovens e adultos trabalhadores", os autores comentam que, apesar da denominação abrigar um universo amplo e diverso, algumas características são comuns, tais como: a sobrevivência centrada na força de trabalho, alto índice de desemprego e de subemprego, destituição dos direitos sociais básicos de cidadania, entre outros. Nessa direção, Haddad (1997) reforça que, no processo de elaboração da nova legislação para a educação nacional, procurou-se estabelecer "uma concepção peculiar de educação voltada para o universo do jovem e do adulto trabalhador, que possui uma prática social, um modo de conceber a vida, uma forma de pensar a realidade" (HADDAD, 1997, p. 112). A partir daí, pensar em dimensionar o curso para atender a um público trabalhador pouco ou não escolarizado significou partir de uma concepção que incorporasse "diversos domínios de conhecimento". A proposta dos professores da UFF assentou-se na relação dialógica freiriana, cujas bases integram tanto os processos de produção e sistematização de conhecimento

---

[5] Para mais informações sobre as políticas públicas para a EJA, ver nesta obra o capítulo dedicado ao tema.

[6] A terminologia "jovens e adultos *trabalhadores*" abrange uma das características do aluno da EJA. A discussão ampliada está no capítulo dedicado aos sujeitos da EJA.

escolar quanto os de não escolar. Para fundamentar os professores sobre os conhecimentos construídos pelos alunos, buscou-se o conceito de "aprendizagem situada" de Lave & Wenger (1993), aprendizagem esta encontrada "na participação em uma prática que contenha um conhecimento", o que, para Fávero *et al.*, significa que os alunos

> [...] elaboraram seus conhecimentos em processos não escolares, na maioria das vezes formulados dentro do espaço do trabalho produtivo ou dentro de "comunidades de prática" – ou seja, em grupos de pessoas que dividem interesses e objetivos semelhantes, utilizam práticas comuns e se expressam numa mesma linguagem (LAVE; WENGER, 1993, p. 11).

O curso, portanto, fora concebido;

> [...] segundo uma abordagem teórico-metodológica que visava proporcionar aos participantes o acesso às teorias do conhecimento que subsidiam a compreensão da realidade do aluno trabalhador e sua efetivação em processos de investigação, que contemple experiências, vivências e memórias (LAVE; WENGER, 1993, p. 10).

Para Fávero *et al.*, o profissional que se interessa em trabalhar na EJA tem como desafio conhecer, valorizar e se apropriar dos diversos espaços que jovens e adultos transitam e constroem conhecimentos, no intuito de oferecer a eles a possibilidade de se apropriarem criticamente da realidade e transformá-la. Para tanto, o curso se estruturou nos seguintes eixos: socioantropológico, sociopolítico, socioeconômico e sócio-histórico. Os autores concluem, com Jara (1994), que a concepção metodológica de um curso de formação continuada há que partir da prática (de educadores e de alunos), seguida da teorização sobre ela e do regresso das reflexões para a prática.

Os cursos de especialização e, neste caso em EJA, representam a possibilidade de verticalizarem a formação profissional. A esse respeito, Fávero *et al.* (1999, p. 6) comentam que a especialização "contribui para a profissionalização do professor da EJA e atende à demanda de novos quadros".

Oferecer curso específico para atender à demanda de novos quadros em exercício foi o caso do Estado de São Paulo, analisado por Campos (1999). Na época, a Secretaria Municipal de Educação de São Paulo, tendo à frente Paulo Freire, assumiu a formação dos monitores – e da Secretaria do Bem Estar Social (SEBES) –, quando congregou as iniciativas de educação de adultos nesta Secretaria. A empreita resultou na responsabilização pela formação contínua dos alfabetizadores (monitores) e pós-alfabetizadores, uma vez que muitos dos monitores não tinham o ensino médio e, com isso, não poderiam fazer parte do quadro da SME/SP. A resposta encontrada pela secretaria no âmbito de sua política de formação continuada foi a criação do curso "Turmas de Habilitação de Magistério de 2º Grau para Turmas Especiais de Monitores de Educação de Adultos", o qual, tendo sido aprovado pelo Conselho Estadual de Educação, representou para a autora "uma proposta político-pedagógica de formação de professores inédita no País!"(CAMPOS, 1999, p. 3). Concomitantemente à incorporação do novo quadro de monitores na secretaria, os professores da rede municipal também puderam fazer a opção de trabalhar na EDA. Assim, frequentaram as turmas tanto os professores da rede quanto os monitores. Ao refletir sobre esse encontro, a autora revela a tensão teórico-metodológica gerada entre os dois grupos de professores/educadores que expressa da seguinte maneira: "professores e monitores mantêm uma relação particular, singular, uma vinculação com suas origens, portanto, sendo portadores de histórias e práticas marcadas por esta aproximação" (CAMPOS, 1999, p. 8). Mais adiante, encontramos o significado dessa afirmação: "[...] a escola, enquanto instituição pública, produz mecanismos de controle e de políticas que dificultam as ações coletivas de professores, enquanto que no MOVA os espaços coletivos para a discussão e reflexão faziam parte da sua organização" (CAMPOS, 1999, p. 8).

O que se percebe é a diferença dos enunciados que estabelecem tanto a alfabetização quanto a pós-alfabetização nos sistemas escolares. Arroyo (2006) alerta para a necessidade de a modalidade ser "fiel à LDB" e, ao mesmo tempo, não desconsiderar a herança "de um dos capítulos mais marcantes nessa história, o Movimento de Educação Popular" (ARROYO, 2005, p. 34). Em Campos (1999, p. 7-9), encontramos que parte das diferenças entre as práticas dos monitores do MOVA e da SEBES residia no fato de que naquele se encontravam concepções da educação popular de Paulo Freire como a discussão da própria prática.

A contribuição de Nobre (1998) para compreendermos a tensão na organização da EJA é fundamental. Partindo da análise dos enunciados do campo da alfabetização e da formação dos profissionais da educação, o autor buscou as relações que esses estabelecem com a formação contínua de alfabetizadores de EJA. Em sua análise, percebeu que as ações embasadas na educação popular acabaram incorporando discursos das áreas da Pedagogia, da Psicologia Cognitiva e da Linguística em uma perspectiva sócio-histórica, os quais vão se refletir na formação contínua dos educadores. Como exemplo, podem-se citar as contribuições de Vygotsky, de Piaget, de Ferreiro, de Soares, de Marcuschi, de Orlandi, entre outros. Tal fato, nos estudos de Nobre (1998, p. 7), aponta maior interesse sobre "o objeto língua escrita em detrimento da produção de enunciados sobre a didática da alfabetização e da formação". A questão que se coloca é se, de igual maneira, os projetos políticos pedagógicos das escolas de educação básica incorporam elementos da educação popular ao implantarem a EJA, elementos esses tão enunciados por Paulo Freire. Ainda, na formação contínua do educador, "como elaborar novos instrumentos de formação para além dos diários de classe, relatórios, observações de aula?" (NOBRE, 1998, p. 7).

O recorrido histórico empreendido por Nobre permitiu levantar na literatura as tendências do discurso da formação.

O autor encontrou a transitoriedade nas concepções de formação, as quais transitaram de "treinamento a atualização e capacitação em serviço", para chegarem ao consenso atual de "educação permanente". Este último é balizado por Silva e Davis (1993), Nóvoa (1992a), Gatti *et al.* (1972), entre outros. Na opinião de Nobre, os diversos enunciados coexistem e se remetem a diferentes correntes de formação, o que leva Silva & Davis (1993, p. 38) a defenderem "aquelas que empregam atividades contínuas".

Em se tratando de formação contínua, a opinião de Angelim (2006), Barreto (2006) e Borges (2006) coincide com Silva & Davis (1993) quanto à importância de se reconhecer a prática no "entre lugar" da formação, da seguinte forma: formação inicial – prática – formação contínua, de forma permanente. Neste sentido, a formação contínua pode ser entendida como aquela que tem o potencial para mudar a prática? Sobre essa questão, para Barreto (2006, p. 98), não restam dúvidas de que formação permanente é o "processo de formação que acompanha a prática", e Borges (2006, p. 151), acrescentando que ela (a formação contínua) "é um movimento que faz parte do dia a dia da sala de aula", das situações de trabalho e que um dos pré-requisitos para realizá-la com propriedade "é a garantia de sistematicidade, de permanência, de um planejamento que aponte ações a curto, médio e longo prazos". Com relação à questão, Soares (2006, p. 11) concorda que

> [...] a educação continuada não pode ser esporádica ou descontínua, precisa ser permanente e sistemática, pois requer tempo de amadurecimento e de sedimentação para que venha a incidir não apenas sobre os conhecimentos e competências, mas também sobre os valores e as atitudes do educador.

Se nas discussões sobre a natureza da formação contínua emergem pelo menos quatro pontos convergentes entre os autores acima citados – constância, sistematização, planejamento e mudança –, é possível aproximá-los das contribuições da "pesquisa dos educadores", defendida por Diniz-Pereira (2002), enquanto proposta teórico-metodológica de formação docente contra-hegemônica. De acordo com o autor, nesta abordagem "(pesquisa dos educadores) o professor é visto como alguém que levanta um problema" (DINIZ-PEREIRA, 2002, p. 29) e, valendo-se de Shor (1992, p. 31), acrescenta que

> [...] o levantamento de problemas tem raiz no trabalho de Dewey e Piaget. Entretanto, foi Freire quem desenvolveu uma idéia política sobre tal concepção, por meio de seu método do "diálogo de levantamento de problemas", no qual "o professor é freqüentemente definido como alguém que levanta problemas e dirige um diálogo crítico em sala de aula; levantamento do problema é um sinônimo de pedagogia. [...] um processo mútuo (modelo Freiriano) para estudantes e professores questionarem o conhecimento existente, o poder e as condições de vida.

Os estudos de Campos (1999, p. 10) caminham na mesma direção ao "tomar a pesquisa do educador como um projeto de resistência frente às políticas educacionais", ou seja, como instrumento de reflexão e transformação no trabalho de formação docente. A pesquisa do educador pode ser o contraponto à afirmativa de Nobre (1999, p. 8) sobre "o fato de que o acúmulo de conhecimentos na área da formação contínua tomou direções que não permitem abarcar os processos de aquisição da escrita, da didática da alfabetização e da didática da formação". Nas análises de Campos (1999), essa dificuldade no MOVA se equaciona em alguma medida por ter suas bases de formação do educador centradas na prática e nos problemas que a prática suscita. Para Nobre (1999, p. 9), a questão parece funcionar como "mercado das trocas simbólicas" de Bourdieu, já que faltaria legitimar os enunciados da educação popular ao já autorizado da alfabetização. O limite seria balizar nos cursos de formação contínua os discursos das áreas de conhecimento mediados pelas práticas cotidianas.

Se em 1999 Nobre reclamava estudos sobre os programas de formação contínua implementados pelas "secretarias municipais e estaduais e seus cursos de capacitação em serviço" (p. 2), encontramos em 2007 um exame da formação dos professores com base no Programa de Formação e Escolarização do Servidor Público do Ceará (PFESP), elaborado por Bandeira & Faria. O programa consiste no atendimento via Telecurso 2000, nas telessalas. O fazer docente nesse "contexto de ação situada requer uma polivalência de conhecimento, ou seja, o domínio de todas as disciplinas do ensino fundamental e médio" (BANDEIRA; FARIA, 2007, p. 9) e dos recursos audiovisuais. Contraditoriamente, as autoras confirmam a visão simplista e reducionista da formação docente para esse contexto de trabalho que o reduz a 'orientador da aprendizagem e tirador de dúvidas da TV', nem professor, nem educador. Essa situação acaba por "servir de esteio para a disseminação do sentimento de inferioridade, já que o orientador é tido como subcategoria da profissão docente" (BANDEIRA; FARIA, 2007, p. 10). Se a telessala parece caminhar na contramão das propostas de exercício da profissão docente, de acordo com Alarcão (1993), Nóvoa (1997), Candau (1997), entre outros, o que dirá de uma postura reflexiva dinamizada pela prática? (LIMA, 2003).

A observação da atuação docente revelou às pesquisadoras que, mesmo diante desse sentimento de desmoralização profissional, os professores buscavam relacionar os conteúdos às vivências dos alunos, reconhecer as peculiaridades do perfil dos alunos, buscando recuperar a capacidade de estabelecer diálogo formativo e significativo com os educandos (FREIRE, 1984, 1997). Nessa perspectiva, pensar os conteúdos na formação continuada do educador torna-se fundamental. De acordo com Pinheiro (2008), é um desafio à instância formadora (universidade) articular o saber científico e disciplinar com o saber experiencial do alfabetizador.

Se partirmos para propor um currículo que atenda à formação continuada dos educadores de EJA, faz sentido visitarmos a experiência de formação no âmbito da extensão da Universidade Federal do Rio Grande do Norte. Os estudos de Pinheiro apontam que o projeto de extensão "Programa de Alfabetização Geração Cidadã", da UFRN, possibilitou a elaboração de um "[...] currículo articulador do conhecimento acadêmico com os saberes experiências, se colocaram como centrais: o movimento de formação continuada, os espaços e tempos formativos, a memória social, a reflexão e o diálogo na relação de saberes" (PINHEIRO, 2008, p. 10).

Em se tratando da formação continuada de educadores de EJA, pode-se inferir que qualquer tentativa de elaboração curricular prescinde de dois pontos, pelo menos. O primeiro é a reflexão sobre os aspectos da prática. Para Pinheiro (2008, p. 10) "no currículo articulador do conhecimento acadêmico com os saberes experiências, se colocaram como centrais: o movimento de formação continuada, os espaços e tempos formativos, a memória social, a reflexão e o diálogo na relação de saberes", e, como ponto comum, a prática.

A proposta ancorou-se em Gauthier (1998) para delinear a importância da mobilização de saberes que o educador utiliza na resposta às situações concretas em sala de aula (PINHEIRO, 2008, p. 4). Em Freire (1997), a autora buscou o suporte para a questão cultural do currículo como uma forma de sistematização deliberada da seleção dos saberes no percurso da formação, o que, em sua conclusão, "a articulação de saberes pressupõe o processo criativo dos alfabetizadores na formulação de conceitos e procedimentos, em que o currículo é integrador de um saber que o educador traz, e não como fator externo a ser dominado" (PINHEIRO, 2008, p. 13).

Os relatos de estudos contam, em certa medida, experiências em formação continuada de educadores de EJA, as quais envolveram metodologias. Dessas metodologias, destacamos a pesquisa-ação e sua variante, a pesquisa colaborativa, como possibilidades férteis na formação continuada, bastante enunciada por Diniz-Pereira (2002). O que se percebe, dessa abordagem, é a possibilidade do tão almejado diálogo entre a teoria e a prática. Nessa mesma direção, encontramos estudos apresentados no I, no II e no III Seminário Nacional sobre a Formação do Educador de EJA.

## O olhar dos autores sobre a autoformação dos educadores de jovens e adultos

Segundo Nóvoa (1997), a formação continuada dos educadores não tem valorizado uma articulação entre a formação e os projetos das escolas, e esse esquecimento inviabiliza que a formação tenha como eixo de referência o desenvolvimento profissional dos professores, na perspectiva do professor individual e do coletivo docente. Nesse sentido, o autor argumenta sobre a necessidade de privilegiarmos a figura do professor como profissional reflexivo, que está constantemente pensando em sua ação, aliando essa ação a uma atitude permanente de pesquisa. Assim, Nóvoa (1992), citado por Diniz-Pereira (2006, p. 25) explica que "a formação não se constrói por acumulação (de cursos, de conhecimentos ou de técnicas), mas sim através de um trabalho de reflexividade crítica sobre as práticas e de (re)construção permanente de uma identidade pessoal".

Outro autor que aborda essa questão é Caldeira (2000), que afirma que a identidade profissional docente se constitui na relação com os outros – estudantes, colegas de trabalho ou familiares – e que essa construção se dá a partir de inúmeras referências, que vão significando socialmente a profissão, como as relações com a instituição escolar, com as associações de classe, os seus valores, interesses e sentimentos, as suas representações e os seus saberes. Sendo assim,

> [...] a identidade profissional docente não é algo que pode ser adquirido de forma definitiva e externa. Ela é movediça e constitui-se num processo de construção / desconstrução / reconstrução permanente, pois cada lugar e cada tempo demandam redefinições na identidade desse profissional. Trata-se, assim, de um processo de produção do sujeito historicamente situado (CALDEIRA, 2000, p. 2).

Da mesma maneira, Diniz-Pereira e Fonseca (2006) explicam que essa identidade vai sendo construída principalmente pelo contato desses com a prática docente: e o fato de o educador se assumir enquanto tal se constitui no primeiro passo para a construção de sua identidade docente: "a partir do momento que se assume a condição de educador, ou seja, que uma pessoa se coloca diante de outras, e estas, reconhecendo-se como alunos, identificam a primeira como professor, se inicia efetivamente o processo de construção da identidade docente" (Diniz-Pereira; Fonseca, 2006, p. 59).

Segundo os autores, quando ocorre uma ausência de identificação entre sujeitos e instituições, se por um lado isso pode dificultar a formação dos elementos identitários que são construídos na formação profissional, por outro, ao contrário, pode desencadear um esforço de transformação da prática, pela reflexão crítica e pela vivência de alternativas geradas por essas reflexões. Sendo assim, essas relações que se estabelecem entre as instituições escolares e a própria história do educador são outra faceta importante na construção da identidade profissional docente. Vejamos:

> Tais relações provavelmente são mediadas, entre outros, por elementos identitários construídos ao longo da formação profissional dos sujeitos, em que as referências experienciais parecem também desempenhar uma função importante no processo de fabricação do "ser professor". Por referências experienciais entendemos tanto as práticas sociais construídas ao logo de toda a trajetória de vida – escolar ou não – dos sujeitos, antes, durante e depois de estes ingressarem em um processo formal de preparação de professores, como aquelas mais diretamente ligadas aos momentos específicos em que assumem a condição de docente (Diniz-Pereira; Fonseca, 2006, p. 63-64).

Os autores, portanto, entendem a prática como mais que apenas um agir, incluindo aí o pensar sobre a ação, a reflexão e a reelaboração do fazer pedagógico e da identidade docente a partir dessa reflexão. Assim, segundo os autores, entender a escola como espaço de formação também para o professor implica perceber o educando como interlocutor e ator das práticas pedagógicas.

Nos relatos das pesquisas apresentados na ANPEd nos últimos dez anos, no que se refere à temática da autoformação, o eixo discursivo é a constituição da docência que se dá pela prática cotidiana do educador, com a reflexão que ocorre a partir de sua ação docente. Nesse sentido, as contribuições destes autores foram muitas. Lafin (2006) aponta que a constituição da docência se dá nas relações com os sujeitos inscritos nas práticas cotidianas do exercício do trabalho e ainda que se tornar professor é uma condição permanente da docência, um constante vir-a-ser, marcado pela produção do próprio trabalho docente e por uma configuração da carreira na EJA. Leitão (2002) desenvolve uma interessante ideia: a de que não é possível mudar sem a participação dos sujeitos – professores e alunos – que fazem a educação acontecer, apontando outra compreensão da formação que, em vez de moldar, possa mudar, desde que os sujeitos se sintam concernidos a participar dessa mudança.

Lenzi (2005) alerta para o perigo que se corre de tornar a prática educativa no MST como algo absolutizado, que limite o conhecimento à realidade mais próxima, uma vez que as temáticas para o desenvolvimento do trabalho pedagógico ficam muito coladas nas questões vividas pelo movimento. Lopes (2006) aponta que é no caminhar que consiste a especificidade do trabalho do professor da EJA, mas que esse professor não tem a consciência dessa especificidade. Por outro lado, Oliveira (1999) explica que a experiência de cada um é singular, mas cada um tece sua vida com fios fornecidos pelos outros. Vieira (2007), analisando a trajetória de educadores cujos itinerários de vida se entrelaçam aos percursos históricos da EJA, traz uma visão mais positiva das possibilidades da educação popular.

O que se verifica, na análise desses artigos que abordam a autoformação do educador de jovens e adultos, é que esse processo é entendido como a formação que se constrói no exercício docente da EJA, pela ação e pela reflexão do educador sobre a própria prática. A preocupação desses autores volta-se para a especificidade desse processo, para um entendimento mais profundo dele, para a sua significação na constituição da docência e para a compreensão da história desse campo educativo. Como base teórica para a compreensão desse processo de autoformação, buscamos Paulo Freire, que desenvolve a ideia de que a aprendizagem se dá pela "ação-reflexão", como binômio da unidade dialética da práxis, do fazer e do saber reflexivo da ação, ou seja, o saber que realimenta criticamente o fazer, cujo resultado incide novamente sobre o saber, ambos se refazendo continuamente. Nessa concepção de Freire (1987, p. 54-56):

> [...] o homem chega ao saber por um ato total, de reflexão e de ação e essa inserção lúcida na realidade, na situação histórica, que o leva à crítica desta mesma situação e ao ímpeto de transformá-la. Nesse sentido, educador e educandos, co-intencionados à realidade, se encontram numa tarefa em que ambos são sujeitos no ato, não só de desvelá-la e, assim, criticamente conhecê-la, mas também no recriar este conhecimento.

Sob esse prisma, para Freire, o educador já não é o que apenas educa, mas o que é educado enquanto educa, em diálogo com o educando, que também educa ao ser educado. Nesse sentido, o educador, para Freire (1987, p. 58),

> [...] não é um sujeito cognoscente em um momento e um sujeito narrador do conteúdo conhecido em outro. Ao contrário, é sempre sujeito cognoscente, quer quando se prepara, quer quando se encontra dialogicamente com os educandos e o objeto cognoscível deixa de ser, para ele, uma propriedade sua, para ser a incidência da reflexão sua e dos educandos. Deste modo, o educador problematizador re-faz, constantemente, seu ato cognoscente, na cognoscitividade dos educandos.

Dessa maneira, não existe ensinar sem aprender. Ambos vão se dando de tal maneira que quem ensina aprende, de um lado, observando a maneira como a curiosidade do aluno aprendiz trabalha para apreender o ensinado. Com isso, o ensinante se ajuda a descobrir incertezas, acertos, equívocos. Ainda, o aprendizado do educador não se dá necessariamente através da retificação que o aprendiz lhe faça de erros cometidos, mas sim na medida em que ele, humilde, se ache permanentemente disponível a repensar o pensado, rever-se em suas posições, a envolver-se com a curiosidade dos alunos e os diferentes caminhos que ela os faz percorrer:

> [...] o ensinante aprende primeiro a ensinar, mas aprende a ensinar ao ensinar algo que é reaprendido por estar sendo ensinado. O fato, porém, de que ensinar ensina o ensinante a ensinar um certo conteúdo não deve significar, de modo algum, que o ensinante se aventure a ensinar sem competência para fazê-lo. Não o autoriza a ensinar o que não sabe. A responsabilidade ética, política e profissional do ensinante lhe coloca o dever de se preparar, de se capacitar, de se formar antes mesmo de iniciar sua atividade docente. Esta atividade exige que sua preparação, sua capacitação, sua formação, se tornem processos permanentes. Sua experiência docente, se bem percebida e bem vivida, vai deixando claro que ela requer uma formação permanente do ensinante. Formação que se funda na análise crítica de sua prática (FREIRE, 1995, p. 28).

Por fim, Freire (1995) afirma que a formação permanente das educadoras, que implica a reflexão crítica sobre a prática, funda-se exatamente nessa dialeticidade entre prática e teoria. Os grupos de formação, em que essa prática de mergulhar na prática para, nela, iluminar o que nela se dá e o processo em que se dá o que se dá, são, se bem realizados, a melhor maneira de viver a formação permanente.

Em se tratando da base teórica buscada por esses autores, pudemos identificar uma grande dispersão, não se constatando aí a constituição de um corpo teórico consistente que venha a fundamentar a discussão das questões norteadoras dessas pesquisas. Entre todos os autores buscados para esta fundamentação, apenas Freire e Oliveira foram vistos por dois dos autores (Lenzi e Lopes), mas os demais buscaram, cada um, um rol de autores diversos. O que podemos verificar, então, é que muitos dos autores que fazem uma discussão consistente sobre a formação de educadores no Brasil não foram buscados como base teórica, como Dubar, Josso, Diniz-Pereira, Fischer, Paiva, Barreto,

Fávero, Moura, Di Pierro, Soares e Machado. Tais teóricos têm desenvolvido um extenso e precioso estudo sobre a temática, constituindo-se numa referência essencial para as abordagens feitas aqui. Resta-nos questionar o porquê da ocorrência desses lapsos e o quanto teriam sido enriquecidas as discussões se tivessem se fundamentado nesses autores.

Por fim, em termos de conclusões a que os textos levam seus autores, podemos perceber que todos eles destacam a importância, para o processo de autoformação, das relações com os sujeitos inscritos nas práticas, na constituição da docência, o caráter permanente dessa constituição, a consequente importância dos professores na implantação das políticas de formação e do conhecimento do educando na fundamentação deste trabalho.

## Considerações

Revisitar os estudos sobre a formação do educador de EJA propiciou ao presente artigo reflexões sobre a formação dos educadores de jovens e adultos, por meio da análise de relatos de estudos e pesquisas apresentados no GT 18 da ANPEd. Ainda que os trabalhos tragam uma diversidade de perspectivas com relação ao que se pode definir como formação de educadores para a EJA, identificamos três momentos do processo formativo: a formação inicial, a continuada e a autoformação.

A riqueza das pesquisas apresentadas na ANPEd sobre a formação acadêmica/inicial nos impõe alguns desafios. O primeiro deles, apontado por Diniz-Pereira, refere-se à necessidade de ampliar, ou inserir, a discussão sobre formação do educador de EJA, no campo mais amplo, que é o da formação docente. Outro desafio, mais atual, refere-se à necessidade de levantar as histórias da habilitação em EJA, nacionalmente, para que possamos ter uma história da formação do educador de EJA após as diretrizes para o curso de Pedagogia, principalmente. Quais as saídas encontradas pelas IESs para manter a EJA nos currículos, além da oferta de uma disciplina?

O lócus da formação continuada tem sido entendido como aquele que se situa no "entre lugar", isto é, entre a formação inicial e a prática. Assim, e por isso mesmo, os autores tendem a coincidir quanto à necessidade de essa formação ser permanente quando o objetivo é a reflexão, a transformação e a mudança sobre a prática. Nas discussões sobre a natureza da formação contínua, emergem pelo menos quatro pontos convergentes entre os autores – constância, sistematização, planejamento e mudança, sendo possível aproximá-las das contribuições da "pesquisa dos educadores", enquanto proposta teórico-metodológica de formação docente. Em 1999, Nobre comentava sobre a falta de estudos sobre a formação continuada oferecidas pelos sistemas públicos.

Com relação a essa temática, concordamos que se trata de uma lacuna que vem sendo preenchida pelas pesquisas sobre poder local. As iniciativas têm sido alvos de pesquisas, como a de Pinheiro (2008), a qual nos mostra a importância de se avaliar os programas e projetos dos sistemas públicos, principalmente quando se trata de conhecer as concepções de formação subjacentes e os projetos políticos pedagógicos.

Na análise dos artigos que versam sobre a autoformação, verifica-se que os autores estão voltados para a compreensão desse processo, entendido como a formação que se constrói no exercício docente da EJA, pela ação e pela reflexão do educador sobre a própria prática, ora se preocupando com a especificidade desse processo, ora se preocupando com um entendimento mais profundo dele, ora buscando traduzir a significação desse processo na constituição da docência ou mesmo buscando a compreensão da história desse campo educativo. Por fim, em termos de conclusões a que os textos levam esses autores, podemos perceber que todos eles destacam a importância, para o processo de autoformação, das relações com os sujeitos inscritos nas práticas, na constituição da docência, o caráter permanente dessa constituição, a consequente importância dos professores na implantação das políticas de formação e do conhecimento do educando na fundamentação desse trabalho.

Com relação à base teórica buscada pelos autores dialogados, é possível perceber que, mesmo tendo sido alertada por Machado (2000) e Diniz-Pereira (2006), ainda prevalece grande dispersão, convivendo com alguns teóricos da EJA se firmando (Beisiegel, Paiva, Haddad, Di Pierro, Ribeiro, Soares, entre outros), associados aos raros do campo da formação em geral. A distância do campo da formação geral foi reclamada por Diniz- Pereira (2006). Sobre essa questão, perguntamos se o fato de o campo da formação em geral não abarcar as iniciativas de educação não formal, de educação popular, não distanciaria o diálogo com a formação para a EJA, ainda que forneça discussões consistentes. Por outro lado, a referência a Paulo Freire aparece na maioria dos trabalhos como citações de apoio ao pensamento desenvolvido e, em menor ocorrência, como teórico de referência na temática em questão.

## Trabalhos analisados

BANDEIRA, E. M. S.; FARIAS, I. M. S. Educar servidores públicos: dilemas da docência no contexto de trabalho da Educação de Jovens e Adultos, In: 30ª Reunião Anual da ANPEd, 2007, Caxambu. *Anais* da 30ª Reunião Anual da ANPEd, 2007.

CAMPOS, S. Considerações sobre o trabalho docente na Educação de Jovens e Adultos trabalhadores. ANPEd. In: 22ª Reunião Anual da ANPEd, 1999, Caxambu. *Anais* da 22ª Reunião Anual da ANPEd, 1999.

FÁVERO, O.; RUMMERT, S. M.; VARGAS, S. M. de. A formação de profissionais para a Educação de Jovens e Adultos trabalhadores. ANPEd. In: 22ª Reunião Anual da ANPEd, 1999, Caxambu. *Anais* da 22ª Reunião Anual da ANPEd, 1999.

FONSECA, M. C. F. R.; DINIZ PEREIRA, J. E.; JANNES, C. E.; SILVA, L. P. O significado de um projeto de extensão universitária na formação inicial de educadores de jovens e adultos. ANPEd. In: 23ª Reunião Anual da ANPEd, 2000, Caxambu. *Anais* da 23ª Reunião Anual da ANPEd, 2000.

LAFFIN, M. H. L. F. A constituição da docência na Educação de Jovens e Adultos. ANPEd. In: 29ª Reunião Anual da ANPEd, 2006, Caxambu. *Anais* da 29ª Reunião Anual da ANPEd, 2006.

LEITÃO, C. F. Buscando caminhos nos processos de formação/autoformação. ANPEd. In: 25ª Reunião Anual da ANPEd, 2002, Caxambu. *Anais* da 25ª Reunião Anual da ANPEd, 2002.

LENZI, L. H. C. Significações da prática docente retratadas por educadores de jovens e adultos do MST. ANPEd. In: 28ª Reunião Anual da ANPEd, 2005, Caxambu. *Anais* da 28ª Reunião Anual da ANPEd, 2005.

LOPES, M. G. R. A. A especificidade do trabalho do professor de Educação de Jovens e Adultos. ANPEd. In: 29ª Reunião Anual da ANPEd, 2006, Caxambu. *Anais* da 29ª Reunião Anual da ANPEd, 2006.

NOBRE, D. Os discursos da/na construção do campo da alfabetização contínua de alfabetizadores/as e suas relações com o campo da formação de alfabetizadores/as de pessoas jovens e adultas. ANPEd. In: 21ª Reunião Anual da ANPEd, 1998, Caxambu. *Anais* da 21ª Reunião Anual da ANPEd, 1998.

OLIVEIRA, A. M. A formação do adulto educador: uma abordagem na perspectiva da complexidade. ANPEd. In: 22ª Reunião Anual da ANPEd, 1999, Caxambu. *Anais* da 22ª Reunião Anual da ANPEd, 1999.

PINHEIRO, R. A. Formação de educadores de jovens e adultos: saberes na proposição curricular. ANPEd. In: 31ª Reunião Anual da ANPEd, 2008, Caxambu. *Anais* da 31ª Reunião Anual da ANPEd, 2008.

SOARES, L. G. O educador de jovens e adultos em formação. ANPEd. In: 29ª Reunião Anual da ANPEd, 2006, Caxambu. *Anais* da 29ª Reunião Anual da ANPEd, 2006.

VIEIRA, M. C. Memória, história e experiência: trajetórias de educadores de jovens e adultos no Brasil. ANPEd. In: 30ª Reunião Anual da ANPEd, 2007, Caxambu. *Anais* da 30ª Reunião Anual da ANPEd, 2007.

ZASSO, S. M. B.; SOBRAL, C. M.; PEREIRA, F. S. A formação da professora na vivência de um processo de alfabetização de mulheres. ANPEd. In: 24ª Reunião Anual da ANPEd, 2001, Caxambu. *Anais* da 24ª Reunião Anual da ANPEd, 2001.

## Referências

ALARCÃO, Maria Luíza. *Formar-se para formar*. Campinas: Aprender, 1993.

ANGELIM, Maria Luisa P. Extensão como espaço de formação de educadores de jovens e adultos. In: SOARES, L. (Org.). *Formação de educadores de jovens e adultos*. Belo Horizonte: Autêntica/SECAD-MEC/UNESCO, 2006. p. 259-280.

ARROYO, Miguel. Formar educadoras e educadores de jovens e adultos. In: SOARES, L. (Org.). *Formação de educadores de jovens e adultos*. Belo Horizonte: Autêntica/SECAD-MEC/UNESCO, 2006. p. 17-32.

BARRETO, Vera. Formação permanente ou continuada. In: SOARES, L. (Org.). *Formação de educadores de jovens e adultos*. Belo Horizonte: Autêntica/SECAD-MEC/UNESCO, 2006. p. 93-102.

BARRETO, José Carlos; BARRETO, Vera. A formação dos alfabetizadores. In: GADOTTI, M.; ROMÃO, J. E. *A Educação de Jovens e Adultos: teoria, prática e proposta*. 10. ed. São Paulo: Cortez: Instituto Paulo Freire, 2008. p. 79-87.

BORGES, Liana. Duas experiências em duas redes de formação: aprendizados e desafios. In: SOARES, L. (Org.). *Formação de educadores de jovens e adultos*. Belo Horizonte: Autêntica/SECAD-MEC/UNESCO, 2006. p. 141-158.

CANDAU, Vera Maria (Org.). *Magistério: construção cotidiana*. Petrópolis: Vozes, 1997.

DINIZ PEREIRA, Júlio E. Estudos e pesquisas sobre formação de educadores de jovens e adultos: Análise dos trabalhos e pôsteres aprovados na ANPEd (2000-2005). In: *Formação de educadores de jovens e adultos*. Belo Horizonte: Autêntica/SECAD-MEC/UNESCO, 2006.

DINIZ PEREIRA, Júlio E.; ZEICHENER, Kenneth M. (Orgs.) *A pesquisa na formação e no trabalho docente*. Belo Horizonte: Autêntica, 2002.

DINIZ-PEREIRA, J. E.; FONSECA, M. C. F. R. Identidade docente e formação de educadores de jovens e adultos. *Educação & Realidade*, Porto Alegre, v. 26, n. 2, p. 1-28, 2001.

DINIZ PEREIRA, Júlio E. As licenciaturas e as novas políticas educacionais para a formação docente. *Educação & Sociedade*: Revista Quadrimestral de Ciência da Educação (Cedes). Campinas, n. 69, p. 109-125, 1999.

FIDALGO, Fernando; MACHADO, Lucília (Ed.). *Dicionário da Educação Profissional*. Belo Horizonte: Editora UFMG/NETE, 2000.

FISCHER, Nilton B. *A produção do GT 18 da ANPEd (1998-2008)*. Texto transcrito. (2008).

FREIRE, P. *Pedagogia do oprimido*. Rio de Janeiro: Paz e Terra, 1987.

FREIRE, Paulo. *Educação e Mudança*. São Paulo: Paz e Terra, 1984.

FREIRE, Paulo. *Pedagogia da autonomia: saberes necessários à prática pedagógica*. São Paulo: Paz e Terra, 1997.

FREIRE, Paulo. *Professora sim, tia não*. Cidade: Editora Paz e Terra, 1995.

HADDAD, Sérgio. A Educação de Jovens e Adultos e a nova LDB. In: BRZEZINSKI, I. (Org.). *A LBD interpretada: diversos olhares se entrecruzam*. São Paulo: Cortez, 2003.

LIMA, Maria Socorro L. Práticas de estágio supervisionado em formação continuada. In: ROSA, D. E.; SOUZA,V. C. (Orgs.). *Didática e práticas de ensino: interfaces com diferentes saberes e lugares formativos*. Rio de Janeiro: DP&A, 2003.

MACHADO, M. M. Especificidades da formação de professores para ensinar jovens e adultos. In: LISITA, Verbena Moreira S.; S.; PEIXOTO, Adão José. (Org.). *Formação de Professores – políticas, concepções e perspectivas*. 1. ed. Goiânia: Alternativa, 2001. p. 43-58.

NÓVOA, Antonio (Coord.). *Os professores e a sua formação*. Lisboa: Dom Quixote, 1997.

PAIVA, Jane. Concepções e movimentos pela formação de pedagogos para a Educação de Jovens e Adultos na Faculdade de Educação da Universidade do Estado do Rio de Janeiro. In: *Formação de educadores de jovens e adultos*. Belo Horizonte: Autêntica/SECAD-MEC/UNESCO, 2006.

SAVIANI, Dermeval. Formação de professores: aspectos históricos e teóricos do problema no contexto brasileiro. *Revista Brasileira de Educação*, Rio de Janeiro, v. 14, n. 40, 2009.

SOARES, Leôncio J. G. (Org.). *Formação de educadores de jovens e adultos*. Belo Horizonte: Autêntica/SECAD-MEC/UNESCO, 2006.

SOUZA, João Francisco de; CARVALHO, Rosângela T. O Núcleo de Ensino e Pesquisa e Extensão em Educação de Jovens e Adultos e em Educação Popular (NUPED/UFPE): um lugar de formação de educadores(as) de jovens e adultos. In: SOARES, L. (Org.). *Formação de educadores de jovens e adultos*. Belo Horizonte: Autêntica/SECAD-MEC/UNESCO, 2006. p. 237-258.

TORRES, R. M. Tendências da formação de professores nos anos 90. In: WARDE, M. J. (Org.). *Novas políticas educacionais: críticas e perspectivas*. São Paulo: Editora PUC São Paulo, 1998.

## Anexo

Quadro 1 – Relação de textos apresentados na ANPEd no período de 1998 a 2008, classificados em termos de nível da pesquisa e instituição onde esta foi desenvolvida

| Finalidade | Anos | | | | | | | | | | | |
|---|---|---|---|---|---|---|---|---|---|---|---|---|
| | 1998 | 1999 | 2000 | 2001 | 2002 | 2003 | 2004 | 2005 | 2006 | 2007 | 2008 | Total |
| Mestrado: | 1 | 1 | | | | | | | | 1 | | 3 |
| Instituição | UFF | UNICAMP | | | | | | | | UECE | | |
| Doutorado: | | 1 | | | | | | 1 | | 1 | 1 | 4 |
| Instituição | | UFF | | | | | | UFSC | | UFMG | UFRN | |
| Pesquisa livre: | | 1 | 1 | 1 | 1 | | | 1 | 2 | | | 7 |
| Instituição | | UFG | UFMG | FURG | SAPÊ | | | UFSC | UFMG UFAL | | | |
| Total | 1 | 3 | 1 | 1 | 1 | | | 2 | 2 | 2 | 1 | 14 |

# Os autores

ANA PAULA B. DE OLIVEIRA

Pedagoga e pós-graduanda em Designer Instrucional pela Universidade Federal de Itajubá (UNIFEI).

ANA PAULA FERREIRA PEDROSO

Pedagoga, mestre em Ciência da Informação pela Universidade Federal de Minas Gerais (UFMG).

ARLETE RAMOS DOS SANTOS

Professora assistente da Universidade Estadual de Santa Cruz (UESC) e doutoranda em Educação pela Universidade Federal de Minas Gerais (UFMG).

CRISTIANE DIAS MARTINS DA COSTA

Professora assistente da Universidade Federal do Maranhão (UFMA) e doutoranda em Educação pela Universidade Federal de Minas Gerais (UFMG).

DIMIR VIANA

Mestrando em Educação pela Universidade Federal de Minas Gerais (UFMG) com formação em Licenciatura em Teatro (UFMG) e Educação Artística (UEMG).

FERNANDA RODRIGUES SILVA

Pedagoga, mestre e doutoranda em Educação pela Universidade Federal de Minas Gerais (UFMG).

FERNANDA VASCONCELOS DIAS

Pedagoga, mestranda em Educação pela Universidade Federal de Minas Gerais (UFMG) e integrante do Programa Observatório da Juventude da UFMG.

FLÁVIO DE LIGÓRIO SILVA

Licenciado em Matemática e mestrando em Educação pela Universidade Federal de Minas Gerais (UFMG).

HELEN CRISTINA DO CARMO

Pedagoga, mestranda m Educação pela Universidade Federal de Minas Gerais (UFMG) e integrante do Programa Observatório da Juventude da UFMG.

HELI SABINO DE OLIVEIRA

Licenciado em História, mestre em Educação e doutorando em Educação pela Universidade Federal de Minas Gerais (UFMG).

JERRY ADRIANI DA SILVA

Licenciado em Matemática, mestre em Educação pela Universidade Federal de Minas Gerais (UFMG) e Professor da Rede Municipal de Ensino de Belo Horizonte.

JULIANA GOUTHIER MACEDO

Artista, jornalista, professora assistente da escola de Belas Artes da Universidade Federal de Minas Gerais (UFMG), mestre e doutoranda em Artes Visuais pela UFMG.

JULIO CEZAR MATOS PEREIRA

Professor de Matemática da Rede Municipal de Ensino de Belo Horizonte; mestrando em Educação pela Universidade Federal de Minas Gerais (UFMG); especialista em Docência na Educação Básica (UFMG); especialista em Psicopedagogia (Universidade Veiga de Almeida).

LEÔNCIO SOARES

Professor associado da Universidade Federal de Minas Gerais (UFMG).

LUDIMILA CORRÊA BASTOS

Pedagoga e mestre em Educação pela Universidade Federal de Minas Gerais (UFMG), professora da Educação de Jovens e Adultos e supervisora da Rede Municipal de Ensino de Mário Campos.

LUIZ OLAVO FONSECA FERREIRA

Professor da Rede Municipal de Ensino de Belo Horizonte e doutorando em Educação pela Universidade Federal de Minas Gerais (UFMG).

MARCELO REINOSO FAÚNDEZ

Pedagogo, licenciado em Educação pela UFRO do Chile e mestrando em Educação pela Universidade Federal de Minas Gerais (UFMG).

## Os autores

**NEILTON CASTRO DA CRUZ**

Pedagogo, mestrando em Educação pela Universidade Federal de Minas Gerais (UFMG), professor de EJA na Rede Municipal de Educação de Porto Seguro, Bahia.

**PAULA CRISTINA SILVA DE OLIVEIRA**

Mestranda em Educação pela Universidade Federal de Minas Gerais (UFMG), professora da Rede Municipal de Ensino de Belo Horizonte.

**ROSA CRISTINA PORCARO**

Professora assistente na Universidade Federal de Viçosa (UFV) e doutora em Educação pela Universidade Federal de Minas Gerais (UFMG).

**SANDRA MEIRA SANTOS**

Professora da Rede Municipal de Ensino de Belo Horizonte, especialista em Psicopedagogia.

**SÉRGIO HADDAD**

Coordenador geral da Ação Educativa e diretor presidente do Fundo Brasil de Direitos Humanos. Participa da diretoria do Conselho Internacional de Educação de Adultos. Membro da Comissão Nacional de Educação de Jovens e Adultos do Ministério da Educação, do Conselho de Desenvolvimento Econômico e Social da Presidência da República e membro do Conselho Técnico Científico de Educação Básica da Capes.

**YONE MARIA GONZAGA**

Licenciada em Letras, mestranda em Educação pela Universidade Federal de Minas Gerais (UFMG) e integrante do Programa Ações Afirmativas na UFMG.

Este livro foi composto com tipografia Minion e impresso em papel Off Set 75 g na UmLivro.